商周出版
人與法律

靈魂不歸法律管

框架世界底下一個法律人的逃脫記事

【全新增訂版】

臺灣大學名譽教授
黃榮堅 著

序言

這本書要講的是我對法律的印象。為什麼要講這些東西？法律不就是客觀上的一些法條規定、理論學說和實務上累積的判決或判例文字？其實這是一個古老的問題：深山幽谷裡從來不為人知的一朵杜鵑花存在不存在？對於這個問題，人可以八輩子討論不完，因為牽涉到存在的定義問題。存在的定義決定於個人用心的角度，科學家的關心面向和人文學者的關心面向不一樣，對於存在的定義也跟著不一樣。從人文學者的角度來看，一個東西的意義是和人的生命經歷有關係，例如剉冰，人文學者大概不會用類似「粉碎的負攝氏固態H_2O」描述它，而是哪一次「跑完馬拉松後在路邊吃到的阿婆給的加了綠豆和粉條的一碗透心涼」，只因為在剛跑完馬拉松的跑者心情上對於剉冰的化學結構完全無感。對我來講，法律也是如此，是極其個人化的東西。特別是，我從小叛逆，我不能接受一切大人說「什麼就是什麼」的帶著驕傲與霸道的文化，所以我講我的法律故事，是我想要自由。

法律在我生命中的出現，並不是我事先看好它諸如正義、神聖或有什麼了不起的地方，而是偶然。如果我在高中畢業時的大學聯考多考幾分或少拿幾分，我就不會是法律人了。然而這一個偶然卻有它的蝴蝶效應，而且效應了一輩子，因為從此以後，不管是別人看我，或是我看我自己，好像永遠有法律的影子在我身邊。既然我和法律這東西一起走了五十年，那麼如果人生時間不是虛度過去，我應該要可以描繪出來，我心目中的法律是什麼樣的東西，當中固然包括法律的圖像，但更重要的是法律在我心理軌跡上的位置和重量是什麼。

法律對我而言是極其個人化的東西，並不意味著我要無視於一切的法條規定、理論學說和實務上累積的判決或所謂判例文字。正相反的，法律學上客觀存在的法律規定、學說或實務說法，事實上都是前人智慧的結果，因此一個聰明的社會應該會利用前人智慧的結果找出眼前存在問題的答案，這正是知識的價值。然而這些東西的形式不會因此就變成是我生命中的基本課題或甚至是全部課題，因為關於生命基本意義的問題不應該如此輕飄飄，輕飄飄到變成只是一個大學聯考的偶然就可以決定我這個人存在的樣子，好像人生沒有更根本的東西要讓人去思考和尋找。

法律說了什麼？這裡有站在人生視野上理解法律的技術問題，也是態度問題。法律學上存在的法律規定、學說或實務說法都是客觀上存在的東西，但是包括訴訟的原告和被告、法官、檢察官、律師、學者和學生，每一個法律人都煩惱得讓自己透不過氣的是，到底法律是在說什麼？對於來自法律的煩惱，一般流行的應對模式是把對於法條、學說理論以及所謂判例文字經過某種形式的剪裁後快速連結到眼前的個案問題。至於學生對於考試問題的應對模式，依賴的是對於某些固定文稿的背誦。問題是，如果法律並不像是剉冰的化學結構問題，而是恰如人生有一百種快樂和一百種痛苦底下，馬拉松跑者吃到阿婆給的參雜綠豆和粉條的一碗透心涼的感受，那麼學說或判例文字形式上的剪裁就算是給了人生具體問題的答案嗎？或者其實我們心中會有所不安，不安於法律文字或行動如果沒有應對人生足夠的說理，結果是否會變成只是對自然人性粗魯的霸凌？

關於法律，從人對於幸福的基本慾望來看，更基本的問題可能是，法律存在的意義是什麼？當然法律是社會人共同生活的行為規則，但是走在一個人的人生軌跡上，這種法律的社會意義並不等同於法律對一個具體人生的意義。有關人的幸福思維，至少蘇格拉底等有名的哲學家們都會認為，人只有在對生命意義的不斷思想當中才能找到幸福。因此我必須思考，法律在我個人的道路上所扮演的角色與重量可以是什麼？其實這個問題的重要性應該很清楚，一個生動的例子是，如果一個學生參加法律國家考試考了八年還是考不過，那麼還要考下去嗎？照講這對於這個考生而言應該是一個很簡單的問題：法律考試資料有那麼迷人，迷人到值得讓他被折磨八年？然而讓人困惑的是，為什麼這個問題的決定會變成如此艱難，甚至被當成是不用去管它的問題？難道真的是人生無趣嗎？

法律學的存在有時候會出現一個詭異的地方，就是它很容易讓人的價值觀狹窄化。對照之下，譬如像數學、化學、地質學或植物學等學門就沒有這一個問題。或許原因出在，數學、化學、地質學或植物學這些學門所探討的問題，基本上和人的行為價值問題無關，所以即使一個人長久浸淫於數學或化學的世界，也不至於用數學或化學的道理來權充人生的道理。然而法律就像道德以及一切關於人的形容詞，例如善良、睿智、大方，或現實、冷漠、苛薄等等的概念一樣，講的都是有關於人的價值問題，講的都是人的對錯或好壞的問題，因此法律體系的思想模式可能不知不覺之間被用來取代做為一個完整的人的價值體系。對於用法律體系的思想模式取代做為一個完整的人的價值體系，有人喜歡，有人不喜歡。事實上來看，今天的社會人當中，可能有很大的占比已經習慣或甚至驕傲於所謂法律兮兮的人生價值系統。譬如說，我們常說法律是最低限度的道德，因此我們在法律標準上當然也可以立志做一個合法但不道德的人，像是政治人物可以在言論自由的體制下沒有任何一絲顧忌的博聲量，但是這樣好嗎？問題在於，我們決定要做怎麼樣的一個人。法律上，人也可以一身髒臭的去擠捷運，但是這樣好嗎？

自從本書出版後，有人問我一個問題，靈魂是什麼？其實關於靈魂，不管是科學或哲學層面，可以有一百種不同的說法。但如果靈魂是長成像漫畫書裡所畫的，是一個平常看不到摸不著，卻又不知道什麼時候會出來亮相一下，也可能出一點聲音，甚至還會遊走到所謂下一輩子的東西，那麼誰也很難講得出來這世界到底有沒有靈魂，因為我們其實也不知道要如何去確認這種靈魂存在的方式。幸好我對靈魂的理解也不是什麼虛無飄渺的東西。相對的，我認為任何概念的定義都是在配合一定的價值主張，包括靈魂概念也是。基本上我認為人的價值在於他對尋找自己存在方式的努力，因此我對靈魂的定義是，人所選擇的自我圖像。自我圖像，是一個人完整的樣子。在這裡，人對自我有選擇權，而且有無限多可能的選擇。

由於社會分工的關係，人與人間最形式化的圖像差異可能來自所從事的行業，例如醫師的醫術、畫家的畫，運動員的身材和敏捷的動作、歌唱家的轉音技巧等等。相對而言，絕大多數人並沒有在管醫術、畫風或轉音的事情；換句話說，在某些事情上的無為也是一種選擇方式。我們所身處的世界是無限的，不只是空間廣度上無限，而且由於光線角度的關係，世界可能呈現出來的影像也有無限多的可能性，因此人與人之間的圖像差異不會只來自從事行業的區別。一個人完整的樣子可能包括他的面貌、身材、穿著風格、言談深度、才華流露、花錢習慣、算術能力、全馬成績、愛情觀、歌聲、步伐、升遷密碼、社會態度、動物哲學、其他種種想法等等。除此之外，當然也包括一個人開什麼車、手上有多少股票或不動產，以及官位有多高、粉絲群有多大這些東西。雖然一個人身上可以被印記這麼多東西，但經過價值取捨，有些東西是多數人所共同關注的，例如身材胖瘦、膚質、血壓、開什麼車、有幾棟房子和有多高的官位。有些東西是只有少數人才關注的，例如兩邊小腿是不是一樣粗，或者是早餐前刷牙還是早餐後刷牙。甚至即使是上面所說從事相同行業的人，其實還是有不同路線上的差異，例如一樣是畫家，有梵谷模式的生命畫家，也有畫廊模式的商業畫家。一樣是肉羹店老闆賣肉羹，有的老闆在乎肉質口感，所以要一大清早到菜市場採購上等豬的後腿肉，有的老闆只在乎更多利潤，所以一再叮嚀員工要添加足夠比例的地瓜粉。應該說，行業的差別並不是一個人的圖像核心，一個人在大框架底下的用心狀態才是讓人印象深刻的地方。也因此，「法律人」對法律人而言並不當然是一個重要的標籤。

世界有很多角度的東西擺在人的眼前，這對於人來講是一種幸福，因為在人和世界之間每一個面向的應對都是追求快樂的契機。電影演員的演出獲得電影節獎項是一個通往快樂的途徑，運動員跑出好成績是一個通往快樂的途徑，甚至股市炒手炒出漲停板也是一個通往快樂的途徑。如此一來，人的生命負擔可以輕鬆多了，不一定要會念書或通過什麼國家考試才算是有用的人，也不一定要會賺大錢才可以活得出色。人在自己「完整的樣子」這個概念上可以有所取捨，甚至必須有取捨，因為人有極限。這也是所謂「一個人一輩子只要會做一件事就好」的真正意思。對我們凡人而言，既然五音不全，就學打鼓就好；既然腿短，就只要走自己的短腿路線就好。對天才而言，愛因斯坦只要管好他的相對論，愛迪生只要管好他的電阻世界，就都已經是盡善盡美的人，不用再花心思去管窗戶上的壁虎大便有沒有洗乾淨的事情，因為潔癖完全不會使靈魂發光。銀河世界如此包容繁星閃爍，因此雖然我們每一個人都有絕大多數面向的平庸或甚至低能，但也都有獨特的機會可以耀眼如一顆星星。

不過比較麻煩的是另外一個視角的問題。所謂人通往快樂可以有無數多的途徑，也意味著人通往快樂的條件並不單一，比喻來說，再怎麼了不起的人一旦蛀牙痛起來，那也快樂不起來。出色的電影演員不保證是快樂的電影演員，出色的運動員不保證是快樂的運動員，出色的股市炒手更不保證是快樂的股市炒手。看來絕大多數人是需要在不同需求之間找到某種程度的均衡才能快樂得起來。你可以想像商界大老闆們在宴會上意氣風發，紅酒杯乾來乾去，也可以想像官場上或大學會議裡的菁英們當仁不讓的追求「理想」，但看來不同領域的人沒有什麼差異，大多忙著編排業績報表爭取排名，直到獨處的時候才隱約感覺失落：「上流社會」裡的人一路人生正確，但正確使人喪失風格，終於索然無味。風格是難以模仿的東西，就好像後來的人在評論悲劇藝術家梵谷時所說的，能夠了解梵谷的，不是學院教派裡的人，而是真正的藝術家與平凡卑微的百姓，意思就是只有生命可以理解生命。當然也不是說像梵谷這樣的藝術家心中就一定沒有缺憾，可能他有時候也會想到，如果自己不要搞極端、搞孤僻，日子或許可以過得舒坦一點。問題是如果他不搞極端、搞孤僻，他果真就可以穩穩的滿足於心中其他的什麼？

總之，生命當中有很多東西可以讓人去照顧，其中除了道德以外，每一樣東西的重要性都不一定絕對，但也不是就不重要。那透過遠遠近近方方面面用各種不同可能性架構出來的整體故事，才是生命真實的樣子，也是這裡所說的靈魂。

——

距離本書初版時隔六年，經過幾十年學術工作後轉換到退休的生活，我從所熟悉的這塊土地的北西北來到南東南。第一個鮮明的感受是物理面的：固然後山面對太平洋，不管哪一個緯度都是「太麻里」，太陽升起來的地方，但是在中央山脈的阻隔下，午後少了金黃色的夕陽餘暉，也少了身處旗津燈塔前面喝咖啡時的感覺：懶散的悠閒著，也悠閒的懶散著。固然南東南是天寬水藍，但也因為暴露在海岸線的空曠，東北季風嚴峻，以至於院子裡的青楓和流蘇都長得不太好。幸好芒果樹結出的芒果香甜讓人驚喜，也算撫慰人心。

第二個鮮明的感受是人文面的：原來現實中人的生活好像是沒有真的在管現實的。退休後一開始的兩年我住在屏東內埔，鄉下地方多數人習慣騎機車逛菜市場，車愛怎麼騎就怎麼騎，愛怎麼彎就怎麼彎。後來我搬到臺東，馬路上更經常看到駕駛人逆向開車、路肩超車、闖紅燈、切西瓜、斑馬線上脅迫行人等等的情形。這應該已經是一種生活文化，因為不知道經過多久以後的某一天，我突然發現好像後山地區從秀姑巒溪以南大家都已經相安無事，卻只有我一個人是開車會按喇叭的。因此我經常在想，為什麼人在現實中的生活好像沒有真的在管現實？是人的願望不一樣，還是我們對於「現實」的定義不一樣？

一切生活點點滴滴畢竟都零零碎碎，終歸平淡無奇的流過。但六年來在天寬水藍的光影裡遊走，身體距離堅固的法律文字城堡越來越遠，心裡不管是從什麼角度、用什麼材質凝聚出來的快樂原則做為一個人終極之境的影像越來越清晰，好像快樂原則無聲無息慢慢的在取代法律課本上的公平正義原則。法律人做為一個人和其他人沒有兩樣，追求的是快樂，因此離不開真、善、美的實現。法律教科書或甚至各種文獻裡給的公平正義的真理只是嘴巴上的說法。真理在現實當中只有透過善念才可能實現，否則種種法律文字規定或理論就純粹淪為擴張個人版圖的技術而已。這是法律技術之外，講道德的重要性。但問題出在現實上，講道德往往會讓人掉入生活的困境，就像臺劇《最佳利益》當中法律事務所一位老闆對實習律師約略所說的，如果我們事務所的業務要這樣的講良知、講正義，我們就都生存不下去了。這句話講得對，也講得不對，因為是程度多少的問題。

但也的確，現實人生就是這麼艱難，就像今天烏克蘭人選擇了自由而犧牲了生命，道德是一種傷痛，自由也是一種傷痛。那怎麼辦呢？我想起《生命如不朽繁星》那本書，書上幾個對自由不死心的小人物即使在戰火下的日子艱困有如身處不見盡頭的地獄，還是要用蠻力迫使自己hold住歡樂，讓心依然像星光閃爍。這很難，但很難又如何？難道我們真的要因為人生艱難而選擇憂鬱？所以這世界上需要有穩定有效的可以讓人歡樂起來的媒介，像是文學、哲學、音樂、戲劇、舞蹈、美術、冥想、運動等等。就此而言，雖然「美傷」也是一種哲學態度，但不管要說這是對於創傷的另類美學，或是儘管人生美麗卻也滲透絲絲傷痛的領悟，我認為人可以更積極一點，可以快樂得更乾脆一點：美學本身就是一種整形外科醫學，它可以不透過苦難者對於傷口的思維而完全療傷。基於這樣的想法，我對美的定義是，走快樂路線的德行者。走快樂路線的德行者，這是「一種靈魂的狀態」，也以此希望本書可以給因為法律或因為一切規範的存在而形形色色受苦、受難、被冤屈、被霸凌、被不快樂的人一些心情上的慰藉。

目錄

序言　003

第一部　法律境地

法律是生活經驗的產物，因為如果不是有大量的生活經驗做基礎，我們也不會知道要寫出什麼樣的法律來。正因為十字路口容易有車禍，所以我們約定在十字路口必須依照紅綠燈指示通行；因為喝酒開車經常會肇事，所以我們約定喝酒後不能開車。

第一章　法律圖像速寫　023

法律要做什麼？　024
法律現實上都有用嗎？　048

第二章
理想與現實的落差 061

公平做為法律正義的核心概念，並不是為公平而公平。包括人們對公平正義的想法，任何理念的存在都是為了追求整體社會的最大利益，因此對於理念的定義必須符合最大社會利益原則。

名為正義的法律理想 062
我們不一定喜歡正義 073

第三章
法律思想怎麼想 099

法律規範基本上被假設是從善良的意願出發，問題是一旦我們誤會事實真相，套用法律判決的結果其實正好背離善良，可能好人也會被抓去關，可能偽造的借據也可以變出有效的債權。但是另一方面，由於人不是神，所以追求事實真相有先天上的艱難。

事實探索是正義的基礎 100
思想品質的標準 114
法律的基礎方程式：比例原則 136

第二部　境地穿越

第四章 法律不是世界的全部 157

要用道德理論去說服人善良起來，到頭來幾乎是一個不可能的任務。我們只能說，道德訴求就只是在表達一個願望，好像一個從馬拉松路跑得到快樂的人慫恿他的朋友們也去跑馬拉松，所能說的就只是「要不要一起去跑馬拉松？那感覺不錯喔！」

法律只是有限的道德技術 158
撿回失落的自由 170
法律外的善良 183

第五章 終點站幸福 199

這世界上的一切形式都是經過概念傳說而來的，因為我們從小就被教導了成千上百個「什麼就是什麼」的說法，而且是完全不需要思考，甚至是完全不容許思考的「什麼就是什麼」……欠缺幸福價值的思考，好像只要習慣了就不會有痛。但真的是如此嗎？

幸福難以捉摸 200
法律的幸福連結 215
如果法律像文學 244

第六章 逍遙法外 269

和法律相互沾染了數十年，我根本不確定我擁抱在懷裡的到底是天使還是魔鬼。想到這裡，我會驚慌起來，會不會我幾十年來所走的路，意義都只是在準備讓我有一天從法律世界遁逃出去？

從自然人到法律人 270
東漂 279
法律物語雞蛋花 304

後記 317

我們每一個人所讀到的法條都寫著相同的文字，像是萬聖節時商店裡琳瑯滿目賣給小孩的神鬼面具，賣的只是形式上的複製品。但笑鐵面心中無喜，哭鐵面心中無悲，讓人戴上了面具也不知道自己要演的是什麼戲碼。為了不想掉進如此的尷尬，我們只能從自己存在的意義去理解法律、適用法律、對待法律。當法律最後變得和我們自己的樣子相符的時候，我們才躲掉了「俗世的哀傷」……

第一部

法律境地

做為一個人，
我心中最原始的願望是建構起自己的世界圖像，
但為了現實，
我在這世界圖像中尋找法律可能存在的空間。

【第一章】

法律圖像速寫

人心擺不平的
法律也擺不平
像愛情
現實沒辦法的
法律也不會有辦法
像假日塞車

一、法律要做什麼？

法律的存在有它的必要性，因爲它已經是現實當中維持共同生活最經濟的模式。

人際衝突的處理規則

我們要如何確認一個人存在的意義？最直接的方式就是讓一個人從這世界上消失，然後看看旁邊的人會有什麼感覺。電視劇裡最常使用這一招的是家庭主婦負氣離家出走，讓小孩上學時發覺沒有便當可以帶，也讓老公發覺自己不會做便當。東西也是一樣，大多數人是在搬家的時候才發覺一半以上的家當早已經被自己遺忘，從這裡可以知道人對於物質的東西託付了太多的幻想。那麼法律呢？

如果世界沒有法律這種東西，可能現實上一大票人會失業，因為包括法官、檢察官、警察、律師、法務公務員、私人企業法務人員，或學校法律系的老師都是靠法律工作在吃飯的。不過不用擔心這個問題，因為就像臺灣話說的「一枝草一點露」，這社會即使少了法律行業，還有其他行業可以做，所以這些人從一開始念的就會是其他科系，一開始就已經去種番茄、開餐廳、做水電工，或甚至如我自己所喜歡的開卡車去了。不僅沒有不快樂，或許生命還更亮麗。不過相對的，社會沒有法律，對於全部人的影響是什麼？就是和一些思想家們一樣，可以悠閒自在過著有尊嚴的日子？

我搬家到南部後才體會到，所謂「交通規則僅供參考」是怎麼一回事。以前在學校開實務判決研究課程，讀到大量因為車禍的過失致人於死罪判決時，心中無法理解，為什麼人開車會有辦法這樣撞來撞去？現在我終於知道為什麼了。首先，我認識的人當中就有很多人開車或騎機車是根本沒有駕駛執照的，但就算有駕照也並不就怎麼樣，因為駕駛人不管男女老少普遍走的是自由風，行車唯一指導原則是佛陀最高境界的「心中了無罣礙」，所以愛怎麼開就怎麼開，愛怎麼彎就怎麼彎。闖紅燈、逆向行車，機車騎到八十幾公里時速都是常態。至於轉彎車應該讓直行車先行或斑馬線上應該讓行人先行，多數駕駛人不玩這一套。他們不是不遵守交通規則，他們好像是不知道這世界上有一個叫做交通規則的東西，難怪有辦法心中了無罣礙。我從年輕開始開了幾十年的車子，只是這時候也徬徨得不知道要怎麼開車和怎麼走路了，因此我開始呼喚交通規則女神的出現。由此可見，法律是處理社會生活問題所必需，因為它提供人們行為的指針。關於行車靠右靠左或誰先走誰後走的問題，如果沒有一致的約定，全部駕駛人輕則一路上要分分秒秒耗費精神瞻前顧後、左躲右閃，重則發生事故、車毀人亡。因此即使不發生事情，癱瘓生活步調的代價在今天的社會中誰都付不起。你就可以知道，對於生活大大小小的事情，如果法律提供一個遵循的依據，生活才容易有所安排。當然，現實上的前提是人願意遵守法律。

反過來說，法律也是生活經驗的產物，因為如果不是有大量的生活經驗做基礎，我們也不會知道要寫出什麼樣的法律來。正因為十字路口容易有車禍，所以我們約定在十字路口必須依照紅綠燈指示通行；因為喝酒開車經常會肇事，所以我們約定喝酒後不能開車。關於上面所說行車靠右邊的例子，可能有人會想到一個問題，就是有些國家，像日本的車子並不是靠右邊走，那又是為什麼？對此，我曾經看過一個說法是，美國西部牛仔佩槍，槍是佩在右邊腰際，所以人在路上必須靠右，彼此的槍才不會相撞而發生衝突。日本武士的武士刀是佩在左邊腰際，所以人在路上必須靠左，彼此的武士刀才不會相撞。至於東南亞的一些國家，古時候的人是把劍背在背上，走在路上不管靠左靠右，你的劍和我的劍都不會相撞，所以這裡的人在路上都很輕鬆自在，不必管交通規則的問題。這可能也是一個笑話，不過不管怎麼樣，所要傳達的意思也就是法律和生活開展的密切關聯性。同時我們從這裡也可以推論得出來，現實環境不同的社會可能會有不同的需求，會形成不同的法律或道德律。

生活中的規則並不都是像交通規則這樣簡單的技術性約定，而是有很多規則牽涉到價值判斷思考。例如關於父母親離婚時子女監護權的歸屬問題，過去世代之爭議糾結在男女的不平權（為什麼小孩子是父親方的財產？）現代則糾結在對小孩子而言，是大人的經濟情況比較重要，還是大人的愛心比較重要？又例如人過世之後的遺產歸屬問題，是因為死者為大，所以活人應該遵照死者意願，或是也要依循公平的原則？此外，監獄受刑人應該受到什麼樣的待遇？因為他們自己犯了罪，所以一堆人交纏堆置在一塊侷促的地板上睡覺就是他們可以得到的待遇，或是應該像歐洲標準一般，所謂自由刑付出的代價就是自由，除此之外，生活空間或配備標準和一般人在家沒有兩樣？然而，不管那個價值判斷的問題有多麼困難，甚至即使是不可能的任務，理論上也終歸要有一個法律決定，因為即使不決定，事實上也是一個決定，而且是必須付出更沉重代價的決定。像是關於離婚後子女監護權的問題，如果不是法律可以定奪，恐怕我們要永遠看到離婚的父母親一人一邊拉扯著嚎啕大哭的孩子。

法律不是什麼都管

我們的生活到底要有多少法律的介入才夠？就國家對人民的規範而言，法律介入的形式不一，可能是國家給付型態的介入，用白話講，給某某人某種好處（利益、享受），例如小朋友上幼稚園的社會補助；也可能是課責型態的介入，就是課予某某人某種壞處（不利、負擔），例如對於交通違規的罰款。所謂好處或壞處，有時候是相當主觀的東西，所以國家法律對人民生活的介入到底是一種給予利益或是給予負擔的介入，也可能處於灰色地帶的性質，或者說兩者都是，例如國民義務教育，對某些人來說或許是好處，或至少是甜蜜的負擔，但對某些人來說，念書真的會讓人生很灰色。

但不管是給付型態介入或課責型態介入，其實都不是問題重點，因為不管如何，天下沒有白吃的午餐，所以最終問題一樣都是成本與目標之間的效益關係考量，就是國家值得用多少成本去完成什麼目標的達成。給付型態的介入，小朋友上幼稚園可以領取政府編列的社會補助固然高興，但不要忘記，補助經費是來自人民的納稅錢，只不過在少子化所造成的國家經濟甚至國家安全危機底下，大家應該都會欣然接受這樣的做法。社會福利給付的不足有時候會讓某些人陷入困境，例如健保給付用藥的範圍對大部分人來講固然不是問題，但是對許多罕見疾病者而言，如果沒有特殊藥物的給付，可能會造成家破人亡。

但也有時候，國家法律上給人民某些好處，事實上是平白的浪費。我有一次坐船到一個潛水熱門的離島去旅行，上了岸才離開碼頭沒多久就看到堆積一片的廢棄電動機車。當地民宿老闆告訴我們，政府為了推動環保政策，提撥巨額經費補助業者購置電動機車。業者為了爭取補助金而競相搶標，不過爭取補助金的目的就是賺取補助金，和所謂環保根本沒有關係。在大量購置品質低劣的電動機車應付審核後，機車在最短時間內快速殘破到不堪用的地步，也快速堆積成一大片的電動機車墳場。因此整個政策在實踐層面上是以環保之名破壞環保，但業者拿到的補助金已經落袋為安。很清楚的，這裡拿人民的納稅錢去補助業者的結果是賠了夫人又折兵，也讓人知道，國家給的「福利」對整體社會而言可能不是福利，而是災難。又例如元宵節燈會或是跨年晚會，各地政府一再加碼編列經費來換取短暫的煙花璀璨，但除了垃圾以外好像不留任何回憶。甚至在每年至少一次的制度性大腦適應過程後，短暫的煙花璀璨也換不到短暫的感官刺激。那麼為什麼不用這些錢去提升我們人行道的品質，畢竟那才是我們生活當中天天要面對的路？

如同上面所說，天下沒有白吃的午餐，所以國家任何福利給付都有資源能力問題。我們固然也可以讓健保給付一切用藥或醫療，例如包括割雙眼皮或做尖下巴等所謂的美容醫療，但這樣一來醫療費用會變成是無底洞，國家最後根本負擔不起，所以健保給付的制度設計上總必須劃下一條停止線。又例如德國的大學教育，大學生或研究生幾乎就是不需要學費的，早期甚至還可以領到一些生活費，但那是因為德國有強大的經濟實力，其他國家可能就沒有辦法這麼做。因此在現實條件底下，即使國家法律要規定去積極給人民什麼好處，也不是越多就越好。

至於課責型態的法律介入，那又要更謹慎對待了。課責型態的法律介入，現實上會使人產生痛苦，譬如最嚴重的死刑制度要人捐棄生命，有期、無期徒刑把人關進監獄剝奪自由，或是罰金、罰鍰使人民破財。至少當法律規定一個人這個不能做、那個不能做時，就已經限制了一個人的行動自由。而當我們說自由是天賦人權的時候，就表示所有限制到人的自由的法律都不是自始當然，而是必須有充足的、可以被接受的理由。例如為了保障用路者生命或身體的安全，交通法規對於闖紅燈的駕駛人課予金錢上的處罰。

但課責型態的法律介入在現實上也可能是過度的，譬如說法律的規定在純粹技術層面上就已經不能有效達成目標的時候，法律本身應該就要止步；換句話說，管了也不會有用的事情就不要去管。實際案例像德國的高速公路基本上是不限速的，過去也曾經因為森林環境保護的理由討論過是否應該限速的問題，但最後限速的提案並沒有通過，因為研究的結果認為事實上限速對於森林環境的保護並沒有清楚的因果關係。至於法律越界管到不該管的事，像是國內過去法律規定的通姦罪。對於這樣的規定，第一個問題是你很難想像，外遇者和所謂第三者會因為六法全書有通姦罪的規定，因此乖乖改變心意不要性交。

其實不只是法律，任何形式的強制規範對人的介入都不是越多就越好，因為任何規範或強制做法都會有成本問題。譬如說大學裡的授課，能不能用純粹的到課率來做為學期成績的依據？大學生基本上已經是年滿十八歲的成年人，可以判斷與決定自己的事情，包括判斷老師上的課在自己具體學習上的意義。其實這樣的開放才符合自主學習的精神，因此學校或老師要求單純的到課率應該是沒有正當性。這樣的概念在比較深刻的層次也牽涉到人性價值做為一種成本的問題。我記得有一次在大學校務會議裡討論到一個議案，就是要訂定一個類似教授們的在校準則，譬如教授一個星期至少要到學校幾天，一天至少要幾個小時。對於這個問題，我認為廣大學術領域分門別類，每一個人的思想生態也各自天成，因此在學術自由（沒有自由就沒有思想）的概念底下，根本不可能對於形形色色的思想流動做身體形式（或所謂評鑑制度的論文點數遊戲）的統一規定，否則無異玉石俱焚。如果在這種情況下還要做如此的規定，顯得是人們已經對於大學教育工作者最後可能存在之善良的絕望，以至於不得不如此。但如果大學根本已經對於教育工作者最後可能存在的善良感到絕望，甚至不願意把大學校園當作人性價值存在可能性的最後一個實驗場所，那麼我們所設定大學存在的意義是什麼？

我記得漢寶德建築師曾經談到臺灣的監工文化問題。漢寶德建築師根據過去經驗比較了日本、英國和臺灣工人的工地文化，他說日本工人從穿著開始就表現出團隊的整齊紀律和確實施工的精神，英國工人的穿著雖然比較隨便，但他們把工作當作是攸關自己生命榮譽的事情在看待。至於臺灣工人的特徵就是必須有監工才會把工作做好。最後漢寶德建築師提出了一個發人深省的問題：如果工人必須要在監工底下才願意把工作做好，那麼對於監工者又要由誰來監工？然而在臺灣的社會與教育文化底下，很遺憾的，似乎多數人陌生於這種道德或善念的意義。就在校務會議裡，有不知道是哪一個學院的教授發言反對我當時的說法，而更令人震驚的是他所說的理由。他說自發善念的說法都是在講好聽話，事實上哪有人會沒有強制規定就自動把事情做好？我才知道（後來也越來越知道）原來菁英們很普遍對自我圖像的設定就像是扛著牛犁、被竹條鞭打著一步一步前進犁田的牛。這樣講的同時，我發覺我一直對大學教授的自由意願存有誤解，但接著我更覺得我或許對於牛的奴性也存有誤解，因為其實那一頭牛也可能是一頭自由之牛，即使不用竹條鞭打，他也會（以為他是在舉槓鈴做重訓一般）頂著牛犁犁田。如此，牛的牛格可以自由，大學教授喜愛的卻是監工文化。

法律與道德的不同

法律是社會上人際衝突問題的處理規則，同時提供人們生活中的行為標準。可是我們所說的道德律或倫理規範，例如不偷竊、不罵人、不欺騙等等，不也可以提供這樣的行為標準嗎？有關這個問題，從做為行為標準的高度來看，大家都聽過一句話，法律是最低限度的道德標準，意思是道德是做人的更高標準，因此脫離純粹法律層次而言，你不只要做守法的人，你最好要做一個有道德的人。在這樣的邏輯關係上，假設一個社會是高度道德意識的社會，那麼除了處理開車靠左邊或靠右邊這類的技術問題，法律是沒有存在必要的。因為如果人用愛心相對待，有包容，有退讓，所有現實衝突都會消失於無形，就好像年輕人追求男女朋友的時候，閉著眼睛愛來愛去，大概都不會計較聖誕夜請女朋友吃大餐的花錢，或是早上五點鐘起床陪男朋友晨跑犧牲的美容覺。不過現實問題是相愛容易相處難，即使人有愛心與耐心，也往往禁不起歲月的摧殘。到了分手的時候，有人追討兩年來全部請女朋友看電影、吃飯和買生日禮物的錢，也有人帶著西瓜刀或硫酸去實現人間最後的公平正義。如此，當人與人之間的愛心消失的剎那，就是法律女神出現的時候。

不過關於道德與法律的區隔，更重要的可能是規範作用的實效問題，也就是國家法律有它的強制手段，迫使人不得不就範。除了汽車超速行駛時所收到的新臺幣三千元罰單是一種手段，迫使駕駛人放慢車速之外，其實整個法律體系現實上能夠發生效果所依賴的就是這樣的機制。舉民事關係的例子來說，欠債還錢是一個傳統的說法，也帶有規範的意義。如果債務人借錢卻不還錢呢？法律上的機制是債權人可以提起訴訟請求債務人還錢。等待法院宣判債務人應該還錢的判決確定後，如果債務人還是不還錢，債權人可以聲請法院強制執行。執行法院可以查封債務人的房子或車子等等的財產，經過拍賣後把拍賣所得（扣除必要費用）用來清償給債權人。刑法規定也是一樣，理論上寄望的是因為偷東西會被抓去坐牢，所以大家不敢偷東西；亂罵人會被抓去坐牢，所以大家不敢亂罵人。當然這裡講的只是一個法律體系上的設計機制，現實上有時候機制也會沒有著力點，例如債務人根本沒有財產可以讓人強制執行，或是企業大老闆掏空企業資產後偷渡出國逍遙法外。

相對的，道德律並不像法律一樣具有處罰等強制作用的手段，而是純粹建立在人內心的善良意願。一旦人選擇不遵守道德律，依然可以有恃無恐，所以說道德律的規範實效相對薄弱。因此不奇怪的，有很多人上自助餐廳吃飯，離去時桌上餐盤留下堆得滿滿的吃不下的食物。也因為道德律的規範實效薄弱，有些宗教說法講道時會敘述一些類似十八層地獄的故事，例如浪費食物者將來可能下地獄變成一頭吃廚餘的豬。這樣的敘事方式在強制作用上已經具有法律的強制意味，只不過一旦人不相信地獄的存在，強制作用也跟著破功。倒是現代社會針對一些特定職業團體，例如律師、法官、醫師或建築師等等羅列的倫理規範，由於具備了某些程度的罰則，所以也相當程度產生了強制的作用；但另一方面，這些所謂的倫理規範其實也脫離屬於內心世界的道德色彩。

由於法律有它的強制作用，而所謂強制作用底下的被強制者必定要付出成本，成本可能是財產，可能是自由，甚至可能是生命，因此誠如上面所說，法律對於人們生活的介入並不是越多就越好，而是必須在所謂比例原則的考量底下有所節制。對於不適宜用強制手段去完成的行為規範，我們可以把它回歸到道德律的範疇。不過有時候可能因為人的強制慾望過度作祟，還是會出現用法律手段來處理應該屬於道德範疇的問題。例如刑法上有一個時常被討論到的案例，就是書店的老闆可不可以要求偷書賊付十倍的書款，否則要把偷書賊送警法辦？書店老闆這樣的「脅迫」會不會構成強制罪或恐嚇取財？這個問題困擾了很多人，實務上的處理態度也時有動搖。其實這裡書店老闆是不應該受到法律處罰的。法律上的強制罪所要保護的是人的自由權利，因此當我們說某某人的自由被侵害，必須是某某人正當的自由權利有被損害到。譬如當一個人因為犯罪被關進監獄，他不能主張說監所人員妨害他的自由，因為他本來就應該要服刑，監所外的空氣本來就不屬於他的自由。偷書賊的例子也是相同的道理，一旦偷書賊竊盜被逮，書店老闆本來依法律就可以把偷書賊送警處理，偷書賊本來就沒有堅持不被送警的自由。現在老闆要求十倍的書款，否則就送警處理，現實上意義等於是為偷書賊多開了一扇窗，給偷書賊多提供一個選擇，只要付十倍書款，就可以走人了事。在這裡，偷書賊依然可以選擇拒付十倍書館，並沒有說非要如此不可。倒是反過來，他想要不必付十倍書款，同時又不被送警，這想法在法律上才是過度期待了，因為在偷書的既定事實下，他本來就沒有這麼大的自由。

比喻來說，張先生向美女李小姐求婚，李小姐給張先生的答覆不是說要，也不是說不要，而是向張先生要求一顆一斤重的鑽戒，否則姑娘不嫁。那麼我們會說李小姐構成強制罪或恐嚇取財嗎？應該不會，因為張先生還是可以選擇不給鑽戒，只不過他當然必須承受感情上的落空。我們知道，很多人對於書店老闆的「趁機勒索」會覺得令人不屑，覺得做人不應該如此不厚道。問題是在現實法律的解釋下，老闆並沒有侵害到偷書賊的自由，所以即使做法不道德，也不能因此被入罪。不過我最近又看到一個新聞，在高雄有一個拾荒婦人偷拿走人家摩托車上的兩串衛生紙，事發後被衛生紙所有人成功勒索了十八萬新臺幣（衛生紙所有人放話說否則絕對告到底），結局是固然拾荒婦人被判構成竊盜罪，但衛生紙所有人也被法院判決構成恐嚇取財罪。說實在，衛生紙所有人在這裡被法院判決恐嚇取財罪，我也覺得很療癒人心，只不過把法律上的罪名套用在只是違背道德律的行為上，判決應該還是有問題。

法律必然不完備

法律不是什麼都要管，因此法律不完備是當然的事情。所謂法律必然不完備，所代表的意義就是，法律並沒有應許人一個完美的人生。或許有人認為，法律至少已經把重要的事情規定為法律，例如不能殺人、不能放火、欠債還錢、損害賠償等等，因此法律已經給人基本的生活保障。至於其他事情，例如待人要有禮貌、說話不要大小聲、不要騎機車逛夜市或逛菜市場等等，對他人造成的影響反正沒有那麼大，所以沒關係。如此看來，只要我們看管好法律範疇內的問題，大概就可以保住人們生活的基本幸福了。但果真法律已經可以提供人類生存幸福的基本保障？

要回答這個問題的最簡單設想是，法律為了防治噪音，已經有噪音管制法的規定。現在假設根據噪音管制相關法規，夜間鄰居持續噪音超過N分貝就會遭受行政處罰。再假設我們隔壁鄰居三更半夜唱卡拉ＯＫ的音量一直維持在N減一分貝，唱的是一再破音的〈愛你一萬年〉；換句話說，鄰居並沒有違反法律管制。請問接受N減一分貝音量的〈愛你一萬年〉包圍的你，有感受到滿滿的愛嗎？幸福嗎？看來法律對於提供人類生存幸福的基本保障還是有所不足。對於不足的部分，只能依賴人的善良意願去強化，或僅僅是維持。有則或許已經是十幾年前的新聞報導，內容提到有一個醫生不忍心離島居民缺乏醫療照護，於是乾脆自己買一條船，學開船，每個星期都開船到離島去為病患看病。就此而言，是醫生的善念在強化離島病患的完美人生。相對的，夜半歌姬天天子時過後破音的〈愛你一萬年〉是合法，卻也阻斷鄰居們實現完美人生的夢想。

法律規範之外的空間是法律上的自由，但是對完美人生而言，自由有道德風險；換句話說，正因為自由，所以人可能選擇不道德。在這樣的概念下，我們來看一個嚴肅的議題。訴訟上法律正義這種東西在現實裡有一個最根本的人性挑戰，就是誠實問題。關於訴訟上的誠實，除了特殊情況，例如偽證或偽造文書，法律基本上就不介入，主要是因為面對人性太難。不過我們很快可以看到這樣的架構在法律現實內的一些作用。法律訴訟上認定事實必須有證據，這是基本原則，因為如果不需要證據就可以被定罪或是被認定欠債，我們任何人不知道哪一天都有可能會被看我們不順眼的人誣陷入罪，或是被要求欠債還錢。我記得年輕時第一次到法院開庭，對方大牌律師開口說「否認原告方所陳述的全部事實」，我一時困惑，這是什麼意思？他否認的範圍是不是也包括否認我的當事人是一個人，懷疑我的當事人可能是一頭熊？原來，當事人或訴訟代理人在法律訴訟攻防上主張的否認對造所說的一切事實，就可以大幅度提高自己的勝訴機率，因此也已經變成訴訟攻防的第一個公式。

當不誠實成為一種現實文化，耗費的是全部人的資源，其中最嚴重的成本可能就是人心中的正義理念。設想你借給好朋友五百塊錢，既然是好朋友，你當然不會要朋友寫收據，因為不信任的態度不免會傷人，更別說是好朋友。不過好朋友借錢沒有寫收據，一旦對方不承認有借錢，你既要不到錢，也打不贏官司，這時候就輪到你傷心了。也難怪卡勒德・胡賽尼（Khaled Hosseini）小說《追風箏的孩子》（*The Kite Runner*）裡的主角阿米爾在美國時要回想起他家鄉喀布爾的老習俗。當地人到麵包坊時折樹枝來當信用卡，樹枝上刻一條凹痕代表麵包師傅的一塊南餅。到了月底就按樹枝上的刻痕付錢，「就這樣。沒問題。沒證件。」很顯然這一條凹痕只有提醒記憶的功能，而不是要證明什麼。相對的現代人學乖了，懂得凡事要有證據。

我們可以理解，一些傳統的契約書寫有其必要性。像是商業契約或甚至只是租賃、搬家的事務，涉及複雜的細節事項，如果沒有白紙黑字，可能大家也記不清楚約定的內容。然而今日社會氛圍對於一個人生活證據的需求密度越來越高，已經到了無孔不入的地步。典型的例子是開車的人車上都裝設了行車記錄器，因為闖紅燈的人會說是別人闖紅燈；下級公務員和上級談論業務時會暗中錄音，因為事發後上級長官會否認當初的交辦內容。為了因應不誠實的文化，我們也逐漸習慣於證據文化。但證據文化是有代價的，你繳了停車費或是繳了稅之後的單據要很煩又很累的長年保存好，街頭上無所不在的監視錄影已經（甚至是違法的）把每一個人的隱私幾乎毫無保留的全部攤在陽光下。至於法律訴訟，法庭資源和當事人資源百分之八十以上是耗費在證據問題的爭論上。最大重點是，在不誠實文化底下終究有很多公平正義要被落空，而且是在我們自己也心知肚明的情況下帶著一臉的笑意讓它落空。

法律問題很難有標準答案

很多人認為法律就像數學問題一樣會有標準答案，但其實不是如此。伊恩・麥克尤恩（Ian McEwan）寫的《判決》（*The Children Act*）書中一個故事，敘述的是大家耳熟能詳的案例。因為宗教信仰，父母親拒絕在醫院裡的小孩接受輸血救命，那麼法官費歐娜在面對醫院輸血動手術的申請，是要站在保護宗教自由的一邊，或是站在保護生命價值的一邊？另外一個故事，關於連體嬰分割的案子，也是在說明法律理性功能極限的問題。有兩個小兄弟，生下來連體。如果兄弟兩個人不進行分割，結果是兩個人都活不過六個月；如果進行分割，雖然可以保住一個人，卻要任憑另外一個人立即死去。法官在這樣的問題底下，外在面對的是社會群眾兩極情緒正義與惡毒批評的壓力，內在面對的是其實只有上帝才可能解開的生命取捨困境。費歐娜當時所做的決定是讓雙胞胎被送進手術室，上訴法院最後也同意費歐娜的判決意見，駁回雙胞胎父母親的上訴。費歐娜的同事紛紛前來向她道賀，問題是值得高興的意義是什麼？

故事裡費歐娜的判決是從所謂必要性原則做主張，認為進行分割手術的目的不是為了殺死馬太，而是為了救馬可一命，因此符合「在特定情況下，為了避免更嚴重的後果發生，法律容許某些違反刑法的行為」的法律原則。但是我們想一下，這樣的思考在法律上真的就對嗎？就從費歐娜自己所說的「必要性原則」的定義來看，這裡可以容許犧牲馬太，必須是為了避免更嚴重的後果發生。因此問題是，動分割手術而讓馬太死去，這樣就比較不嚴重？費歐娜判決分割的想法顯然是，如果不分割，馬太本來也就活不過六個月。但問題又來了，被犧牲者六個月的生命是比較不嚴重的事情？生命的價值是用長度來計算的？對於這一個問題，德國或其他一些歐陸國家的刑法思想可能會有不同的說法，也應該不會就這樣承認六個月的生命是比較不嚴重的事情。在深受康德道德絕對理論思維籠罩的歐陸文化底下，要犧牲這條六個月的生命去救另外一個人的生命，至少無法通過理性的檢驗（人沒有權利去評斷人命的價值）。只不過人在現實上對理性的服膺有時候有人性上的高難度（典型的例子是一個人在海難當中搶了另外一個人的救生圈讓自己活下去），所以我們對於這樣的錯誤行為是可以理解，是可以原諒這做法，但不是肯定這做法。那麼這樣的說法是否就可以顛撲不破？其實當然也不是，因為至少你還可以問一個根本的問題：理性的標準是什麼？為什麼用一條六個月的生命換來另外一條可能幾十年的生命是不理性的？雖然形式上看起來，康德對於這一個問題是給了答案，但所謂的答案似乎也只是一個態度的表達而已。

如果完全不論刑法理論上複雜的細節問題，另外一個關於生命價值問題的類似例子是費迪南・馮・席拉赫（Ferdinand von Schirach）所寫的《恐怖行動》（*Terror*）舞臺劇情節。劇本所描述的是對於一個德國空軍戰鬥機飛行員的審判。案件背景是恐怖組織挾持了德航民航機，脅迫民航機轉向衝撞位在慕尼黑的足球場，當時球場上坐滿大約七萬名觀眾。戰鬥機飛行員想要拯救足球場上七萬名觀眾的生命，在得不到上級命令的情況下擅自發射飛彈擊落民航機，飛機上全部一百六十四條人命悉數罹難，飛行員也因此被控訴一百六十四個謀殺罪名。大家一定會好奇，那麼這劇本在結局上要判飛行員有罪還是無罪。不過大家也一定會失望，因為它根本沒有給答案，而是讓全部觀眾自己去投票，看看統計結果會是有罪還是無罪。在《恐怖行動》劇中，可以看到檢察官的論告確實是把康德哲學的道德絕對論大大讚頌了一番。但是我猜測，在開放群眾投票表決的舞臺劇，除非是非常認識康德哲學的道德（或規範）絕對論，否則活在經濟思維的現實生活中的群眾可能會相當一面倒的投無罪票，因為畢竟七萬條人命和一百六十四條人命在數學上差異懸殊。

附帶一提，如果是我個人，對於戰鬥機飛行員我會判決一百六十四個謀殺罪。這裡重點已經不在於幾條人命和幾條人命的對比問題，而是即使飛行員是想要（接近緊急避難的概念）拯救七萬條人命，也很清楚的不被容許用這種方式去救人。關於應對恐怖攻擊的事情，權限專屬於國家，因為國家有國家的專家系統，就好像書上劇本所描述的，或許國家系統還有立即疏散足球場觀眾等其他方式可以化解危機。因此除非情況顯然脫離國家掌握範圍，否則個人無權違背上級指揮系統自作主張，更別說這裡的上級命令事實上是完全按照國家法律規定在進行的。假設劇中的飛行員果真在國家系統呆滯的情況下拯救了七萬條人命，我們也只能說那是運氣。但對於正常（最低限度聰明）國家而言，國家不應該把未來對抗恐怖行動拯救人命的任務寄託在運氣上面。所以結論是飛行員發射飛彈擊落民航機的做法沒有正當性，沒有正當性卻喪失一百六十四條人命，自然要負一百六十四個謀殺罪的責任。至於判輕一點或判重一點，那是另外一個問題。

對於法律理性的過度信仰

對於相同的問題，看來嚴謹的理論都會有各自不同的認定，所謂專家也往往無法彼此說服。特別再看到每當發生複雜爭議時，法院或國會外面到場聲援的兩派人馬相互叫囂與謾罵，不能不讓人懷疑，果真人類的理性模式在現實上是那麼有用的東西？因此美國憲法學教授保羅．坎伯士（Paul Campos）在《法律狂》（*Jurismania: the madness of American law*）書上就高度懷疑用理性思維解決法律難題的可能性。我個人認為，坎伯士的眼光在法律人裡面是少有的銳利。舉例來說，德國記者湯瑪斯．達恩史戴特（Thomas Darnstädt）在《法官的被害人》（*Der Richter und sein Opfer: Wenn die Justiz sich irrt*）書上嚴厲批判許多關鍵性的法律概念並沒有被下過定義，也沒有被學術清楚研究過，像刑事訴訟法上所說「嫌疑」或「高度嫌疑」等等的名詞就是。我們必須承認，達恩史戴特所指出的情況的確是事實。但關於對「嫌疑」或「高度嫌疑」這樣的概念做出明確定義的期待，坎伯士也早就以「沒有合理懷疑」的概念做例子，認為一個清楚的標準是很難的，並且還以這個例子表明，事實上「陪審團解決困難的法律問題，就像是擲銅板一樣，而不是像那些技術官僚和世俗的神學家所想像的」。這說法好像給人危言聳聽的感覺，但坎伯士的意思就是，不然你還能怎麼樣？

法律是解決人際利害關係衝突的辦法，因此站在經濟效益的考量上，這辦法是依照利害關係的均衡性訂出來的。簡單講，我們要優先顧及比較大的利益。我有一次在中橫公路走了將近十公里路到荒無人煙的山上，忽然血糖降低，感覺快要休克，趕緊偷幾顆路邊人家種植掉到地上的小番茄來救急。基本上沒有經過同意就拿走人家的小番茄，這是竊盜。但現實上這裡是為了解救生命，小番茄的利益就算不了什麼，因此法律也同意這是所謂的緊急避難，不會構成竊盜罪。至於民法上要還農夫小番茄的錢，那是另外一個問題。可惜的是，天底下法律問題中的利益對比並不永遠都像這樣清楚。利益關係對比不清楚的情況就會形成法律難題，例如上面所說連體嬰分割的情況就是。這樣的問題不只出現在個案裡的具體關係上，也出現在立法問題上。

舉例而言，關於我們二〇二三年的全民普發六千元，其實一開始對於前面年度稅收超出預算到底要怎麼使用的問題是有爭議的，有人認為應該優先填補國家債務或其他財務空洞，有人認為全部發給人民最讓人有感。最後似乎很難說怎麼樣做就是絕對的好，所以還是採取折衷的分配方式。就這個例子而言，最後的處理方式應該是認為再爭議下去實益不大。比喻來說，超商貨架上擺了一排製造日期完全一樣的橘子果凍，你要挑哪一盒？有趣的是，很多人到超商買果凍時還是要在貨架前面深沉思考十分鐘，以便找出不同果凍之間的意義差別。這不是笑話，因為事實上有很多人，甚至應該說是大部分人是堅定的相信法律問題都一定會有客觀公正的答案。坎伯士把這種一般人所期待的高度法律內在理性稱為「理性主義的女妖」。

法實證主義要求法律概念應該有一個可供檢驗的標準。不管從理論本身或從經驗角度來看，這樣的主張都有它重要的意義。因為如果不是如此，任何法律的操作最後都可以隨著個人的情緒遊走，有標準等於沒有標準。像是很久以前法律上對所謂流氓的檢肅，檢肅標準是類似「藉端滋事」或「遊手好閒」一類的概念。從今日的角度來看，如果拿這些概念做為法律標準，恐怕社會上所有上街頭抗議政府政策的人，或只要不是朝九晚五的上班族就要人人自危了。因此法實證主義這種對理性、對概念精確性的要求是合理的，但問題是，一個概念必須精確到什麼程度才叫精確？

我也曾經看過有說法認為，比例原則或社會最大利益概念都是沒有用的概念，因為這些概念操作起來都不精確（像利益大小的比較問題）。其實一個概念必須精確到什麼程度叫精確，最後的依據是，現實上有沒有更精準的標準可以取代？如果現實上必須有一個標準的存在，同時找不到另外一個更好用的標準，那麼既存的標準就是一個最好的標準。舉例來說，刑法上對於傷害罪有重傷害和普通傷害的區分。從平等原則來看，這區分有其必要性，因為重傷害就要判重一點，普通傷害就要判輕一點才合理。不過這個概念顯然會產生一個問題，傷害要有多重才叫做重？斷一指嚴重不嚴重？拇指？無名指？兩指？三指？要說概念不清楚，這也是概念不清楚。但如果因此根本廢掉重傷害和普通傷害的區別，明顯重傷害的可以輕判，明顯輕傷害的可以重判，有比較好嗎？相同的道理，如果不是有類似比例原則或社會最大利益的概念，那麼更好用的概念是什麼？

「理性主義的女妖」的說法並不是要主張無理性主義。坎伯士寫《法律狂》的用意就在警示我們對法律理性的信仰不要走到極端，甚或失控的地步；一如坎伯士在書上最後所提出來的結論是中庸之道，是「司法的齋戒」。因此關於法律問題是否可以透過理性思維找到答案的問題，答案應該是：問題當中利益對比差異關係明顯的時候可以，問題當中利益對比差異關係不明顯的時候不可以。這個道理類似臺灣話所說，「真藥醫假病，真病無藥醫。」不過說實話，即使真藥只能醫假病，也已經功德無量。至於真病無藥醫，人必須學會接受，因為身上一堆插管也只是和自己過不去。

二、法律現實上都有用嗎？

法律本身不會自動產生效益，而是必須有其他條件的支援，特別是人的意願。

法律本身可能欠缺效益關係

法律規定的本身有它的目的性考量，因此如果一個法律規定對於它所設定的目的沒有效益，就沒有規定為法律的意義。但現實上不管是出於什麼原因，有時候還是會出現欠缺效益關係的法律規定。除了像過去對通姦罪的刑罰規定，另一個明顯的例子是臺灣早年票據法對於所謂空頭支票的刑罰規定，也就是發票人開了支票卻又帳戶裡存款不足，讓受票人到了銀行領不到錢。從法律的角度來看，如果一個人存心詐騙，刑法已經有詐欺罪的規定可以處罰詐騙者。在詐欺罪以外又規定對空頭支票的刑罰規定，意思是即使發票人不是故意詐欺，還是有罪。但這樣的規定合理嗎？如果不是故意詐欺，表示發票人是發票之後無力清償債務。如果對於無力清償債務也要當作犯罪來看待，那麼是不是對民法上全部的債務不履行也都要用刑罰來對待？我們每一個人，特別是生意人，本來都有經濟起起落落的風險。這些經濟情況往往不是人所能逆料，因此對於空頭支票的處罰並不合理。

但怎麼辦呢？生意人還是要吃飯，只能生意照做，支票照開。後來由於社會上空頭支票滿天飛，造成犯罪統計數字上駭人的紅字，好像這社會裡有一半的人是非良民。其實國家想要透過違反票據法的刑罰規定來確保持票人的持票兌現，這才是國家對生意人所開出最大的空頭支票。這種種怪異現象最後終於促使票據法廢除了對空頭支票的刑罰規定。廢除了票據法對空頭支票的刑罰規定，事實上提醒個人生意上來往時注意對方信用問題，反而解除了空頭支票氾濫的問題。

就空頭支票的刑罰規定而言，立法欠缺整體效益關係的原因，大致上是立法者對事實關係的認識不精確；換句話說，不理解做生意的人的經濟狀況，也不理解做生意的人的心理狀況。目前國內某些關於行車的速限規定，可能也出現相類似的情形。大致上高速公路上的駕駛人行車都在速限規定範圍內，反映一般駕駛人對於安全的實際容許風險判斷和法律所限制的速度幾乎沒有落差。但是相對的，花東地區公路，特別是臺十一線，儘管有高密度的測速照相，事實上很少車輛（估計不會超過百分之五）是按照速限在開車的，也反映一般駕駛人在這裡的多數路段上對於安全的實際容許風險判斷和法律所限制的（大致上六十公里）時速有嚴重落差。因此法律層面上的問題是，這樣的速限在今天的道路狀況、造車科技水準、經濟發展型態、駕駛人體力負擔和心理反應機制等等的背景底下是否合理。如果你上網查一下，臺灣有什麼東西是世界第一的？當中可以看到有一項就是人民的交通違規罰單比例是世界第一。

這個現象和上面所說的違反票據法的犯罪情形是一樣的；因為票據法對於所謂空頭支票不合理的刑罰規定，導致當時臺灣人民的犯罪率在世界上名列前茅，好像臺灣人民普遍是罪犯。對個人而言影響重大的譬如說，出國留學辦理簽證時必須繳交的所謂良民證上一旦被註記有犯罪紀錄，結局可想而知。這裡的交通違規問題也是一樣，絕大多數駕駛人收到交通罰單的違規項目都是超速，一來是因為在全部交通違規的取締當中，技術上難度最低的就是取締超速，但另外一個根本原因是，以花東長途路段為例，對於時速限制的具體標準並不合理，導致絕大多數駕駛人在駕駛過程中要完全遵守時速限制完全不可能，也難免招致人民懷疑，這些做法說是為了保障交通安全，但真實意義只剩下對地方政府或甚至是人事經費的財政挹注。因此和早年對空頭支票的刑罰問題一樣，國家機關應該思考一下，對於這問題，政府該做的事真的就是極端限速和處罰超速？

如果一般都會區的行車速限是時速五十或六十公里，那麼就令人難以理解，為什麼花東沿海臺十一線幾百公里內大多數路段車輛相對稀少而又道路寬廣，限速大致上也是五、六十公里。按照這樣的速限，駕駛人只能一路戒急用忍因而也一路心神疲憊的駕駛下去，反而是危險狀態。當然道路上有時候會發生碰撞車禍，但原因幾乎都是有駕駛人任意超車、逾越雙黃線、任意迴轉或不遵守路權順序等等。對於這些情況的車禍預防就只能著重在對違規者清楚的究責，而不是永遠寄託在對全部守法駕駛人的低速限，否則最後的安全速限只能變成是零。那有一點像是因為有殺人犯拿菜刀殺人，從此以後就禁止家家戶戶的廚房有菜刀。至於自撞，基本上也和速限問題無關，而是和國家政策下的駕駛訓練或考照制度有關。臺灣的駕駛訓練和考照制度可以說是一個徹底自欺欺人的形式，拿到所謂駕駛執照的人其實完全沒有安全開車所必須的觀念和能力。不管是因為工作忙碌或是年輕人喜歡耍帥，很多人的開車模式就是一路快到底也一路放肆到底。為了應付這樣的危險，交通機關想出來的對策就是要駕駛人一路慢到底也一路煎熬到底。其實開車要安全又愉快，原則不是一路快到底，也不是一路慢到底，而是該快就快（例如長途道路），該慢就慢（例如都會區、學校、社區附近），該停就停（例如路口的倒三角標示或閃紅燈），該讓就讓（例如幹道支道交會），該急剎車就急剎車（例如急彎路或障礙物）。說到山路或彎道的駕駛，重點就在於入彎前的提早減速、出彎前的提早加速，簡單講就只是油門和剎車之間的靈活轉換而已。駕駛人如果不懂得入彎前要提早減速，那麼即使限速五十公里還是會自撞，駕駛人如果懂得入彎前要提早減速，那麼即使限速八十公里還是可以優雅而華麗的一路過彎而去，這些都是駕駛訓練和考照制度的問題。

我在德國上駕駛學校的駕駛課時，有一次上了高速公路，我用大約一百五十公里的時速開車，結果教練建議我，如果可以就再加速，於是我加速到時速兩百公里。教練告訴我，「當然你不會永遠用這種速度開車，但你必須要有高速開車又能把車子穩定控制在手上的能力，這樣才有辦法又安全又輕鬆的開車。」後來我又報名了緊急狀況駕駛課程，整天下來全部上課內容幾乎都是在練習急彎、躲避動物或結冰打滑時的剎車或所謂暴力剎車（Gewaltsbremsen）的技術。國內交通主管機關在種種交通管理決策的制訂上可能欠缺嚴謹的科學研究，或者有什麼其他政治責任上的顧慮，結果和一般先進國家比較起來，我們在交通這件事情上最後其實是讓駕駛人在駕駛時的身心狀態上付出更巨大的成本，換來的卻也是人民生命和財產更巨大的災難。面對這種詭異的雙高矛盾，我們不能不深思，或許非虛假形式的駕駛訓練和考照制度才可以讓駕駛人真的有能力開車，人性上合理化的時速限制才可以減輕駕駛人身心上的負擔，以及（我們後面還會討論到的）司法上清楚而不和稀泥的交通事故究責標準才可以養成駕駛人的守法意願，加總起來這才是具有安全性的交通管理策略。

再看使用毒品罪的立法沿革。近年來的毒品相關法律規定，已經逐漸把使用毒品行為界定為一種疾病；換句話說，是出於生理或心理調適的問題，因此對於使用毒品行為也採取比較寬鬆的待遇，大致上只要能夠達到治療的目的，沒有必要看待為犯罪。但大家可能無法想像，早期對於使用毒品的行為，我們的法律不只規定為重大犯罪，而且曾經規定對毒品犯不得假釋，甚至最嚴重的是，使用毒品三犯唯一死刑。當然可以想見，如果使用毒品行為是一種疾病，那麼若非更多的經濟政策或教育政策，重刑除了激化毒品市場價格，甚至徒然滿足毒梟的獲利之外，也不能改變什麼。

法律本身忽略實效性的考量，結果可能不僅僅是無效，還可能是負效益。其中一個到今天還明顯可以看到遺毒的例子是臺北市的廢娼政策。幾十年前廢除公娼政策基本上是基於所謂善良風俗的考慮，但根本問題是性交易，特別是性專區的性交易有什麼不善良？所謂「食色性也」，想要用廢娼的方式來打造一個「乾淨」的社會無異想要與人性相對抗，結果很清楚是無效的。早先臺北性交易專區聞名的艋舺華西街尾端的寶斗里和早期淡水河的航運有關，因為碼頭和水門附近一帶是生意人等進出必經之地。寶斗里範圍不大，儘管大街小巷入夜後燈籠高掛，但鶯鶯燕燕和寶斗里範圍外的住家地區基本上互不干擾。廢除性專區之後，事實上性交易並沒有消失，只不過是轉入地下，而且數量上增加，特別是後來又有外籍色情業者的插旗，版圖不斷擴張到至少幾條街外的艋舺地區，除了所謂站壁有時會干擾過路行人，目前更是干擾到大範圍住宅區的住家生活安寧。如果當年沒有所謂廢娼，一方面性工作者憲法上的工作權得到保障，另一方面一般居民的住居安寧也得到保障，應該是比較合理也合法的做法。

法律效果有個別條件問題

因為人的行為並不是被單一因素所支配，法律效益會受到我們已經看出來或我們沒有看出來的現實條件所左右，因此我們不能寄望法律的存在就當然可以發揮控制社會秩序的效益。舉例來說，如果法律是魔法，照理刑法上規定的竊盜罪應該相當程度可以解決竊盜問題，但事實上日常生活某些情況下我們對竊盜的擔心還是存在。還住在屏東的時候，我喜歡騎著我的公路車在山海之間到處跑。既然是公路車，當然就不宜再加裝防盜鎖，以免影響單車重量和影響騎士的有型。問題是每一個單車騎士心中都會有單車被偷的陰影，所以不管到哪裡，吃飯、買飲料或甚至上廁所時都必須有車在人在、車亡人亡的心理準備。原來對竊賊或一些僅僅是好奇的青少年來講，公路車夢幻指數的百分之一就已經可以讓刑法竊盜罪的威嚴完全破功。我所知道的朋友圈，近來公路車的竊盜事件比較少聽聞了，或許是和國內露營風一樣，流行一陣子過了峰頂，大家心理上的熱度就會下降一些。

有些法律效益問題和現實社會個別條件的連結是很清楚的。將近二十年前一個下著小雨的冬天夜晚，我走過師大路與和平東路口，看到一部載滿柳丁的破舊小發財車。發財車上一塊牌子寫著「七斤一百元」，於是我就靠過去。就在我挑柳丁挑到快要滿七斤的時候，警察來開違規罰單了。對於發財車老闆的苦苦哀求，警察只回了一句話，「我不開罰單，你不會怕。」於是就開了罰單。當然我們不能說警察開罰單不對，因為雖然討不到生活的人很可憐，但對於道路違規的行政罰也是法律清楚的規定。只不過我也在思考警察說的「我不開罰單，你不會怕」那一句話，我想，如果我是賣柳丁的老闆，當我家裡的小孩沒有註冊費時，我是要怕什麼？想到這裡，我只好一次買了十四斤柳丁。

再說一個最近的例子。有一個原住民少年和外婆兩個人住在山上相依為命，有一天少年無照騎機車在山下發生車禍撞傷了人，案件進入法律程序。最後法官問少年一個問題，你以後還會不會騎機車？沒想到少年回答說會。顯然少年是誠實的人，但另外是他也純樸到沒有意會到，其實法官是動了憐憫之心想辦法要幫他。不過根本的現實問題是，如果這個住在山上和外婆相依為命的少年不騎車，那麼要上學、要打工、山下垃圾車經過的時候要追垃圾車的他，以及至少也要準備三餐食物的外婆，生活如何繼續下去？我的意思並非無照駕駛是對的，只是要說明，因為現實條件因素，不管法律怎麼規定，只要少年和他外婆沒有能力可以搬家到一個比較方便的地方，我猜他勢必還是會騎機車下山。

講到法律的現實條件問題，或許有人對很早以前的一個社會事件還有印象。一名長期照顧腦麻兒子的父親在身心俱疲之餘，有一天和兒子發生情緒上的衝突。父親在車子上回頭問兒子說：「我把你掐死好不好？」同樣身心俱疲的兒子用清楚的意識說：「好！」於是父親就把兒子掐死了。就此事件而言，法律上當然是不容許人殺人，但我們也很難看著法律判這個爸爸殺人罪而覺得心安。如果不是國家把個別家庭根本負擔不起的重擔丟給個別家庭去處理，為什麼一個已經照顧兒子幾十年的父親卻又動手掐死自己的兒子？更重要的是，法院把殺死腦麻兒子的父親判了殺人罪，是否以後所有照顧腦麻兒子的父親就不必也不會再掐死腦麻的兒子？

這件事讓我想起在德國念書時，學生宿舍裡住了身障同學的情形。德國政府照顧這些身障學生，除了從他們所住的宿舍經過大小馬路，一直到大學各教室或圖書館之間必需無障礙之外，三餐時間都會看到一位替代役男到宿舍餐廳來為身障同學準備伙食。有時候身障同學想進城中心去看電影，我就會看到一部輪椅廂型車來載他，也是由一位替代役男陪他一起去看電影。反過來看我們的替代役男，早先幾十年很多都被用來服務大大小小的企業，卻不可能被用來照顧弱勢者。你會發現，有時候犯罪問題並不是犯罪問題，而是經濟政策問題與其他社會政策問題。

道高一尺可能魔高一丈

法律規定了許多權利義務關係，並且也都列出違反規定時一定的法律效果，例如侵權行為的損害賠償，或是違規停車時的罰鍰。法律教科書上常說，一個處罰規範同時就是一個行為規範。這句話的意思是，我們期待在法律的規範下，大家的社會行為從此上軌道。但事實上發展出來的結果又如何？其實法律文字規定的內容就只能是對違反規定者施加一定的處分，至於如果有人（反社會人格）執意要違反規定，只要他錢夠多，準備好被連續開單處罰，可能依然大方的、長期的違反規定，像違規排放汙染物的工廠就是如此。假設一個行政罰處的是新臺幣一萬元的罰鍰，但工廠一次排放有毒廢水可以節省新臺幣三萬元的成本，或罰鍰金額雖然高，但事情被發現的機率很低，那麼工廠的選擇可能是提撥準備金應付罰鍰，或甚至行賄，從此氣定神閒繼續排放有毒廢水。

一個適當的法律如果普遍不被遵守，反映出來的是守法意願的問題。在我搬家到臺東之前，有很多次在臺東鐵馬棧道騎車或走路的經驗，鐵馬棧道利用舊有鐵路改建，棧道兩旁綠意盎然。問題是，雖然棧道和一般道路交錯的路口設有行人專用的紅綠燈，但行人或鐵馬騎士在繁忙的交通中等到綠燈要過馬路時，汽車駕駛人卻幾乎沒例外的一部車接著一部車若無其事的闖紅燈，執意不讓綠燈的行人或鐵馬騎士通過。面對這樣一個只有硬體卻無軟體的怪異現象，我看過一個外國人站在路口氣得跳腳、破口大罵。鐵馬棧道路口的怪異現象只能說是駕駛人已經習慣闖紅燈，但這習慣改不過來也說明了駕駛人沒有遵守法律的意願。我搬到臺東之後，看到更多形形色色的交通文化，除了汽機車普遍在斑馬線上脅迫行人，轉彎車優先於直行車，支道車優先於幹道車，總之基本原則是先搶先贏。不過更深層的問題應該是，所有參與交通的人民或甚至政府交通主管部門都可以相安無事的繼續交通下去，不知在世界上許多包括對臺灣最友善國家的外交部對臺灣交通安全問題發布紅色警訊之後，臺灣的野蠻交通文化已經成為她在國際上最醒目的恥辱。

對於法律普遍欠缺守法意願，除了法律本身不合理的特殊情況外，一方面是公民教育的問題，另一方面是法律執行面的落差問題。很多研究指出，法律執行的密度會關鍵性影響法律實踐的效益性。法律執行密度的落差有時候是因為成本上的考量，譬如警力問題，有時候是其他因素的關係，譬如基於隱私權的保護，監視攝影必須有規範嚴謹的法律依據。但執行上的落差也可能是出於政治考量。我們在鄉下的城鎮中心可以看到，整條慢車道變成汽車的停車位，在都會區可以看到騎樓變成店家賣場，或人行道變成機車道。人民的守法意願不足，加上政府的執法意願不足，結局必然是積重難返，最後演變成政治問題。在今天的社會生態下，對於常態性違法現象的導正影響到的是政治人物的選票，甚至是動搖國本的問題，這也是為什麼我們社會有那麼多怪異現象的原因。另外一個典型的例子是農地蓋工廠的問題。農地蓋工廠當然是違法，但只要農地蓋工廠的違法情形夠多，好像人多自然勢眾，政府也只好進行所謂的輔導列管；換句話說，是對於非法的合法化。其實對於非法的合法化做法，實質意義就是對未來鼓勵非法。

問題最嚴重的是政府本身的守法意願問題，因為政府本身的不守法已經赤裸裸的向人民宣示法律規範的無意義。政治人物藉著政治地位上的優勢，往往不畏懼法律規範的存在。例如地方首長以捷運建設用地徵收之名進行所謂聯合開發，除了剝奪地主的財產權，又圖利自身特殊關係內的商業集團，折損人民公共財。又例如東部海岸線的飯店開發案，地方政府無視環境影響評估程序的問題，縱容財團在自然生態區大興土木，倚靠的也是政治實力上的賭注。即使法律上經過一連串訴訟程序最後確認其違法，主政者也沒有縮手。對於這樣的行為，政治人物自有其法律上的詮釋來主張自己所作所為的合法性。只因為法律文字必然某程度的抽象，法律的詮釋在正義理念上本來就要容忍無窮盡的想像和主張，因此即使魔鬼也有權利對法律做詮釋。只不過既然是魔鬼詮釋，所詮釋出來的也是傷害整體社會利益的法律詮釋。理論上政治掌權者所做的決定後來也必須面對法律的檢驗，但那通常是在已經造成傷害，或甚至傷害根本無法平復以後的事情了。這也再度顯示，對於法律而言，一個符合正義理念的詮釋和執行，最後現實上還是要看執政者的善良意願。

【第二章】

理想與現實的落差

不正義的法律之所以維持長久
可能出於統治者的私心
但更可能是大部分人民喜愛不正義
甚至喜愛極權

一、名為正義的法律理想

如果人的視野更寬更遠，就會看到公平概念的發展可以有兩個不同的結局，一個是公平的幸福，另外一個是公平的不幸福。

對公平的期待

世界上的概念都來自於現象之間的相對落差，像是天色明與暗、樹木高和低。快樂和不快樂，或幸福和不幸福的感覺，理論上也是如此，是從不同心理狀態的對比而來，例如吃一塊蛋糕的心情對比走路跌了一跤的心情。會讓人快樂的事情有無限多，會讓人不快樂的事情也有無限多，所以兩者之間的具體對比情境也有無限多。除了吃一塊蛋糕對比走路跌了一跤，也可能是刮刮樂中大獎對比鳥屎落在剛洗過和打過蠟的汽車引擎蓋上。至於所謂幸福的概念，我們大致上不會因為走路跌了一跤或是鳥屎掉在汽車引擎蓋上就說自己不幸福。似乎幸福不幸福的概念是一種比較長期性與穩定性的快樂或不快樂的對比，例如職業、婚姻、健康或財富。不過不管是講快樂或講幸福，如果每一個人都受到一樣的待遇，例如每一個人臉上必然都會長七顆青春痘，或是每一輛車每兩個月都必然會遭到鳥屎攻擊一次，那麼臉上長七顆青春痘或汽車遭受鳥屎攻擊的人或許比較容易釋懷。就好像沒有人會因為自己不能和鳥類一樣自在飛翔就自怨自艾說是造化弄人，因為反正別人也沒有長翅膀。

在對於正義或法律正義概念的研究上，各種關於正義的定義講的大約都是公平、公正或平等的原則。有些書上更簡單直言，正義基本上就是平等。至於法律之前人人平等，也幾乎是每一個國家憲法明白標示出來的社會基本原則。為什麼呢？從人類經驗的角度來看，人對於利益分配最在乎的基本原則是公平。所謂公平，大致上的意涵約略是無差別待遇。人在心理上高度無法忍受遭受負面的差別待遇，其中除了物質生活保障的問題，更重要的是遭受人格歧視的挫折感。因此在日常語詞的使用上，公平這個語詞經常與正義並列，反映人們把正義概念核心直接指向無差別待遇意思的公平。

其實從社會整體最大利益總量的考量，也告訴人們要把公平當作正義的核心概念，因為除非社會內部差別待遇是基於更大額外利益的目的，否則社會內部歧視本身就會帶來傷害，連帶傷害社會整體利益總量。並且在技術上，儘管人是自私的動物，但有趣的是，我們每一個人自己也都知道一個事實，就是人性自私。在這樣的認知下，理性告訴人，如果每一個人都從自私的角度去界定自己的利益版圖，結局就是無止境的衝突。因此從人的理性思考處理利益衝突問題，現實上可行的標準也只剩下一條路，就是平等待遇。在這樣的基本概念上，我們都熟知憲法上關於平等的基本原則就是，一個人不應因為男女、膚色、種族、宗教信仰等因素而受到不同的待遇。

可能有人會懷疑，法律正義的內涵都是建構在利益分配的問題上面嗎？像對犯罪的刑罰、行政法上的行政罰、民刑事訴訟法，或是很多組織法的規定，好像和所謂利益分配問題沒有關係。其實所謂利益分配並不都是指向形式上清楚的財產利益分配，而是包括人所感受的各種不同利益，包括生命、身體、自由、財產、名譽、地位等等。因此包括惡法在內，任何法律都有其背後的利益盤算，剩下的問題就只在，哪些人獲得什麼利益和哪些人付出了什麼代價？

用刑法上的過失致人於死罪做例子，固然字面上的規定就只是對過失致人於死的人處兩年以下有期徒刑，不過這一個規定背後涉及對生命利益的保護，因此相關利益分配的意義就在於，人一方面要有行動自由的利益，另一方面要有生命的利益，在兩者可能產生衝突的情況下，例如開車不小心可能會撞死人，那麼駕駛人應該負起多大自我克制的義務？法律對過失致人於死罪的刑罰越重，表示法律分配給生命利益的比重越重，分配給行動自由利益的比重越輕。這裡最後的正義問題是，兩年以下有期徒刑是否是在潛在被害人的生命利益和潛在加害人的行動自由利益之間一個合理的比重關係？

無差別待遇不一定就是對

但無差別待遇永遠就是合理的與正義的嗎？人們對公平最簡單的想像是，上帝在每一個人來到世界時都配給等量的糧食，並且在以後每一天也都是如此，直到他長大可以自食其力為止。不過我們也都馬上會發現，現實世界根本不是這個樣子，就像韓劇裡的一句臺詞，「也許法律之前人人平等，但在鏡子前面卻不是如此。」上帝一開始就給每一個出生的嬰兒不同的基因，有人機巧，有人駑鈍，有人俊秀，有人阿格力。上帝也把每一個出生的嬰兒丟到不同的家庭裡面，有人生在富貴之門，有人落於貧困之家。對於一個人生來就帶在身上的這些差別，我們果真有辦法簡單的用隨緣之心加以接受？米蘭．昆德拉（Milan Kundera）在《生命中不能承受之輕》（*Nesnesitelná lehkost bytí*）書上寫到，「一件事如果不是選擇所造成的結果，我們就不能當它是功績，也不能當它是失敗。面對強加在我們身上的狀態……

一定得找到一種正確的態度來面對它。」米蘭・昆德拉這一段話要講的是關於一個人身為女人這件事的問題，他的說法從哲學層次上來看當然是不錯的，簡單講就是用無差別心來面對上帝給的現實。

不過現實上一個人要能夠做到用一種正確的態度來面對不是因為自己選擇所造成的後果也是不容易的。最典型的例子應該是電影當中大人們對小孩講的，「外表不重要，內在才重要」。我們可以用思想去解釋，在一個深刻的人生裡外表不重要，內在才重要。但價值是一回事，情感是一回事。如果我們真的想知道一個人俊帥或美麗的外表是不是真的有辦法不讓人高興或甚至驕傲起來，那麼去看看今天韓國整個國家政策配合的鬼斧神工美容整型業，或美容觀光業的蓬勃發展，就可以知道那一面倒的答案是什麼了。顯然人從被生下來就一直不是被公平對待，而且經常是讓人一輩子難以翻身的不公平。印度裔作家羅尹登・米斯崔（Rohinton Mistry）在《微妙的平衡》（*A Fine Balance*）書裡面的收租人依伯瑞尹就控訴了，到底這輩子做錯什麼事情而要過著如此疲憊的人生？後來顯然他已經無法相信世上有公平這回事，於是開始在占卜師和算命師那裡尋找命運的答案、心中的歸依。這樣的現實讓人不勝噓唏，因此有人只好自我安慰說，人也可能是上輩子做錯了事情，所以這輩子來還債。

既然現實世界一開始就不公平，那麼公平正義的定義依然是人與人之間的無差別待遇嗎？假設社會上有十個人，公平正義的概念是把十塊錢平均分配給每一個人一塊錢嗎？理查・萊亞德（Richard Layard）寫的《快樂經濟學》（*Happiness: lessons from a new science*）對公平概念有很清楚與生動的論述。簡單講，人對自己所得到的東西有所謂心理適應現象。用馬拉松路跑做例子，一個人第一次用五個小時跑完全程馬拉松，他可能已經在大庭廣眾下不顧形象的淚流滿面、激動不已。但是第二次跑全馬，如果不是出現個人最佳時間，可能他就激動不起來了。不是因為他跑第二馬時變得比較不幼稚，而是因為心理適應的關係，也就是相同成績在第二次的心理刺激自然下降。物質的獲得也是一樣，增加所得所帶來的快樂指數會隨著既已擁有的增加而持續下降，就好像我第一次到日本吃到真正的日式豬排時心中驚為天人，但是第二次、第三次以後，雖然天人依舊，但我並沒有驚。因此《快樂經濟學》接下來的核心主張是，相同的一塊錢帶給一個窮人的快樂大於帶給一個富人的快樂，所以從更大社會快樂總量的目標來看，把這一塊錢分配給窮人是最有效益的做法。在這裡，分配上的差別待遇似乎相當可以撫慰人心，並且也沒有人會指責說差別待遇是不公不義。也是在這樣的概念底下，我們並不會對每一個國民課徵一樣的稅，因為如果富人與窮人繳納一樣的稅，富人納完稅後過的還是開名車、住豪宅、吃龍蝦的生活，而窮人納完稅後卻沒有錢可以吃飽飯。不僅如此，重點是富人開名車心中也已經無感，而窮人衣食無著卻是椎心之痛。如此經過快樂指數的加加減減，無差別待遇應該並非正義概念所要的公平方式。

我們可以再看一個很多人可能會想到的問題，是否可以人類社會裡每一個工作都領一樣的薪水？其實大家都明白，物以稀為貴是人性，因此經濟市場自然有經濟市場天生的運作機制，例如我唱一首歌和帕華洛帝唱一首歌，讓你付一樣的錢，請問你願不願意？如果我們不管諸如此類人性所形成的自然法則，進一步擴大範圍讓這社會上每一個有在工作的人都領一樣的薪水，那麼人的自私天性導致的結果是，社會上需要投入較多成本的工作，不管是高勞力、高勞心或高資金，大概都少有人願意去做。當然對於這一個問題也有另外一種說法是，社會上有很多人，每一個人都可以根據自己的興趣或甚至理念去選擇工作，到最後各行各業都有人做。不過現實往往殘酷，各行各業都領一樣薪水的社會結果會是如何，這個問題牽涉到清楚的人性因素。最簡單的例子是，做醫生的除了基礎教育的大量時間、金錢、力量的投資外，進入醫院以後經常不眠不休的苦勞，卻又要被病患家屬提告跑法院，甚至直接遭遇拳腳相向，那麼如果醫生的收入和各行各業全部一致，我們社會果真還會有足夠的醫生？我們是否準備好要接受欠缺醫生的社會，或者至少準備好要接受欠缺專業與熱情的醫療體系？有關這一個問題，其實今天醫療領域所謂五大皆空，只剩皮膚科或美容醫療獨夯的現實已經給我們答案了。

我想到我服兵役時分發部隊的事情。服兵役的男生在訓練中心受完軍事訓練後，根據籤結果被分發到不同部隊。籤抽出來時，有人欣喜若狂，因為事少離家近，睡到自然醒。但也有人呼天搶地，因為分發離島兩年，人在天涯海角，任他貌若金城武，歷史上還沒有人可以對抗女友兵變的天數。雖然我受訓時一位軍法科的同學在馬祖北竿兩年看海的日子裡練就一手優美動人的古典吉他，但如果他可以選擇，相信他也不會選擇要去離島，因為他也遭遇兵變，不知道古典吉他要彈給誰聽。從這樣的理解來看社會分工的待遇問題，採取無差別待遇薪資的結果可能是大家只願意做某一些工作，不願意做另外一些工作，或者只能專業性不足的做某一些需要高度專業性的工作。於是在許多社會生產或甚至許多基本制度的停滯下，大家都很難生活下去。因此關於薪水問題，最後依循的不可能就是形式平等原則，而是相當程度的市場機制。

公平的標準

我們從上面的說明可以知道，公平做為法律正義的核心概念，並不是為公平而公平。包括人們對公平正義的想法，任何理念的存在都是為了追求整體社會的最大利益，因此對於理念的定義必須符合最大社會利益原則。在這樣的前提下，真正的公平並不等於無差別待遇，所以法律傳統學說對公平概念也有一個很聰明（或也有一些狡猾）的定義就是，「相同情況相同處理，不同情況不同處理」。在這裡，實質公平的概念已經完全否定掉形式公平的意義了。不過，「相同情況相同處理，不同情況不同處理」這樣一個法律上對實質公平的定義，就能夠清楚有效的處理了公平概念相關的問題嗎？對於實質公平的定義，重點問題是，所謂相同情況或不同情況，如何區分？所謂情況相同或不相同，理論上決定於某一些基準項目的比較。例如有人認為，因為都是人（單純以人做為比較基準，只要是人，就是情況相同），所以生存權、自由權、訴訟程序上的辯護權，甚至犯罪人的基本居住權都要受到保障。但相對的，也有人認為，雖然都是人，但人有分好人和壞人（除了以人做為比較基準項目，加上以人的「品質」做為比較基準，所以「好人」和「壞人」情況不同），所以應該有不同處理，壞人不應該受到生存權、自由權、辯護權或居住權等等的保障（因此涉案嫌疑人都應該被羈押，或是犯罪人的居住空間應該被壓縮到無法平躺睡覺的地步，甚至例如菲律賓總理杜特蒂所認為的，煙毒犯者根本不是人，所以人民對疑似煙毒犯者可以私刑）。

從此可以看得出來，公平與否的評斷，最後問題在做為差別待遇之原因項目（好人與壞人、吸毒與不吸毒者的區別）的重要性與否。如此，如果沒有更具體的檢驗標準，單單依賴學說上對公平的定義，結果往往是當中一方反覆強調區別因素不具有重要性，另一方反覆強調區別因素具有重要性。因此實質上，關於公平爭議問題的認定還是要回到（我們後面會討論到的）比例原則的思考，也就是要思考，採取差別處理的做法是否具備手段目的關係上的正當性，才不至於陷入循環論證的局面。譬如都會蛋黃區的停車收費高於其他地段或是採取累進費率的做法，形式上是差別待遇，但是有效滿足更多車輛短暫停車上的迫切需求，所以不同費率還是符合公平原則。

最後必須釐清的是，就整體社會最大利益的角度，差別待遇或無差別待遇之間其實往往不是呈現兩分法的關係，而是多大幅度差別處理和多大幅度無差別處理的量的問題。像是社會上的大企業家面對工人對勞資關係公平待遇的抗爭時，最常提出的一個答辯就是「要先把餅做大」、「要先發展經濟，才有辦法提高待遇」。這一句話的具體意思是，如果沒有辦法藉著低工資提升競爭力、提升產值，公平待遇的最後結果也是大家公平的不幸福。這樣的說法就下述邏輯而言也沒有錯：公平概念的發展可以有兩個可能性，一個是公平的幸福，也就是均富；另外一個是公平的不幸福，也就是均貧。如果我們可以做一個簡單的選擇，我們會選擇一個人人都有蘋果機、家家戶戶都有機器人可以供使喚的社會經濟，而不會選擇一個全部小孩子都很公平的沒有鞋子可以穿的社會經濟。只不過事實上必須注意，某程度公平的待遇不必然和經濟產值之間呈現互斥的關係。誠如法國經濟學家米歇爾・阿爾貝（Michel Albert）在《兩種資本主義之戰》（*Capitalism vs. Capitalism: how America's obsession with individual achievement and shortterm profit has led it to the brink of collapse*）書上所說，德國人工作時間最短，工資最高，但是德國的出口競爭力並未受到影響。

關於公平和產值或競爭力的關係，《快樂經濟學》書上也做了經濟學角度的說明。固然把一塊錢分配給窮人的快樂比富人更大，但如果不斷這樣下去，例如不斷提高稅率，會鈍化整個社會生產的誘因，結果是「蛋糕的尺寸就縮小了」；換句話說，全部的人都沒有好日子可以過。於是經濟學家提出了理論上的建議，就是在達到完全平等的狀態之前就應該停止提高稅率，最好的時間點是在「蛋糕縮水的損失剛好可以抵過進一步重分配的獲利」。如果我們可以用通俗文字做敘述，那麼這社會最大的幸福總量是建立在適度的公平和適度的差別待遇上，而不是持續社會總財富的除法算數而已。從比例原則的角度來說，如果社會財富平均分配的結果是大家都要過難過的日子，顯然也違背衡平性。因此米歇爾・阿爾貝在書上也指出，雖然德國、日本、瑞士和北歐國家採取的是所謂萊茵經濟模式，但這些國家奉行的依然是市場經濟、私有制和企業自由經營。

二、我們不一定喜歡正義

法律領域裡的思想意義已經不是在創新什麼，而是在不斷喚醒人們去回憶些什麼價值原則。

法律本身不一定是正義

按照一般認知，法律是對大多數人有利的東西，例如上面所說，訂定一個道路交通靠右走的法律規定，大家都方便，或是民法訂定有關父母對於子女的扶養義務，讓小孩子的生存得到保障，讓後代可以繁衍。再講一個有趣的例子，德國長久以來的商店關門法。德國一般商店不是你高興開門到幾點鐘就可以開門到幾點鐘，也不是你想二十四小時營業就可以二十四小時營業。至少我還在德國念書的時候，包括百貨公司或大賣場在內，大致上每一天晚上六點鐘要關門，星期六開半天（除非是所謂長星期六），星期天不准營業。有人可能要懷疑，這到底是什麼法律？不是干涉營業自由與消費自由，阻礙經濟發展？其實這個法律的考慮是更深層的東西，也就是避免不公平的經濟結構，避免弱勢者的生存品質受到威脅。因為如果是可以在時間上無限制的營業競爭，那麼顯然越大的企業越有辦法進行二十四小時以及全年無休的營業行為。講得更具體一點，小生意人或是基層勞工，星期假日也都沒有可以停下來休息的機會。

但法律是人寫出來的，人的知識不完美，人的品格也不完美，因此要寄望人類社會沒有惡法會出現，顯然不可能。最典型的例子當然是德國納粹時期的無數法律，包括在優生學概念底下對猶太人的大屠殺，也都是所謂「依法行政」的結果。從這裡可以知道，法律固然講的是正義，但這是從理念層次在講的話，現實不必然如此。學生們在課本上讀到很多法律上的基本原則，例如憲法上的民主原則、法律保留原則，刑事法上的罪刑法定主義、證據認定事實原則、罪疑唯利被告原則，或甚至是行政法上德國對性工作者平等保障的基本規定等等。對於這些基本原則，學生們大抵視為稀鬆平常的道理接受下來，好像人間自始是樂園。殊不知經典法律概念的由來類似我們社會早先的人取名字的哲學。很多人的名字當中會出現金、木、水、火、土這些字，其實是按照五行的觀念，缺金補金，缺土補土。相同的道理，人類社會經驗少了民主，就要補民主，少了自由，就要補自由，所以經典法律概念其實是人類歷經悲慘世界的產物。今天法律文字規定罪刑法定主義，表示人類社會歷經了獨裁者罪刑擅斷帶給人民朝不保夕的恐懼。甚至憲法上視為無庸置疑的對生命基本權的宣示，背後至少也承載了年長者在不同的地方對歷史上像德國第三帝國、柬埔寨波布政權、臺灣二二八事變等屠殺風暴的悲慘記憶。總之，法律上經典原則的存在表示人類社會的法律無時不可能反自由、反民主、反生命、反一切經典原則。

或許有人認為人類社會的惡法應該是過去的事情，近代的法律應該已經處於改良後的理想狀態，但這樣的想法顯然是太天真了。到了千禧年代，人類社會依然有法律對女性單獨上街者處以鞭打，或對犯通姦罪者用亂石打死。二〇一六年十月份法新社的一則新聞報導是，印尼班達亞齊省有一位未婚女子因為與男朋友過於親近的關係而慘遭鞭刑，照片裡顯示女子事實上在第五下鞭刑後已經痛不欲生的表情。不用說千禧年，在二〇二三年新聞上可以看到印尼政府對於非婚姻關係中性行為的嚴厲處罰規定導致觀光客卻步，以及依賴觀光業維生的島嶼商家擔憂與不滿。其實經過文明啟蒙的社會，沒有人會接受在島嶼觀光渡假時只因為和自己男朋友或女朋友的性愛關係就要遭受酷刑。再換一個國家，二〇一七年菲律賓新任總統以「煙毒犯還算是人嗎？」為理由懲處的大量極刑，也容許人民對所謂煙毒犯者可以動用私刑，甚至明目張膽地宣稱自己可以和希特勒一樣屠殺三百萬人。這一些例子都不斷提醒我們，不正義的法律在人類社會裡永遠不會過時。

不正義的法律之所以維續長久可能是因為社會存在利害關係立場的拔河；換句話說，是特定階級在固守其既得利益，所以蓄意不修正。例如早先臺灣的產業稅負問題，從最早所謂促進產業升級條例以及藉著不同名目的翻修，核心意義都在對大企業的稅賦減免。我們前面說過，進一步加稅或減稅的問題牽涉到整體社會最大幸福總量的技術問題，所以加稅不一定對，減稅也不一定對。但是像臺灣早期長久對資本家藉著所謂促進產業升級或是產業創新之名，在國家稅負上走劫貧濟富的政策，除了對資本家的減稅外，嚴重的是促進資本家炒作房地產，結局是讓資本家在過去幾十年來財富累積達到空前的巔峰，類似華爾街的現象，百分之十的人掌控百分之九十的社會財富卻意猶未盡。相對的多數人民，特別是22K定錨效應之後的年輕人買不起房子、租不起房子，甚至要省吃儉用才能勉強支撐自己一個人過日子，更不用說結婚生子。

問題更嚴重的是，不正義的法律之所以維續長久，也可能是大部分人們根本不知道法律的不公平與不正義，也就是無知造成不正義。班達亞齊省在清真寺外對情侶執行鞭刑的時候，臺上臺下的人群高舉手機猛拍攝，似乎大家都樂在其中，你也不可能吹哨子叫大家不能樂在其中。菲律賓總統對使用毒品者殘酷行刑，甚至人人可以動用私刑，卻也贏得百分之九十以上的民意支持。二〇一六年的印度國會通過針對所謂光榮處決（或名譽殺人）的新立法，對於社會上盛行的父親兄長等以「不守婦道」為理由殘殺家裡女兒或姊妹的殺人行為不再像過去法律普遍容許的免於刑罰，可見不合理的觀念至少在過去也被習以為常。但不要以為法律不合理或甚至不文明的情況不會出現在我們身上，像臺灣先前刑法規定強制性交罪的構成，只有對婦女的強制性交才構成強制性交罪，男性是不受強制性交罪所保護的。至於民事關係的問題例如對於婚姻的規定，妻從夫姓或妻以夫之住所為住所。此外，例如早期銀行機構和女性職員之間的聘用關係經常有一個條款，就是當女性職員懷孕的時候就必須「自動離職」，而這樣的條款也被視為契約自由的範圍。可見即使在一個自認進步的社會裡，很多事情也並沒有被看清楚。

今天對於性工作者的法律規範是一個嚴重的國家侵害人權的問題。德國訂定專法保障性工作做為一種職業選擇的自由，並且特別強調因為性交易所產生的債權可以做為民事請求權的基礎。反觀我們的法律，對於性交易行為依然處於尷尬的立法態度，也就是立法字面好像不完全禁止性交易，但落實層面上卻可以說是採取完全禁止性交易的策略。如果性工作者還可以免於受罰，只能說是因為執行上的睜一隻眼閉一隻眼，而不是容許。問題是我們從來沒有在法律整體系統上認真檢討過，為什麼不能有性交易？今天德國法律文字規定對性工作者的平等保障，表示性工作者歷經過遭受社會歧視的創傷，而在今天的臺灣社會，這樣的歧視在法律上以及現實上都繼續存在。因此特別對於可能存在的無知所造成的不正義，我們只能隨時自我警惕，今天的法律不見得就是公平與正義的化身。

執法者可能扭曲法律

既然法律是用來處理社會問題的準則，那麼理論上訂定了一個正義的法律，社會就會正義起來。但我們巡視人類社會經驗，很快就可以知道，事實上不是如此。《微妙的平衡》描寫的是印度底層人民在混亂世界裡的故事。除了難以跨越之種姓制度下的階級隔離外，一九七五年代的印度社會是一個什麼樣的社會？我們會想到那是一個貪汙腐敗的國家，但一個國家可以貪汙腐敗到什麼樣子？底層人民無家可歸，只能到處露宿街頭、火車站、月臺上，甚至軌道旁。但這樣也不行，因為幾乎每一寸可以平躺下來睡覺的土地都被某一些國家公務人員，像是火車站長或警察圈地收費圈走了。那麼一個人總不可能有辦法永遠不睡覺吧？不過那好像也不是問題，因為人死了自然會倒下去。除了圈地以外，國家機關各種層級人員還可以為企業家圈人，被圈走「安置」在類似工作營裡的市民重獲自由的唯一管道是交付贖金。

一個現代國家的法律自然不會規定公務員可以貪汙、可以為企業家或為自己圈地或圈人來牟取暴利，問題是現實可能是另一回事。不只在印度，也包括我們自己所在的地方。我們除了不時看到有關公務員貪汙案件的新聞報導外，縣市政府首長藉交通建設或促進產業之名為企業家徵地蓋豪宅或養地，是一種大規模的圈地。至於替代役被分發到企業服務，挹注私人的生產營利，是一種大規模的圈人。顯然法律怎麼規定是一回事，法律怎麼解釋、怎麼適用、怎麼執行又是另外一回事。完整來說，法律的執行包含的層面很廣。行政機關必須依法行政，這是法律的執行。法院必須依據法律為訴訟做裁判，也是法律的執行。不管是司法或行政，總之法律的作用與意義具體存在於個案中的適用，因此我們可以說，法律的解釋、適用與執行才是法律的生命，而所謂正義與不正義，最後指的都是一個個案或很多個案的正義不正義的問題。但由於文字意義先天上都具備相當程度的抽象性，因此法律文字本身大致上都有解釋的空間。結果是一個法律真正落實下來的正義或不正義，和執行法律者的看法或態度有關係。

相對於立法的不正義，法律執行層次上的不正義往往不會引起多數人的注意，因為執行的不正義大多出現在個案裡面，所以只有當事人會有感覺。最簡單的例子是，如果法院做了一個錯誤的判決，那麼直接受害者就只有訴訟裡的原告或被告。當然一個法律案件判決的對錯牽涉到複雜的事實與法理問題，所以所謂對錯都不見得會有絕對的答案。在這樣的背景底下，我們大多不會急著把一個所謂錯誤的判決標示為不正義，畢竟正確的判決本來就是有一定難度的。真正的問題應該是當法律的錯誤理解或錯誤執行變成是一種被堅持的慣例或制度的情況，像我們後面談到的司法實務過去對強制性交罪的解釋就是一個典型的例子。早先實務一向認定，只要被害人沒有激烈抵抗的動作就表示性交是出於被害人的意願。這樣的固定解釋導致的結果是，事實上被害人遇到凶殘的加害人都不敢反抗，於是被害人接受性交都被認定是出於意願的性交。我們很容易看出這結論的荒謬，因為這等於是法律鼓勵加害者，你越凶殘，你就越不會被判有罪。

關於法律執行的問題，我們再看社會秩序維護法對於性交易處罰規定的例子。社會秩序維護法第八十條規定，對從事性交易的行為處新臺幣三萬元以下罰鍰，但如果符合第九十一條之一第一項至第三項之自治條例規定者不適用之。簡單講，如果性交易行為是在地方政府所規畫可以從事性交易的地區內，就不會被處罰。從立法形式來看，我們的立法並沒有禁止性交易行為，好像我們社會也有足夠的文明可以容許性交易的存在。但我們事實上看不到有地方政府設置管理辦法、規畫可以從事性交易的地區。結果是性交易行為透過地方政府的行政怠惰，從合法又被轉化為不法，被完全禁止與被完全處罰。顯然這樣的結果是違背立法意旨的，因為立法意旨是要讓性交易工作者有一條路可以走，而不是無路可走。我們可以理解，地方政府是在民意壓力底下規畫不出可以從事性交易的地區，但姑且不論性交易工作者工作權保障落空的問題，至少我們沒有理由再透過行政處罰讓性工作者為地方政府和社會的不負責任負責任，這是法律應該做到的下限。因此對社會秩序維護法第八十條規定合於法理的解釋應該是，在地方政府已經設置管理辦法、規畫可以從事性交易地區的前提下，在規畫地區外從事性交易行為者處新臺幣三萬元以下罰鍰。

我們可以再看另外一個新聞上出現幾次的爭議話題，就是關於警察執行盤查的問題：警察可不可以在車站看到行人腳穿拖鞋、眼神怪異，就要求拿出身分證供查核？對於這個問題，基本上可以理解的是，盤查是為了治安的目的。但是對於穿拖鞋、眼神怪異者進行盤查的效益關係是什麼？先不論定義模糊的問題，由於穿拖鞋或所謂眼神怪異者的幅員太廣，而真的做壞事的人也不見得要穿拖鞋或眼神怪異，因此這種標準的盤查對治安效益命中率過低，相對而言，也就是人民犧牲的自由成本過高。當然也有人認為，只要自己沒有做錯事情，把身分證拿出來有什麼關係？這樣的說法固然是出於善意，不過也是個人角度的說法。換成整體社會角度來看，如果法律體制上（而不僅是個案），警察在路上僅僅因為路人的拖鞋或眼神就可以要求路人拿出身分證，路人拿不出身分證，就要被帶回警察局，這已經是警察國家的做法；換句話說，是用警察的恣意決定人民的權利空間。

關於警察盤查是否合法的問題論述，並不是在警察勤務條例裡去找一個規定警察可以盤查的條文，就可以叫做所謂的有法律依據，因此就可以自稱合法。這裡牽涉到一個基本問題就是，什麼叫做有法律依據？一般人往往只知道法律形式，以為只要有一個條文數字就是一個法律依據，卻遺忘了法律解釋，甚至遺忘了法律文字的問題。我們在這裡先借用一個個人權利關係的規定做例子來說明，就是我們社會早期父母親對子女的教育懲戒權觀念問題。很多人認為父母對子女施加體罰是天經地義的事情，例如打耳光等等，卻不知道這樣的舉動已經構成傷害罪。重點在基本觀念；由於一個人的權利都是以另外一個人或一些人的負擔為代價，因此即使是法律上明文規定的權利，權利基本上都有界線的問題，像言論自由並不等於人有任意開口罵人的自由，行動自由並不等於人有極速飆車的自由。同理，傷害性的體罰對於小孩子所造成的傷害根本已經違反教育的意義，所以並不在教育懲戒權的範圍之內。

關於警察盤查是否合法的問題，雖然警察勤務條例規定警察勤務上可以巡邏或臨檢，可以執行取締或盤查等等，但這也不表示警察勤務上的盤查就沒有界限問題。因此在比例原則的檢視下，解釋結果可能是有些個案裡的盤查合法，有些個案裡的盤查不合法。我自己也有一次一開始讓我感覺莫名其妙的被盤查經驗。當時我走在住家附近的巷子裡，有兩個騎機車的警察迎面過來停在我身邊問我有沒有帶身分證。我身上是帶著身分證，但法律上我沒理由要把身分證給他看，於是我就拒絕了。我接著問他為什麼要看我的身分證，他說因為據報十幾分鐘前附近巷子裡發生搶案，有一個和我類似穿排汗衫、短褲，戴棒球帽、背著斜背包的年輕人在附近搶劫路人。聽他這麼說，我才把身分證給他看。當然，他把我六十幾歲的老人看成年輕人這一點是讓我心存感激很久，不過重點不在這裡，而是他告訴我，搶劫者的外型和我接近，因此警察並不是沒有具體緣由的就看上我。相對的，如果僅僅因為在火車站有人腳穿拖鞋或所謂眼神怪異就進行盤查，應該是過度了。我想，具體個案合法與否的認定難免會有灰色地帶，並且有時候往往警察和人民對具體事實認知有差距，但這些出入都還可以透過溝通來處理。真正嚴重的是基本法律概念的問題，如果主管機關以為形式上援引警察勤務條例的條文就足以做為盤查合法性的論據，那麼可能整個執法體系，特別是相關主管單位上層的法治觀念還有待導正。否則無助於治安，不僅人民受累，也徒勞基層員警疲於奔命。

警察執行勤務的合法性問題是一個嚴重的問題。國家在法律執行上的不正義，問題之所以嚴重是因為人民像小蝦米要對抗大鯨魚，無論自己人權再怎麼被侵吞，卻往往無奈。除了這裡所說一再發生的警察盤查事件（甚至最近發生的，已經被法院判決構成強制罪的警察對無辜女老師施展大外割壓制在地上的事件），更加血淚斑斑的是過去威權時代警察機構在主政者的領導下對進行政治訴求的集會或遊行民眾的體制化毆打與傷害，或甚至對於政治異議者的追殺。雖然後來威權逐漸消退，似乎正義也像是要逐漸轉型，但在推動轉型正義的宣示底下並沒有看到國家對於本身過去這些違法責任的表態，或僅僅是對事實的釐清。從最中性的建設性倡議來說，也不見國內主管機關有最低限度對於警察教育改革的念頭或說法。從這裡可以看見或想見國家當中無數顯在或潛在極權愛好者對於轉型正義的抗拒力量，也可以想見對於未來社會而言，危險依然存在。

令人懷念的已故作家史迪格．拉森（Stieg Larsson）在千禧三部曲《直搗蜂窩的女孩》（*Luftslottet som sprängdes*）書上所描述的，是瑞典國家安全機構裡的集團基於個人利益思維對無辜人民所進行的迫害與追殺。故事最後法庭正反角色的豬羊變色，以及法官高聲宣示：「沙蘭德小姐，我撤銷妳的失能宣告就表示妳和其他公民擁有一模一樣的權利……」都讓讀者覺得大快人心，原因正在於面對國家暴力時，小蝦米幾乎命定的完全無助。不過男主角布隆維斯特和女主角莎蘭德應該還算是幸運，他們是能力絕世的駭客，可以在所有電腦主機間神出鬼沒向惡勢力去討回自己人生的公道，更根本的是國家首相自身所展現出來「捍衛瑞典民主不受真正的或推斷的反民主威脅」的決心，簡單講，這國家並沒有到達民主機制失靈的階段。

最終極的法律執行不正義應該是民主機制的完全失靈，也就是假民主的問題，是在最高領導人作用下形式民主國家的全面性不民主。我們知道，如果用最嚴格的標準來看民主政治的現實，世界上並沒有絕對的民主國家。但問題在，即使是以所謂接近民主的標準來看，民主也不見得是人類社會經驗中的常態。說穿了，選舉程序選出來的總統事實上也可以進行反民主的統治，因此民主並不只是一個像國會、法院或選舉等的簡單形式，而是統治者及其附庸者心中的民主素養。威廉・道布森（William J. Dobson）在《獨裁者的進化：收編、分化、假民主》（*The Dictator's Learning Curve: Inside the Global Battle for Democracy*）裡就舉了俄國的例子。書上認為俄國領導人普丁所創造出來的體制代表著二十一世紀獨裁制度的最新演進，國會只是普丁統治機器的附件之一，是免讀法案的「民主機構」，也就是法律提案送到國會，除了文字枝節問題外就是原案通過。簡單講，一個國家領導人的極權專制可以輕易主宰人民的一切而無阻，甚至也可以輕易動盪全世界人類的一切而無阻。

如果法律正義所指的就只是法律文字的形式規定，那麼其實今天世界上再怎麼極權專制或思維落後的國家，大抵也都在法律上自我規定為民主、自由、社會公益，以及尊重人權的國家。問題是現實上是另外一回事，要不然我們今天為什麼還要在教科書上不斷闡釋這些基本原則的價值？正因為全世界統治者的天然情緒往往選擇專制與傲慢，所以我們必須在社會或學校教育上不斷喚醒人們對自由與民主基本價值的記憶。法律學做為一門社會科學不同於自然科學的是，自然科學所提供的價值永遠不會從現實當中衰退或消失。例如理工科學實驗室設計出來一部高性能高安全的汽車，那麼這一部理想中的汽車在現實中就會永遠存在。汽車只會越做越好，不會越做越壞。但相對的，法律領域所訴求的自由、平等或民主等等基本價值，即使被寫在課本裡面，在現實生活的實踐當中卻反覆遭受人性的試探、否定與反撲。因此如果不是人們每一天反覆地喚醒對基本價值的記憶，這些基本價值會以驚人的速度在我們的周遭快速流失。因此我們可以說，法律領域裡的思想意義已經不是在創新什麼，而是在不斷喚醒人們去回憶些什麼價值原則，像是民主、正義或人性尊嚴。

法律人在想什麼？

形式上來看，「法律人腦袋都在想什麼？」這問題的本身已經把答案隱藏在裡面。簡單講，就是因為腦袋裡裝了比較多的法律，所以才叫做法律人。所以所謂法律人腦袋都在想什麼的問題，從形式上來看是沒有意義的。這問題在現實社會裡的出現往往不像字面所顯示那般純然帶著中性的意義，相對的，可能是代表（不管看法是否客觀）人民心中法律理想色彩一定程度的褪色。因此這問題的實質面意思是，專業法律人腦袋裡除了教科書上所念過的東西，真實的是在想什麼？

有形的層面上，法官（或檢察官）會有想要趕快結案的情緒，這種心情是可以理解的，也應該說是合理的，因為任何事情都有時間成本的考量，更何況法院裡的案子還有法院考核的壓力。但另一方面在法律上，裁判要依據事實，案件事實的認定要依賴證據。所以這是兩難，因為不管是證據的調查或法理的探討正好都需要時間。對於個案正義的合理實踐，如果可以用時間做為衡量刻度，那麼可能法官的看法是三十分鐘，而原告、被告或律師的看法是六十分鐘，或甚至更久。法官的三十分鐘和原告或被告的六十分鐘之間，落差的重要由來之一是法官在這個案子後面還有很多案件要處理，而原告或被告可能一輩子只有這一個官司，而這一個官司可能會讓原告或被告痛一輩子。因此最後是個案的具體分寸拿捏問題，很難有什麼行動上的絕對評量標準。唯一訴求方式只可能是，盡最大努力去實踐它。

無形的層面上，法官是法律的代言人，問題是法官也是人，因此法官也可能對於某一個法律觀念問題沒有搞清楚，所做出來的裁判可能不合理或不合法。其次，影響裁判的因素不只有法官腦袋裡所認知的法律，而是一個人接受外在世界刺激所形成的種種情緒。姑且不論現實環境裡存在的司法關說或賄賂可能動搖司法公正的意念，法官也可能會有個人的政治立場、社會議題立場，或所歸屬的類群關係而來的情緒傾向。不過現實上，不管是政治立場、社會議題立場，或所歸屬的類群關係而來的情緒傾向都是人性的自然，不可能禁止，即使禁止也沒有意義。法律上只能要求法官依據法律獨立審判，注意自己不要受到法律以外因素的左右。現實上除非是在裁判書狀上有看得到的判決違法的情形，或者甚至接受違法關說或賄賂，否則這些依據法律獨立審判的訴求最後很可能進入倫理訴求的範圍，因為我們不可能透過法律去規定法官必須用功念書，基本上也不可能有一個簡單的標準來檢驗法官的裁判是不是出於私心。

同樣是專業法律人，在相同的一本六法全書底下，檢察官和辯護律師心中的法律基本上也不一樣。檢察官和辯護律師對相同法律的不同情緒，原因可以有百百種。以檢察官職務而言，情緒可能是出於心中對公平正義的想像，也可能是因為某些個人名利因素、看被告不順眼，或甚至某些不法情事的催化。但無論如何，至少有一個很清楚也很正當的基本背景因素是，檢察官和辯護律師的抗衡是制度所設計出來的角色扮演的遊戲。檢察官的角色扮演基本上就是要不斷呈現被告有罪的證據和論述，辯護律師的角色扮演就是要不斷呈現被告無罪的證據和論述。透過檢察官和辯護律師雙方的角色扮演，對追求個案正義所依賴的事實釐清和價值論述效果通常遠遠勝過法官一個人腦袋裡所謂客觀公正性的呼喚。不過既然是角色扮演，一旦演戲的人入戲深，情緒也深。但情緒深自然會有情緒深的問題：檢察官可能言詞脅迫或怒罵被告，律師可能教唆偽證。

檢察官或法官開庭時的態度是一個嚴肅的問題：在掌握人民生殺大權的事情上，似乎僅僅因為通過了國家考試，因此年輕（或不年輕）氣盛，甚至拍桌怒罵當事人。法官或檢察官在法庭上的態度還是看得見的東西，但如果律師或當事人為自己作主張或抗辯時還要顧慮到會不會因為不同立場不同想法而觸怒到法官或檢察官的情緒，還要有所隱忍，那也已經是眼睛看不見的霸凌模式。這裡的問題嚴肅是因為，以國家的地位，不管是藉法律之名、正義之名或學術之名，對個人施加的霸凌是清楚的假公濟私或甚至公報私仇，受害者的處境更加不堪。

其實心理學上對於暴怒這樣的事情另有說法，不久之前我也看到有一個法官說出了他的經驗與想法：如果一個法官或檢察官開庭時會發脾氣罵人，那是因為他內心惶恐與害怕，因為他不知道要怎麼去處理手上的案件。我完全認同這說法。其實在恐慌而不知所措的時候，唯一解方是集中心思做功課，思考接下來要怎麼處理、怎麼做抉擇的問題。集中心思做功課不一定問題就迎刃而解，但暴怒確定是無濟於事。當然，對於這一些個別的人事問題，主管機關有主管機關的管理機制。至於法律人的集體平庸或對於專業同儕理所當然的信任或不抵抗，以至於在司法程序上讓當事人被折磨個七年、八年或十幾年，也是侵害到當事人的基本人權。在這一個脈絡底下，刑事妥速審判法可以說是某程度在處理一部分這樣的問題，但是超過這一個範圍之外，還是倫理和道德的問題。

民主決定出來的不一定是正義

民主國家最簡單的意思是：人民是國家的主人，所以全部國家的事情必須依循人民的意思來推展。由於人性基本上是為自己利益設想，因此理論上民主機制下的法律與任何社會政策應該會反映出整體社會的最大利益與最正義做法，更不應該會有所謂惡法出現。但我們在現實上看到，民主並沒有在每一件事情上保證正義、保證社會最大利益的實現。民主甚至可能在有關正義的選項上反其道而行。這樣的發展，第一個層次涉及民主制度本身落實技術可能性的問題。雖然抽象的講，民主制度底下是人民在決定法律，是人民在寫法律，但檢視一下我們的實際生活經驗，絕大多數人並沒有真的在寫法律，而是透過所謂民意代表在制定法律（實際運作上通常是先透過行政機關的作業）。至於一般人民，往往對法律陌生，或者也根本不在乎法律怎麼寫。

從此可以看得出來，那些直接在寫法律的人的用心很重要。寫法律的人是好人，寫出來的法律就是善法；寫法律的人是惡人，寫出來的法律就是惡法。由於人性的自私，民意代表和國家執政者所思想的不一定是普遍人民的意願，而是個人背後的企業財團或政黨利益，或僅僅是個人怠惰的利益。固然近年來民間團體對立法決策有比較積極的參與與施壓，其中有檯面上的民間團體，亦有私下各種不同立場的遊說團體。但是施壓者立場各異，並不是任何政黨、民間團體或個人所思維的都當然是社會最大利益。加上財力雄厚的企業或其他利益團體挾著現實資源供給的優勢，對於做為法律決策者的民意代表或民選首長的左右力道可能立竿見影，因此在民主國家裡，最後重點在於人民自己選舉出什麼樣的人來主導法律的制定和執行。

第二個層次涉及人民的意識問題。不管人民要不要參與公共政策的形成，或是投票時要怎麼投，總之都是人民的選擇，因此嚴格來講是人民的意識在決定社會的型態。從這樣的背景來看我們社會的正義概念，要觀察的是我們社會大眾會在什麼樣的情況下使用「正義」這兩個字？對於這一個問題，我們清楚看到，人們往往未經思索的對自己直覺為「對」的事情宣稱為正義。從對於死刑等等的議題的討論更可以看得出來，一般人難以擺脫情緒的主宰。當然這樣一來，你就會發覺問題大了，因為正義變成好像是一個可以不經思想檢驗、完全任由情緒決斷的東西。雖然也有研究顯示，人類的直覺來自於對過去生存法則的記憶，但經過環境巨大的變遷，過去的生存法則不當然等於今天的生存法則。更重要的是，由於人性自私，人類歷史上的生存法則意義上不等於正義。再就反映在司法上的個別正義而言，一個最鮮明的例子是，訴訟案件經過法院判決後，你有看過勝訴一方氣急敗壞的宣告「司法已死」，或敗訴一方興高采烈的說這是「遲來的正義」嗎？如此一來，你也是發覺問題很大，因為一般人涉略法律學不多，全憑個人輸贏結果做為正義的標準，那麼固然民主社會下的言論自由很重要，但相對的，幾百年甚至上千年來人類智慧累積出來的法律理論變得完全沒有意義；換句話說，人類過去的辛苦與血汗對於未來公平正義的追求完全沒有幫助。

對於正義的探索依賴的是相對具有客觀性的方法，而不可能僅僅是用情緒或用立場決定正義。但民主的特質就是，不管富有或貧窮，也不管聰明或不聰明，每一個人都有講話的權利，都有選擇的權利。這個概念在現實上的極致就是，投票人在投票時並不需要講出投贊成票、投反對票或投幾號候選人票的理由，而是愛怎麼投就怎麼投。不過也正因為是人民在決定社會，所以人民的知識品質好，社會與國家品質就好。相對的，人民的知識品質不好，社會與國家品質就不好。這也是進入二十一世紀以來，認知作戰變成極權國家與民主國家之間主戰場的原因。從這裡可以看得出來，民主本身固然就是價值，但民主有兩種，一種是有在念書的民主，一種是沒有在念書的民主。也可以看得出來自我教育在民主社會裡的重要性，或者應該說，念書是一個人對民主負責的方式。

特別必須注意的是，民主社會裡的每一個人對於法律的情緒彙整成為社會輿論時，現實上可以產生左右司法的壓力，這在過去一些社會矚目案件的判決過程都可以看得出來。一個輿論說法經過法理的檢驗可能會是對的，但由於非法律人法律理論資訊的相對缺乏，輿論說法也可能是錯的，以至於反而影響司法裁判走向背離真正的法律原則。因此這最後也是人對於法律概念應有的善意與謙虛的問題，理論上可能存在的處理途徑是傾聽自己以外的聲音，特別是專業理論上的基本說法。從這裡我們可以看出來永續學習和獨立思考的重要性，因為媒體傳播的，名嘴帶風向的，都可能是錯的，甚至錯得很厲害，以至於我們自己也跟著錯。

民主在現實上最終極致命傷的問題時常讓我想到五十年前上楊日然老師法理學的課。楊老師在課堂上經常會特別問我問題，當中有一個是我永遠不會忘記的，關於一個開放社會和她的敵人的問題：如果我們社會是自由民主社會，那麼我們是否也容許有人利用自由民主的機制來攻擊我們社會的自由民主機制？我當時很反射性的回答說，既然我們自己奉行的是社會的自由民主，那麼我們在實踐態度上就要如此負責，要包容這社會當中有人攻擊自由民主體制。對於我說的，楊老師並沒有認同，而且隨著時間過去，我更無法認同自己當時完全不成熟的回答。當然問題出在這裡有很多用字意義沒有釐清，也就是什麼叫做「攻擊」？思想自由或言論自由屬於民主法治國家憲法的核心價值，但是必須注意，直接或間接使用強暴脅迫行動攻擊自由民主體制已經不是單純言論自由的範疇。比喻來說，當張三人看了一則大樓縱火奪走人命的社會新聞後說「這個人應該被抓去槍斃！」時，這是言論自由的範疇，因為即使最後縱火者真的被判死刑，法官不會是因為聽到張三所說的話才判被告死刑；換句話說，張三所說的話對於法官判被告死刑或槍斃的執行並沒有可觀的風險關係，而是法官根據自己所理解的法律規定判被告死刑。但如果幫派大哥唆使小弟去殺人，他不能說自己只有動嘴巴而沒有動手，所以主張自己有言論自由。因為很清楚的，如果不是這裡的大哥開金口，被害人不會被殺死。

對於國家的生存基礎和核心價值體系的維護也是如此，可以批判，但不可以直接或間接著手摧毀。這也是德國為了維護國家基本體制和憲法核心價值而設立憲法保護局的意思所在。更重要的是，在接觸到刑法學上關於不作為犯的保證人地位概念之後，我的想法是，我們的社會是一個整體的社會，而不是自己一個人的社會，所以考慮問題也不是只考慮自己一個人要怎麼生活下去的問題就可以。事實是這整個社會代代繁衍，其中沒有任何一個人是自己選擇要來到這世界上的，因此我們沒有權利在代代繁衍的同時，卻又至少因為不作為而進一步讓下一代人毫無選擇權的吞下一個我們自己也不願意承受的極權生存模式，否則我們無異是在推坑。這是一種基於人不應該製造痛苦風險的概念而來的保證人責任，因此這社會裡的自由民主機制並不容許有人著手直接或間接摧毀我們所享有的自由民主機制。

國民法官的意義問題

專業的意思是特定人對特定生活問題領域具有相對充分的知識或能力，是基於生活效率考量所形成的分工模式。以職業法官的專業來講，如果法律的意義是追求公平正義，那麼法律專業的意義就是基於追求公平正義的效率所形成的分工模式。既然如此，在我們國家耗費大量教育資源培育法律專業人後，卻又用國民法官來取代部分職業法官的審判工作，由此產生邏輯上的問題是，為什麼國家要有法律專業教育？這個矛盾也顯示在國民法官實際參與審判的勤前教育，也就是國民法官在實際參與審判之前還是要先接受一定相關的法律教育。因此根本問題是：對於審判工作，審判者是念過法律比較好，還是沒有念過法律比較好？

對於國民法官的意義有一種說法是，在審判時加入國民觀點。問題是，加入國民觀點是什麼意思？當然審判工作是在處理法律問題，所以所謂加入國民觀點指的應該是加入國民的法律觀點，而不會是加入國民的美食觀點之類的。如此，問題還是回到原點，是否審判者沒有念過法律比較好？對於國民法官的意義還可以有其他說法，例如彌補法官在事實認知上和現實社會的距離。不過這還是會有問題，就是為什麼在這個社會上，法官正好是和現實社會有距離的一群人？是不是其他各行各業的人就和現實社會沒有距離？特別是，國民法官的選任基本上是隨機，而不是有族群針對性的選任，那麼如何保證隨機選任出來的國民法官正好是所謂理解社會現實的人？

對於國民法官的意義，只能從另外的角度去做理解，否則似乎難以解除上面所說種種理論上的矛盾。那麼國民法官的意義是什麼？上面說過，法律意義的存在方式和自然科學不一樣，法律存在意義不可能僅僅建立在菁英同溫層的相互理解就夠了，而是要讓人民理解。特別是在民主社會裡，人民對司法的理解與信任是司法正當性的基礎。但是另一方面，關於法律理解的問題，一般人民受限於知識背景，對於司法語言的理解是有相當的難度。這是司法做為專業的本質，也是司法與人民溝通的困難所在。這是一個兩難的局面，一方面是民主社會必須實踐民主的理念，拒絕專業同溫層的獨斷；另一方面是社會生活效率上必須維護司法的理性品質，不能把司法審判變成全民公投。面對這樣的問題背景，國民法官概念可以說是人類社會經驗所提供的一個帶有平衡意味的選項。

儘管如此，人們對於司法總是眷戀於公平正義的想像，對於國民法官制度也是如此。問題是，國民法官制度是否可以引領司法接近公平正義？這個問題的答案應該是不一定。因為法官有不同的法官，國民也有不同的國民。換句話說，一個法官是什麼樣的法官，或一個國民是什麼樣的國民，都是很個別化的問題。前幾年來一連串模擬國民法官開庭的情況所顯示的，有人覺得國民法官的表現令人驚豔，也有人覺得國民法官的表現令人擔憂。因此就如同每一個個別職業法官都是影響司法功能的一點一滴，每一個個別國民法官也都是影響司法功能的一點一滴。整體而言，司法功能是無數點點滴滴個人的蝴蝶效應所累積出來的結果。最後保證司法功能的並不是司法制度的本身，而是包括（職業與國民）法官、檢察官、律師在內的每一個法律工作者的用心。

有關於此，近來各法院一連串國民法官的模擬法庭固然是各方對於國民法官制度的用心準備，但值得注意的是，模擬法庭基本上是有心人士在參與的。現在國民法官制度已經進入實施階段，現實參與者的意願或用心情況可能會有某程度的落差。因此不管是對法官、檢察官、法扶律師或國民法官執行職務的工作負擔計算、報酬計算或執行職務方便性等細節配套技術問題可能是現實上重要關鍵，也是制度的成本問題。

國民法官的意義本來就只在於建立民主社會裡司法與人民溝通的模式；換句話說，具有民主社會所不可或缺的溝通意義，以及公民教育意義。當然如果有人在這裡割捨不下公平正義的概念，那麼可以保持的最樂觀願景是，制度參與者對於公平正義概念的用心與堅持。制度參與者對於公平正義概念的用心與堅持，除了是有效實踐司法與人民溝通模式，同時可能促使司法接近公平正義。但如果不是國民法官制度參與者的用心與堅持，溝通模式就僅僅是與實質正義無關的溝通形式；換句話說，是溝通儀式。

【第三章】

法律思想怎麼想

世事複雜
所以聰明才可能善良
但我們沒辦法讓自己瞬間變聰明
只能此刻坐下來靜靜思索如何善良

一、事實探索是正義的基礎

探索世界眞相不只是技術問題，更是態度問題。在這個角度上，詩人是最頂尖的科學家。

事實弄錯了，正義跟著錯

法律的意義在追求整體社會的最大幸福，但法律本身只類似一個通往理想社會的方程式系統，如果不是這系統在現實上的套用，法律本身只剩下沒有靈魂的框架。不過就像人類會認為地球是平的，也像我們小時候以為DDT真的是人畜無害的，用法律追求理想社會的問題主要存在於事實背景複雜而難以辨識。一旦沒有事實背景的正確認知，法律方程式運作的結果就不會是原本所追求的理想狀態。在這樣的背景下，如果法律人透過學院階段訓練，熟悉種種法律文字的形式規定，卻無法從正確的事實基礎去確認法律應有的作用，結果是在追求社會最大幸福的方向上做了負價值的引領。設想一下，如果一個路過車禍現場好心救人的人，只因為他生性內向緊張、在訊問應答時講話結結巴巴，就被當作肇事者，被判決構成過失致人於死罪，或者法院把偽造的借據當真，判決甲要還乙一百萬元，那麼法律現實上的意義是善良還是不良？

我們再看另外一個可以說是極經典的難題，也就是關於強制性交罪的問題。從今天法律的核心意義來看，強制性交罪之所以成為犯罪，是因為行為人剝奪了被害人的性自主權。比較狹義的性自主權指的是一個人面對性行為的時候有決定要不要的權利，因此一個普遍的說法是，違背相對人的意願所進行的性交行為是強制性交。現在問題來了，我們怎麼知道事實上當事人的意願是什麼？當然有時候這問題的答案是很清楚的，例如相對人已經清楚說不，或甚至相對人已經有抗拒的動作。但問題是，難道人家沒有說不，或是沒有抵抗的動作，就表示人家願意？我們的經驗告訴我們，當強盜拿著刀子抵住我們腰際，要我們把手上的金錶拔下來交給他的時候，我們多數人也是不吭一聲，乖乖的把金錶交給強盜。但這是出於被迫所做的不得已的決定，而不是出於真心意願把金錶交給強盜。相同的道理，強制性交罪的被害人往往也是出於心中最高度的畏懼，所以根本不敢說不，也不敢有抵抗的動作。

很遺憾的，在強制性交罪章大幅修法之前，實務對強制性交罪的認定標準之一正是：如果被害人沒有激烈抵抗，就表示被害人是同意性交。你可能不敢相信，這麼大的司法體系會有這麼不近情理的經驗法則，但這是事實。不過修法之後並不見得根本問題就消失了。在性交相對人沒有說是也沒有說不的情況下，我們要如何認定相對人心中的意願如何？對此，除了 no means no 的說法，保守派的標準是 only yes means yes，亦即必須相對人明白以言詞或行動說是，才算是相對人有性行為的意願。很可以理解的，此一理論不承認對性行為的默示同意，例如相對人比較暴露的穿著或是受邀到家裡來過夜。保守派的說法清楚表達出來保護被害人的態度，不過要說因此就為所謂違反意願與否的問題提供了一條清楚的界限，恐怕也不盡然。

從刑法的角度來看，強制性交罪的核心概念必然是對被害人自主利益的侵害，因此犯罪的構成必然建立在壓迫被害人自由意願的事實基礎上。如上所說，一個人的意願藏在一個人的心深處，外人往往很難讀心。因此圍繞在「違反其意願」的概念，不管是哪一個試圖建立一個簡單有效之判別公式的學說，可能都過於樂觀。保守派對 only yes means yes 的理解，除了口頭清楚的說「是」，顯然也必須包含透過行動來表達「是」的意思，否則一般性行為恐怕很大多數都會被視為犯罪。如此，保守派的觀點事實上也已經某程度的接受了默示同意的概念。既然如此，那麼解讀行為語言的模糊地帶依然是根本問題，亦即怎麼樣的行動可以被解讀為是的意思，怎麼樣的行動不可以被解讀為是的意思？

對於性這種東西與人之間事實關係的理解，困難在於人有百百種，甚至一個人在不同時空背景變化下的心情也有百百種，因此我們無法對任何人千篇一律的去確認，性這種東西和一個人心情之間的作用關係是什麼？強制罪或強制性交罪在保護被害人的自由基本權利，這樣的基本概念是沒有錯。但對於性概念相關的事實問題是，執著於情慾歡愉者的心情可能是，如果當事人之間的性遊戲可以帶來歡愉（例如火車包廂內的性愛派對），甚至包括強迫與虐待，也是當事人自由選擇出來的一種方式。這種當事人之間透過性愛的歡愉模式的選擇，沒有理由被法律強制一致化。當然這個問題可能會被拿來和刑法第兩百七十五條的加工自殺罪做對照，也就是按照法律規定，縱使得到被害人的同意，或甚至是基於被害人的要求，殺死被害人還是構成殺人罪。在這樣的邏輯下來推演，似乎帶有強迫與虐待意涵的性愛歡愉模式也應該被法律所禁止或處罰。不過必須思考的是，後者之所以依然被定位為犯罪，是因為法律對生命的評價遠遠超過當事人的自主利益，所以對自主權的尊重並不足以去化侵害生命行為的負價值。至於前者，如果性愛遊戲不足以去化遊戲當中強迫或虐待的負價值，莫非法律有把握，性愛遊戲者最終的歡愉是假的？

臺灣影劇前一陣子跟著風潮流行起「壁咚」的遊戲。壁咚是帶著壓迫力道的告白方式，動作是把一個女生逼到牆壁，忽然伸手頂住牆壁，好像把女生困住，然後在女生驚訝或不知所措之餘，說出諸如「在妳說喜歡我之前，我不會讓妳逃跑的……」一類肉麻又不要臉的話。也有很多女生表明，不是只有男生可以對女生壁咚，女生也可以對男生壁咚，不過這是另外一個問題。重點是到底這樣做好不好，或是對不對？從形式來看，既然壁咚是把人困在牆邊做告白，當然有妨害自由而構成強制罪的可能。因為既然是告白，表示人家還沒有表明要接受你，那麼在以自由為本質的感情世界裡，你怎麼可以讓人家在有壓力的情境下表態？但壁咚概念如果真的會成為話題，其實通常指的只是一種（可能高級也可能低級）遊戲的情節，並不見得真的是惡意施壓對方表白的狀況。譬如說韓劇《觸及真心》裡女主角吳真心那噁心的前男友從國外回來後有一天侵入住宅對她動手動腳，也做出壁咚的動作，這時候我們根本不會去懷疑那噁男有沒有構成強制罪以及其他的侵入住宅、恐嚇、傷害等等的犯罪，甚至不會特別去單獨討論壁咚有沒有構成犯罪。但即使只是遊戲，也必須尊重對方願不願意玩這種遊戲。在這樣的理解底下，所謂壁咚最主要的意思也就是出其不意，至於這算不算強制，可能因為當事人心理情境差異而很難說，而這正是問題重點所在。

道理上，所謂強制是一種對人的意願的壓迫，讓人無法按照自己的意願去行動。人無法按照自己的意願去行動，現實上往往給人帶來痛苦，好像一個小朋友只想賴在電視機前打電玩，卻被大人趕回書桌上去。但如果你的朋友們知道你是熱衷路跑的玩咖，於是在沒有先問過你的意願的情況下就把你報名進去團體接力路跑，看起來你好像是被趕鴨子上架，但你應該不會因為自主權利不被尊重而痛苦不堪，相反的，你可能會滿心歡喜。從法律理論來做解釋，這可以屬於所謂「推測承諾」概念的討論範圍。

在壁咚的議題上，如果是被自己屬意已久的對象壁咚，被咚者心中有的可能不是壓力，而是小（大）鹿亂撞，慶幸他（她）有讀懂我的心。在這種幸運狀況下，如果壁咚者還先詢問被咚者：「我可以把你壁咚嗎？」那就不知道壁咚是要咚什麼了，好像你衝著「古早味黑糖剉冰」的口碑開了兩個多鐘頭的車到枋寮街區去吃黑糖剉冰，卻又很大聲、很驕傲的跟老闆點了一碗無糖的黑糖剉冰，好像無糖就是高尚，其實是頭殼有一點壞去。反過來說，一個人八字沒一撇，不知道是粗魯還是無賴到假裝有自信就亂壁咚，應該就屬於強制罪概念下的壁咚。時下年輕人想要學連續劇裡那位我看其實也不怎麼帥的男主角壁咚，卻十個人當中有九個半是如此粗魯或無賴的壁咚。因此我想，如果我是高中學校老師，從生活教育的角度來看，簡單處理方式就是乾脆告訴他們，要壁咚就要先得到對方明白的同意。壁咚行為是如此，性交行為當然更是如此。只是要注意，這是從生活教育角度在說的，不是從刑法角度。從刑法角度來說，這裡要成立一個犯罪類型，必須要有合理嚴格的構成要件設定才會有立法或適用法律的正當性，除非我們想要（用專業術語來說）把壁咚行為類歸為刑法上危險犯的概念。

因此到底壁咚對不對的問題，答案是不一定。應該說，該咚就咚，不該咚就不能咚。對於當事人而言，由於有人聰明也有人遲鈍，所以理論上除了有人故意壁咚以外，也可能有人是過失壁咚（不該咚而亂咚）、故意不壁咚，或令人搥胸扼腕的過失不壁咚（應該咚而未咚），不過後面兩種型態是你家的事，已經不是法律有興趣要去管的問題。不管怎麼樣，我們在這裡並不是要討論愛情或愛情遊戲的問題，而是要說，事實認知做為法律方程式中的前提，不僅是在個案應用上，也在法律理論形成或立法策略上有最關鍵的重要性。

追求事實真相的態度問題

法律是用來解決人與人之間現實利益衝突的依據，因此當事實本身不清楚的時候，法律規定即使想要給人一個公平的交代，也會無可奈何。例如甲和乙都出手毆打丙，但就是分不清楚，到底丙的脾臟破裂是被甲打出來的或是被乙打出來的，因此也就無法下論斷，到底是甲或是乙必須對丙的死亡負責任。事實真相是如此重要，但問題是對事實的探索必須從證據的呈現去做推論；換句話說，事實本身不像我們眼睛現在看到桌上的一顆蘋果那麼清楚，而是一種猜測，類似我們從空空的桌面上殘留的氣味猜測這桌子上曾經擺放一顆蘋果。由於人的嗅覺能力有限，不同的人可能猜測出不同的東西，也可能完全猜測不出來。總之，對於桌子上是否曾經擺放一顆蘋果這個事實問題，不一定會有大家一致的答案。從這個角度來看，甚至有一些事實概念本身的意義就讓人存疑，例如死刑判決時經常被用來做為判決依據的被告有沒有所謂「教化可能性」的說法，如果我們夠誠實，那麼應該很清楚，人心隔肚皮，無論今天的科學有多麼厲害，有誰猜測得出來另外一個人五年後或十年後會不會變成什麼樣子？

我們從江國慶被誤判死刑的事件不難得知，包括法官在內的人都可能誤認事實。其實受過法律訓練的人應該都知道，對事實的確認是困難的事情，因此我們也沒有把握說，一個案件裡所確認出來的事實就真的是事實。為什麼事實的確認有那麼困難？姑且不論，即使事實在我們眼前上演，我們也會誤認事實，像是插入水中的筷子所呈現出來的曲折影像，更何況法院裡的案件，可以說沒有一個案情是活生生在法官眼睛前面上演的。法官對案情事實的確認，是透過證據去推論出來的，也就是依靠證人的證詞，還有依靠一些物證，再根據所謂經驗法則，去猜想事實應該是怎麼樣。這整個過程，證人所講的話可能因為證人自己在事發當時緊張的關係，所以看錯。可能因為時間過去，所以證人記憶出錯。也可能證人受到利誘、威脅或誤導，所以說錯。至於物證的方面，雖然我們聽過一句話，就是「證據會說話」，或是「讓證據自己說話」。但「證據會說話」這一句話只是舉證者主觀上的表態，自認對事實主張已經提出無法被推翻的完美證據。事實上，表態歸表態，證據和事實的連結永遠必須依賴人的判斷，所以可能因為法官做為一個人的先天思想盲點，或因為其他人任何意想不到的因素而出錯。

我曾經讀過一個國外真實個案的報導，那是在一個侵入住宅的殺人案件當中，鑑識人員在現場留下的一個可樂罐子上採取到疑似加害人的指紋，並且查出指紋所有人有暴力犯罪事件紀錄，因此立即聯想到相同一個人的再度犯罪。還好也很快被查出來的是，在侵入住宅案件發生的同時，指紋所有人正在監獄裡面服刑，而可樂罐子上面的指紋是受刑人在監獄裡的工廠作業時所留下的指紋。從這個角度來看，受刑人在監獄裡面服刑也算是幸運，否則沒有強有力的不在場證明，恐怕沒有人知道結局會是如何。其實這樣的例子是舉不完的，二〇一七年三月份發生的女模命案，一開始被檢警懷疑也是涉案人的另一女模在臉書上遭受幾萬則謾罵與詛咒的留言。後來經過進一步調查，發覺包括主嫌和被害人家屬在內的幾個人分別出於蓄意或疏忽，對監視影像的確認錯誤，檢方立即撤銷對女模的羈押。案情逆轉的同時也造成所謂臉書史上最大的刪除留言逃亡潮，但逃亡者刪除留言不一定是因為不好意思，而是害怕反過來被告。

我看過不久前一個地方法院刑事庭的詐欺案判決。案件裡被告的存摺和提款卡都在詐騙集團手上，所屬帳戶是詐騙集團用來提款的帳戶，因此被告當然被懷疑是詐騙集團的成員。檢察官訊問被告關於存摺和提款卡的下落，被告說是放在車上遺失，接著改口說是放在媽媽那裡，媽媽否認之後又改口說是放在前妻那裡。前妻也否認，被告最後又說是交給代辦貸款的某經理，並且提供了經理的聯絡電話。電話號碼經過向反詐騙單位查詢，也查不出異狀。由於被告（害怕講出實情會被家裡的人罵）前三次謊話連篇，檢察官也不再相信被告第四次的說法，把被告起訴。到了法院，法官用電話號碼查出電話申請人，再用申請人的名字查出他在全部檢察署的起訴不起訴紀錄，才發現某經理是詐騙慣犯，取得本案被告存摺和提款卡也是詐騙。這樣的案子碰到一個有耐心的法官算是被告幸運，但重點是，關於事實真相的釐清，既然有人幸運，就表示也會有其他人在其他案子裡是不幸運的。

德國記者湯瑪斯．達恩史戴特在《法官的被害人》書上敘述了一些被冤判的個案，並分析當中走向錯誤的過程。讀者讀這本書的時候可能會感覺法官愚蠢，難以理解為什麼法官沒有辦法把案情看清楚。問題是讀者看的是從作者角度以文字呈現清楚案情發展和清楚證據背景的書，法官調查案情時面對的卻是卷宗內事實不清楚的案情和意義不確定的證物，所以過度放大法官的無知並不公允。相對的，美國學者亞當．班福拉多（Adam Benforado）的《不平等的審判》（*Unfair: The New Science of Criminal Injustice*）書上從心理學和神經科學的觀點說明法官的視角如何受限，可以讓人理解，那是法官做為一個人先天上可能存在的盲點。當然法官可能偷懶，可能不聰明，甚至也可能故意或接近故意的扭曲司法正義，但如果不是制度因素有所更張，那麼換另一些人或換另一些法官去坐在法官的位置，不見得會更聰明，也不見得會更勇敢，因此結果很可能還是一樣會「集體平庸」或甚至「集體邪惡」。

對於法律問題基礎事實的確認，本來就大多是經過應用基本通識的推論過程而來的；換句話說，所依賴的主要是思想。我們根據海關沒有出境紀錄，可以推論出現在國外的通緝犯是偷渡出境。我們根據毒品反應的鑑定報告，可以推論被告曾經使用毒品。因此個人親身經驗的有限性本來就是常態，一個沒有毒品經驗的法官要判販毒罪，一個沒有貪汙經驗的法官要辦貪汙罪，或是一個沒有感情經驗的檢察官要辦通姦罪，原則上也都不是問題。不過由此也可見通識教育，特別例如理則學、社會學、心理學，或甚至反映現實人生的文學等等的重要性。但由於現實事理複雜，不管如何通識，還是有很多基礎事實的探究是個別法官所無法勝任的，因此必須透過專業研究者才能提供比較完整可靠的資訊，例如彈道比對、槍枝殺傷力、毒物反應、醫療常規、被告的心理障礙，或是涉及證人證詞可信度的心理分析等等。這時候制度上的輔助系統是必要的，例如鑑定機構的鑑定、專家證人的意見，或是確認標準的設定（例如透過法定指認標準程序來避免證人可能的盲點）。對於這些高度技術性的專業領域，法律學院裡的教學很難代庖，但有漏失的是，學生在考試制度等功利思維作用下大多不在乎法規範以外的知識學門，法律學院也不怎麼重視理則學、心理學或社會學等等最基本的通識課程。甚至基於市場競爭（降價求售）的考量，各大學刑事法研究所的招生考試紛紛廢考犯罪學與刑事政策，意思是學生應該有的法律概念就是只要管法條，不必管事實，只要管怎麼把人關進監獄，不必管怎麼不把人關進監獄。這一些是法學教育層次上的問題。

阿德勒的心理學裡面清楚顯露的一個基本態度就是把真、善、美當作同一回事在看待，就像他在《認識人性》（*Menschenkenntnis*）書上所說的，認識人性的心理學應該被當作一門藝術，「而且有一群人（詩人）早就知道如何善用它」。其實要說詩人都是念過人性心理學的課本以後才去寫詩，應該不至於。意思應該是，詩人的詩呈現對躲藏在幽微角落的人性沒有遺漏的細膩刻劃，因此要說真，是這樣而真，要說美，也是這樣而美，總之是歸結於對人盡量沒有遺漏的關心。所以如果阿德勒要說是心理學對詩人的美學有幫助，那麼這一句話應該也可以反過來說，是詩人的美學對心理學的客觀性有幫助。

法律規範基本上被假設是從善良的意願出發，問題是如同前面所說，一旦我們誤會事實真相，套用法律判決的結果其實正好背離善良，可能好人也會被抓去關，可能偽造的借據也可以變出有效的債權。但是另一方面，由於人不是神，所以追求事實真相有先天上的艱難。這樣的困境的確令人頭痛，但是再去譴責人所表現的低能已經沒有意義。剩下的只是面對問題的態度問題，因為只有態度，也就是善良的意願可以彌補人的低能問題。比喻說法，如果詩人心中不美，動力跟著消失，從此眼睛看不到完整的世界，也寫不出詩來。

我們在乎世界的真實與善良的問題嗎？我們社會從小到大的主流價值觀就是追求文憑和職位，至於社會上其他人的存在並不是自己的問題，連帶著甚至自己的心靈問題也不是自己的問題。這個價值觀決定了家長和學校的教育模式，在第一個層次上就是把小孩子從現實生活隔離開來；換句話說，小孩子只要管念書，其他都不管。第二個層次是在小孩子只管念書的範疇裡面，又把小孩子從思想過程隔離開來；換句話說，小孩子念書的方法是只管背書、背答案，不必傷腦筋去思想課本文字背後的真實世界問題。在這樣的堅強社會共識底下，對於任何問題的標準教育流程是大人寫答案給小孩背答案，考試的評分模式也是如此。長久下來的惡性循環是，一旦我們社會約定好記憶之學是分配分數與分配物質利得的基準，自然沒有人對這世界有關真實與善良的問題還有興趣。

現實裡我經常看到的情況是，即使學校離家裡很近，或是小孩已經長大，都還是由父母親開車、騎機車或騎腳踏車接送到學校。我還有好幾次在臺北精華學區附近看到外傭帶著小孩去上學。看不下去的是，小孩都不必自己背書包，而是外傭替小孩背書包。外傭不只替小孩背書包，還要一隻手抓住只顧低頭滑手機的小孩，另外一隻手幫小孩拿著直升機的美勞作品。這是臺灣社會教育觀念的寫照，所謂愛小孩就是不讓他吃苦，但這好像是從小教他只管自己辛苦不辛苦，不管別人辛苦不辛苦，簡單講是教他窮盡一切的自私。我只能說，這一隻手牽小孩、另一隻手提美勞作品、背上還要替小孩背書包的外傭，才是「吃得苦中苦，方為人上人」。至於那小孩，重點不只是失能，而是恐怕他從此對別人的切身之痛什麼都不想知道。想像一下這種態度養成的連結，如果一個檢察官或法官面對亟欲辯駁的被告說「我不知道！」那會是怎麼一回事？

二、思想品質的標準

我只有在理性的人身上才看到感性，而且是理性越強，流露出來的感性也越濃越烈。因爲如果不是人有生命熱情，是不可能選擇艱困的理性道路。

邏輯是真理的路徑

美國大法官霍姆斯（Oliver Wendell Holmes）說過一句話：「法律的生命不在邏輯，而在經驗。」從此法律人對這一句話朗朗上口。然而先不論這裡所謂經驗是什麼意思，我們很難想像沒有邏輯卻可以有法律學。法律學問無論是在抽象法律的訂定或是具體個案上的法律適用，都是從一定的事實基礎加上合於邏輯規則的推論去尋找問題的答案。雖然邏輯只是思想時的推論規則，這些規則本身並沒有生命的存在，但這些推論規則是思想效率所依賴的基礎，因此也是探求正義的途徑所不可或缺的工具。應該說，沒有邏輯，法律不會有生命。

「法律的生命不在邏輯，而在經驗」這一句話的意義其實是在強調對法律事實背景認知的重要性，也是警惕法律人不要變成一個法律文字匠，而不是說邏輯不重要。但我們在日常生活裡經常看到，如同許多人用非理性來形塑自己的「感性」，有很多人把不經思索的直覺正義宣稱為「正義」。其實感性並不是一個廉價的東西；我自己還沒有看過有任何一個人是非理性卻可以流露感性的，正相反，我只有在理性的人身上才看到感性，而且是理性越強，流露出來的感性也越濃越烈，因為如果不是因為人有生命熱情，是不可能選擇艱困的理性道路。

這裡所謂邏輯做為論理規則，只是一個簡單的說法而已。完整的來講，這裡所要強調的是，思想必須有思想方法。所謂思想方法，是透過人類經驗歸納，當我們在討論問題或思想問題的時候，想要有效率得到大家共同認可的答案時所應該遵守的一些法則。這些法則包括對文字應該有可實證的定義、要從前提推論出一個結論時應該要合於理則學上的理則、事實命題與價值命題要做區分、歸納時應有足夠的歸納基礎等等，以及對一個具體議題的討論必須先確認，得到結論的途徑（標準）是什麼？總之，缺少基本推理規則，雙方爭議不太可能會有共同接受的結論，甚至反而增加彼此的對立。就以最開始的文字定義問題來說，現實中人的講話其實經常是沒有在管所使用文字的定義問題，而是只想用語言文字來滿足當下的情緒需求，例如爭吵中的人只為了宣洩怒氣，學生回答問題只為了形式上可以換取分數，夜市裡討價還價只為了遊戲的快感，至於大人物，不管是從政者、企業家或學者，被麥克風堵住時在意的可能是透過圈粉累積資源。問題當然是，如果我們根本不清楚自己的用字是在說什麼，那麼我們是在說什麼？

可能有人以為，他們講了那麼多話不是就在講理嗎？問題就出在，講理有講理的規則，並不是人嘴巴講話就是講理。我們對於許多馬路上的言語交鋒，像是停車場上搶停車位時的叫陣，或是正在百貨公司一樓專櫃買東西的元配眼角掃見小三手提大包小包親密依偎著自己的老公隨著手扶梯緩緩升上二樓雲端時，三步併做兩步衝上前去互槓「不要臉！」，這些只能稱之為吵架，但不能稱為講理。我們從此也可以知道，要人按照講理規則去講理有多麼困難。其中最難的就是情緒如何擺平的問題；你要如何期待元配或小三可以心平氣和的考慮「不要臉！」這句話說出口邏輯不邏輯的問題？因此如果要講思想方法，那麼在實踐層面上恐怕要把情緒控制的學習納入最重要的部分。

先不講情緒控制的問題，邏輯思想方法也是需要經過訓練的。姑且不論，由於我們的國民教育完全欠缺思想方法的基本介紹，以至於網路上出現的各種留言或討論幾乎清一色只剩下集體謾罵，我們還可以舉一個例子來理解，一個沒有經過思想方法訓練所導致的說理謬誤，如何甚至在官方的事務處理上扭曲一個具體公平正義的呈現。在關於車禍的刑事案件處理裡，過失概念是一個絕對關鍵的問題，因為所涉及的罪名如果不是過失致死罪，就是過失傷害罪。關於過失致死或過失傷害罪當中所謂的過失，按照條文定義簡單講就是不注意的意思。問題是一個人有沒有在注意或有沒有在用心，都是人心隔肚皮的事情，我們怎麼會知道當時的駕駛人腦袋在想什麼、有沒有在注意？因此（先不論複雜的學理問題）為了有一些實證上的依據，學說以及實務上相當一致的用了一個輔助的判準，就是具體義務的違反，譬如違反紅燈停的義務、違反轉彎打燈的義務、違反轉彎車讓直行車先行的義務等等。

這種以具體義務的違反做為認定駕駛人「不注意」的判準是有它的思考背景的。因為這些具體義務所表列的情況都是統計上經常導致事故發生的情況，因此也是駕駛人在生活經驗上可以預料到會發生事故的情況，所以如果駕駛人（沒有打燈就直接轉彎或沒有禮讓直行車就直接轉彎）卻還搞不清楚狀況就發生碰撞，唯一可能的解釋就是他心不在焉，也就是沒有注意。在這樣的思考脈絡下，如果刑事罪名上要判定駕駛人不注意（有過失），邏輯上就是要能說出駕駛人違背了交通規則當中哪一個具體義務。問題是關於過失致死或過失傷害的認定，從對交通肇事責任初判開始的實務經常沒有詳細說明理由（在駕駛行為合乎容許風險概念底下的駕駛人剩下的反應時間有多少秒數等等）而粗魯的引用「帝王條款」，也就是道路交通安全規則第九十四條底下所謂「未注意車前狀況」的文字規定為依據，認定駕駛人就是有刑法上所謂的「不注意」。這種論證模式是循環論證，是「因為A，所以A」，「因為駕駛人不注意車前狀況，所以駕駛人不注意」的論證模式。但或許是「死傷為大」的情緒作祟，或許是「各打五十大板」的和稀泥心態，更可能是這個國家從警務到檢察、從檢察到審判的整體專業訓練不足所導致，實務上關於車禍案件處理最後凝聚出來的是少有例外的三七責任分攤制：當事人一方（甲）明顯因為自己闖紅燈、未禮讓直行車或甚至跨越雙黃線迴轉等等而有過失，但只要明顯自己有過失的甲有受傷或死亡（或民事上有車損），那麼另外一方（乙）好歹也要負所謂「交通肇事次因」的百分之三十責任。問題是乙沒有闖紅燈、沒有違規越線或轉彎、沒有違背一切路權上的先後順序規定，那麼要如何說乙是不注意而有過失呢？

實務上經常沒有依據的指責乙是所謂「未注意車前狀況」，好像人的注意能力是可以無限的，這種立論模式在方法上顯然違背邏輯規則，導致在理論上完全掏空立法上規定「過失」的意義，更完全掏空刑法上非常重要的容許風險概念的意義。最後致命的是這種不清不楚的責任分攤制促成交通參與人普遍不遵守交通規則的心態：在三七責任分攤制底下，用路人的心理認知是，自己的違法並不需要負百分之一百的責任，因為實務基本上都會用空洞的「未注意車前狀況」為理由要求無辜的對方也負百分之三十的責任。於是用路人可以勇敢的下賭注，賭注於愛怎麼開車就怎麼開車，愛怎麼騎車就怎麼騎車，反正別人再怎麼有路權，也一定要忍讓我的任性。

特別是「年輕富豪」開著千萬超跑一路不管交通路權而橫行無阻，一旦和其他開著價值二十萬元破舊二手車的無辜汽車駕駛人發生碰撞，基本上破舊車的駕駛人通常逃不過實務上所謂「未注意車前狀況」肇事次因的百分之三十責任。那麼假設兩部車子都是半毀的情況，結果是瘋狂的跑車車主要賠償破車車主新臺幣七萬元，破車車主要賠償跑車車主新臺幣一百五十萬元。問題一是，不管民事或刑事，欠缺對於構成過失所必要的「預見可能性」的說明，強加於駕駛人所謂「未注意車前狀況」的責難，是一個實質上全然不負責任的歸責模式。問題二是，民法上侵權行為的負損害賠償概念如果考慮到公平性價值問題，那麼也會令人費解，為什麼馬路上的每一個人都要為跑車車主的個人特殊享受分擔高額財產風險？

我們過去對於臺灣人的交通不守法的諷刺說法是「紅燈僅供參考」，不過現在對這個社會以及特別是司法系統更大的諷刺應該是法律價值觀上的「綠燈僅供參考」。所謂「綠燈僅供參考」的說法原本是有其他國家對於到臺灣來旅行者的警告，意思很清楚是說臺灣駕駛人很多會闖紅燈，所以即使你是綠燈，你還是要小心有人會闖紅燈。外國政府單位警告來臺灣的外國國民要小心，這是外國政府保護他們國民的做法，因為外國人是習慣看著綠燈在開車和走路的。我想如果我們自己家裡的小孩開車或騎車出門，我們也會告訴他們「綠燈僅供參考」，意思也是現實上要懂得自我保護。問題是從國家法律的角度來講，這種個人的自我保護機制不應該被轉化成人民的義務，否則綠燈通行者還要為闖紅燈者退讓，路口設置紅綠燈就沒有意義。就像另外一個相類似的問題情況；我們會告訴自家的女兒出門時不要穿著太暴露，以免招來色狼性侵或騷擾。但站在國家的立場要追究法律責任的時候，難道可以說女生自己穿著不收斂，自己要負百分之三十的責任？這裡的觀念不容許有錯誤的是，女生穿著收斂是女生的權利，不是義務。

回到交通責任問題，國家法律系統在對人民交通行為的價值判斷上認證了「綠燈僅供參考」，意義也等同於認證了這個國家「交通規則僅供參考」。這種鄉愿哲學表面看起來好像是出於慈悲的苦口婆心，但其實除了對遵守交通規則的國民不公平，也在鼓勵更多用路人不用遵守交通規則。這樣的體制性做法只能說是一種全面的非專業。

法律白話文的意義

近來大家熱烈討論法律白話文的議題。就法律這種東西的存在意義而言，法律文字的使用當然是越清楚易懂越好。雖然我們可以理解，有時候文言文類似「要非不能謂非」這樣的複雜語法常常只是為了語氣上的婉轉，不過如果這樣複雜的語法反而造成今天閱讀者理解上的干擾，那麼權衡輕重之下，還不如用簡單的表達方式就好。不過這應該還不是最嚴重的問題，因為技術上，譬如要把文言文的「之」字改為「的」字，或是把「渠」字改為「他」字，都不是困難的事。所以法律白話文所要挑戰不只是這種文字的技術性轉換的問題，而是更根本的，關於溝通意願的問題。

如果沒有溝通意願，即使看起來是白話文寫的東西，看的人還是會看不懂。當然概念上，專業的東西本來就是外行人不容易懂，所以才叫做專業，因此想要讓外行人可以簡單的就理解專業說法，本來就不可能。其實對於這種必然存在的理解鴻溝，人往往是不會在意的，譬如我們不會要求化學家或物理學家一概要用外行人看得懂的文字或方程式來表述這世界的原理，因為人在現實生活中只要懂得按照醫生囑咐吃藥或懂得拿遙控器開電視就好了。但法律文字的情況會有一些不一樣，法律文字處理的是人與人間生活衝突的問題。由於每一個人都有生活經驗，這領域裡沒有人是絕對的專家，也沒有人是絕對的外行。因此在法律做為人的行為規範的意義上，對於每一個人的法律思想溝通變成現實上必須的工作，這也是為什麼法律文字問題處境尷尬的原因。

關於溝通意願，實務上的問題出在習慣性援引過去判決意旨或類似例稿的文字，沒有消化的套用到眼前的個案情節。至於學術上的問題則像羅素・雅柯比（Russell Jacoby）在《最後的知識分子》（*The last intellectuals: American culture in the age of academe*）書中對於大學教授們學術文化的批判。他指責（人文科學領域的）學者喜歡用外行人看不懂的語言或無法理解的方式來做表達。書中進一步認為，「專業而莫測高深的語言可能是個庇護所或必須物，但也可能是種藉口和逃避。」雅柯比的指責還算是客氣，指責的是專業者不理人的驕傲。其實更不堪的情況是，專家們可能自己也說不出問題在可經驗世界裡的來龍去脈，只好不斷在學說或專業術語的文字形式裡反覆剪剪貼貼、浮浮沉沉，好像這樣就保住了自己在實務或學術上的威權。這種象徵威權的術語或樣板言說的表現方式就像是古代神祕社會的圖騰，只要我們彼此亮出相同的圖騰，就認證了我們是真理的一方。其實，圖騰只是用來辨識自家人的通關密語，卻完全無助於人類理性思想的進展。

關於文字理解與意義傳遞的困難，我想到我家院子裡種樹的一些事情。我家院子裡有一棵楓樹，有一次鄰居的原住民老先生路過的時候告訴我，要把不好的樹枝剪掉，不然將來整棵楓樹會枯掉。我說好，但接下來立刻尷尬了，我站在樹下看了半天還是看不出來，哪一根樹枝是「好的樹枝」，哪一根樹枝是「不好的樹枝」。沒辦法，只好請原住民老先生指著樹枝告訴我剪哪裡，我就剪那裡。「把不好的樹枝剪掉」這一句話是夠白話了，而且我相信我的鄰居心中也很清楚看出來樹枝的好或不好。但我沒有種植經驗，所以對於眼前這一棵楓樹的樹枝，我不知道什麼是我鄰居所說的好或不好。如此，在需要溝通的領域裡，問題就出在所使用的語言或文字背後可能只有我們心中的一片空白。

因此不管是學術或判決，法律文字讓人看不懂，最根本的問題是在於心裡沒有以真實經驗為基礎的清楚影像。是因為心裡不清楚，所以文字不清楚，以至於最後純粹想用論文或判決書的編輯形式與紙張厚度來取代說理的義務。因此法律文字要讓人看得懂，這境地的到達只能依靠專業者在思想工作上的誠實，一點一滴慢慢累積起來。那也是海明威在《巴黎，不散的饗宴》書上所說的話，「你該做的，就是寫出一個真真實實的句子，寫你知道的最真實的句子。」

要有多少思考才夠？

雖然世界只有一個，但這世界有無限多的折射角度，我們每一個人所接收到的折射角度其實是不同的，所以我們每一個人所感知到的世界也會不同。這裡會連結到一個問題，當我們對這世界的問題做思考時，到底要有多少視野、多少神經觸角才夠？其實對於這個問題，另外一個有趣的問法是，法律思考是一種哲學思考嗎？首先關於哲學這東西，有不同的理解或說法，當中最傳統的說法，哲學是愛智，是對這世界的求知態度。所謂求知指的是透過理性，也就是多數人所共同接受為有效論證系統的無止境的求知。隨著人類對各領域的知識研究，許多可能透過實際驗證對錯的知識領域相對快速取得普遍的認同，被稱為科學，典型例如物理、化學、醫學、藥學、機電、動物、植物等領域裡的絕大多數問題。相反的，有些領域的問題即使採取理性論證系統依然很難取得普遍認同的答案，就依舊被劃歸為哲學，典型例如人生價值問題（人是否應該即時行樂）、道德問題（人是否應該永遠誠實）、倫理問題（法官是否可以接受吃飯邀約）等等。先不論學門屬性，我們生活當中有很多複雜難解的問題可能都是哲學問題，例如愛情重要還是麵包重要？所謂人生百態，我們很難說到底愛情重要還是麵包重要，也沒有聽說有誰經過辯論或辦一場公聽會的結果就給了一個有公信力的答案。因此關於哲學的定義，很早就有一個簡單的說法：已經知道的東西是科學，還不知道的東西是哲學。這裡所謂已經知道或還不知道，意思是人從經驗上已經預見到，這樣的問題可以透過一定理性論證途徑得到答案與否。前者例如某某人的體重有多重的問題，後者例如某某人的情深意重有多重的問題。

不過一個問題到底是科學問題或哲學問題，並不是像橘子或蘋果的區別一樣可以被貼上固定的標籤，而是和人所關心的價值系統有關係，也就是要看我們心中所在乎的是什麼。例如關於大學入學科系選擇是要選文學系或電子資訊系的問題，如果經歷了半輩子窮苦日子折磨的爸爸心目中對小孩念大學的意義就純粹是工作出路的問題，那麼選擇科系的問題是科學問題，因為我們只要到經濟部去把各科系學生就業所得比較的統計數字找出來就知道答案，而且多少錢就是多少錢，沒有人可以否定這答案。但相對的，如果小孩子的真愛是文學或舞蹈，那麼對這小孩而言，這現實與夢想衝突的科系選擇問題想要有清楚答案就難了，甚至沒有答案，所以變成哲學問題。

對於法律問題，由於人的長期命運或僅僅是眼前處境各自不同，你很難想像他們心中會有一樣的價值系統，因此法律學從一開始的法律制定一直到後來的法律解釋，處理起來都不會只有一個簡單的標準要依循，而是複雜的價值觀念衝突的狀態，所以都和哲學有關係。例如死刑應不應該存在、可不可以有所謂安樂死、婚姻背叛者的責任問題思考，情況都是如此。用法律上所謂的過失概念做例子，過失的概念問題顯然不是法條文字本身就可以給答案的，因為背後有太多人生價值想法或基本情緒要說話。所謂過失，白話是不小心的意思。問題是到底一個人生活要有多小心才夠？我們知道，如果駕駛人一邊開車一邊追劇，或機車騎士騎車還要接手機，下場可能有人非死即傷。但是另一方面，如果人過日子要戰戰兢兢，想到出國旅行也可能飛機掉下來，所以不能帶小孩子出國，最後剩下的就只有黑白人生。那麼人生到底可以有多自在，或要有多嚴肅才好？一個過失概念的問題就會如此複雜，更別說其他。

因此如果你夠細心就會知道，類似的價值情緒衝突問題是幾乎所有法律問題都會面對的情境，否則像是對性交易基本權的保障問題不會讓我們的政府與社會（畢竟不應該的）呈現完全擺爛的狀態。這應該也是為什麼德國作家妮娜．葛歐格（Nina George）寫的《巴黎小書店》（*Das Lavendelzimmer*）裡男主角佩赫杜的情人瑪儂有感而發：世界的統治者應該要被迫領取讀者執照，等他們讀了一萬本書後才有資格了解人類與人類行為。所謂統治者，指的是掌權的人，那麼做法律判斷工作的人也是統治者，也應該讀一萬本書。至於在民主社會裡，每一個人都有講話的權利，也是某種意義上的統治者，當然也應該讀一萬本書。所謂應該讀一萬本書，是一個比喻的說法，意思是像觀世音菩薩一樣窮盡一切可能去理解人有不同角度的快樂和痛苦的問題。

對於一個問題的說法不應該只引用一個理論、一個實務上的判例、一方當事人的聲明，或甚至只是形式上引用一個法條就算是問題已經處理完畢。因為如果處理一個問題可以不需要連結到利害關係的正反辯證，那麼自始就根本不會有所謂的問題。小說家費策克（Sebastian Fitzek）所寫的《獵眼者》（*Der Augenjäger*），第二十四節前面引述的兩句話讓人看了覺得驚喜。第一句話是康德說的，「如果他殺了人，那麼他就得償命。」第二句話是甘地說的，「如果每個人都以眼還眼的話，整個世界的人都會成了瞎子。」讓人覺得驚喜的不只是作者很聰明的把兩個偉大哲學家衝突意象鮮明的兩句話擺在一起做對照，正好也代表了刑罰意義問題兩個對立的基本觀點，而是小說的故事情節也鋪陳了概念上處於兩極的哲學述句在現實世界裡共生的形式。果不其然，故事裡的好人不見得是好人，故事裡的壞人也不見得是壞人。說來是真真假假的世界讓人捉摸不定，但可以確定悲慘的是，大家以為的壞人就在好人們不分青紅皂白的衝動底下被害喪命，因此「壞人」是真正的被害人。說來是很多人都瘋了，但是「各自有不同的理由，認為自己的所作所為都是對的」。甚至很諷刺的，不管是好人講的話或壞人講的話，總之那是一句有深度的話，「我有時候真的搞不清楚我們誰是醫生誰是病人」。這種對正義影像的忐忑心情也算是故事曲曲折折的對兩位哲學家說話境界的一種連結：他們的視角不一樣，一個身處塵埃濾盡的天堂，一個站在煙霧迷漫的地上。雖然視角不一樣，但是現實中的人最後只有一個選擇，那是個人對於人生的詮釋問題，是個人的責任。

關於思考，最後一個重要的態度問題是，不管人要怎麼思考，最後也不應該是用暴力或暴力脅迫取代思考。如同前面所說，一切價值問題的論證，對於歷經不同命運的人，甚至僅僅是原告與被告或檢察官與辯護人所處位置的差異，很難想像他們現實上會輕易有一樣的判斷。因此對於看法差異的問題，人只能在展現基本論證規則的模式下不斷思考對錯的問題。換句話說，不應該是言語上（諸如在死刑存廢問題的辯論上說要殺死你全家一類）的恐嚇與威脅，或甚至是暴力行為。你只可能想像一個自然科學家拿著粉筆不斷在黑板上書寫自己證立公式的過程，而不可能有一個自然科學家是拿著一把刀或一把槍指向其他科學家來堅持自己所說的公式的正確性。

以廢死的討論做例子

關於死刑應否存在的議題在我們社會上的討論，我們可以看到在網路上最常出現的反廢死說詞是，「如果被害人是廢死者的家屬，你看他還會不會主張廢死？」「這些假人權者一直在保護加害者的人權，那麼被害者的人權在哪裡？」「如果這些窮凶惡極者可以不被判死刑，是不是我們也都可以殺人放火？」「殺人者死，是天經地義的道理。」也有宗教界巨擘主張「有死刑才符合因果報應法則」等等，甚至經常有人不惜以「殺死你全家人，看看你還會不會主張廢死？」相威脅。整體而言，我們看不到論述途徑，看不到死刑存在理由的呈現。難怪阿爾貝・卡繆（Albert Camus）在《思索斷頭台》（*Réflexions sur la guillotine*）書上說，「我們殺掉犯人，只是因為我們幾百年來都是這麼幹……」

上述關於支持死刑存在的各種說法，基本上與有效的論理模式毫不相干，或者至少是一種說理上的跳躍。「殺人者死」這一句話在東西方社會裡都源遠流長；除了像哲學家康德講過之外，中國古代歷史上也有「殺人者死，傷人及盜抵罪」的記載。「殺人者死」這一句話對後來的人起了根深柢固的制約作用，也就是人們自然而然以「殺人者死」做為殺人者死的理由，不再從根本去思考，為什麼「殺人者死」？殺人者死，一命償一命，形式上看起來是對等，甚至是公平，問題是這裡的對等或公平的意義是什麼？我想起一個學生在臉書上寫的東西，她說有鄰居大剌剌的帶著所飼養的狗到她家門口的盆栽上去尿尿，她覺得這樣的人很奇怪，要怎麼辦？有朋友回說，「就照樣到鄰居門口去把他尿回來啊！」我們在這裡發覺到，人最直覺的想法還是以牙還牙。但姑且不論，要照樣到鄰居門口去把他尿回來，現實上真的還滿困難的，是要自己去？還是叫狗去？自己去是難看，叫狗去，狗會懂得要尿對仇家嗎？重點是，到鄰居門口去把他尿回來並不會解決什麼問題，反而只是惡化了什麼問題，因為從此以後除了我家門口臭，他家門口也臭，而且臭味會飄過來。當然臉書上寫這些東西都只是開玩笑，但我們生活當中事實上卻也充滿了不是開玩笑的類似做法。一個年輕人因為殺貓引起公憤，出庭的時候在法院門口遭受所謂愛貓人士施暴。愛貓人士施暴所持理由是這個年輕人對生命殘酷、沒有愛心。問題是，從虐貓者身上去把他殘酷回來，我們自己是否有愛心？這正是丹布朗（Dan Brown）所寫《失落的符號》（*The Lost Symbol*）裡忠誠的蓋洛威牧師對道德狂熱者的感慨，「耶穌的名號在各種權力鬥爭中被綁架為盟友……他們宣揚自己的毫不容忍當作信念的證據……人類終於完全摧毀了耶穌曾經代表的一切美好。」一

「有死刑才符合因果報應法則」的說法並沒有呈現出其論述內容。佛教上經常講的因果報應的觀念，有它不同面向的意義。因果關係的觀念某個角度可以幫助人從所遭遇的痛苦中得到某種程度的解脫，因為受苦的人體悟到，今天的際遇事實上有它一路過來的緣由，而不是強加在我們人身上的東西。想到這裡，心裡自然會變得比較舒坦。此一觀念也可以在教育層面上勸人為善，也就是告訴人們，善有善報，惡有惡報，所以要行善。到此為止，因果報應說法的用心是完全可以被理解的。問題是，如果這一個觀念要和死刑政策問題連結在一起，就必須要按照思想方法來縝密處理了，因為這裡所牽涉到的是國家殺人。

用所謂因果報應做理由來主張死刑的存在，首先必須釐清，此處「因果報應」概念是

在講一個因果循環的事實，或是在講一個人們相互之間應該一報還一報的價值？如果是前者，那麼很清楚的，一個事實述句在思想方法上並沒有辦法導出一個價值述句，譬如小孩子常常吃炸雞這一個事實並不能做為小孩子應該常常吃炸雞的理由。因此即使一報還一報的「因果循環」是事實，也導不出來國家政策上應該有死刑的結論。如果是後者，那麼「因為因果報應，所以殺人者死」這一句話根本沒有講出來，做為前提的「因果報應法則」的理由是什麼？所以這一句話的內容其實是「因果報應」和「殺人者死」兩個述詞的循環替代而已，並且因為只是不具備邏輯推論關係的話術，也是典型的邏輯謬誤。一樣是宗教上的說法，「冤冤相報何時了」反而清楚呈現出事實的真相，讓人可以去思考怎麼做比較好的問題。

涉及死刑的案件，很多人出於同情心指責廢死者冷血，指責廢死者不是親身受害，所以沒有體會被害者的心情。固然一個人站在被害人家屬的情境，情緒上也很可能亟欲報復，不容易接受放過加害者一死的想法。問題是被害者難以平復的情緒和死刑應否存在的價值問題要從什麼角度去產生聯結關係？我用比喻的方法來說明：一個被劈腿的男生情緒上也可能亟欲報復，甚至也真的帶刀帶槍去尋仇。但我們必須想一想，被劈腿男情緒上亟欲報復就應該是他可以一刀殺死情敵的理由？或許在這一個例子當中，大家比較可能會同意，被劈腿男一刀殺死情敵之前應該想得更多更遠才對。個人尚且如此，相較之下，從國家的角度而言，不是應該想得再更多嗎？

思考視野的侷限性主要應該來自個人利害關係的立場，譬如關於所謂被害者人權的問題。所謂加害人人權或被害人人權的對立概念，不僅未依循有效論理模式，其中更充滿了定義問題。所謂加害人和被害人指的是誰？以及人權的標準是什麼？固然在一個具體的個案當中，例如甲殺死乙，我們會說甲是加害人，乙是被害人。但是當我們在制定一個政策的時候，並不是針對已經特定的甲或已經特定的乙在制定的，而是針對將來每一個可能出現的甲（加害人）和每一個可能出現的乙（被害人）在制定的。事實上，我們每一個人不知道哪一天都有可能在自己所想像好的生命軌跡之外變成當事人甲，或變成當事人乙。因此法律政策思維上，加害人或被害人的地位是浮動的。對於一個國家而言，並沒有選擇要保護加害人或保護被害人的問題，因為不管是加害人或被害人，只要是國民，沒有誰是不應該被保護的。

對於規範的建立，重點不在於用特定個人角度的利害觀點做為其人權的標準，而是國家對於抽象的加害人和抽象的被害人的合理責任分配模式，也就是怎麼樣才是做為一個同時具有潛在加害人與潛在被害人雙重身分的社會人最可以接受的遊戲規則。模擬我們訂定交通法規的情境來說，日常生活當中的我們可能自己開車時會站在駕駛人的陣營裡謾罵馬路上行人的不長眼睛，而自己走在馬路上逛街時卻又會立刻跳到行人的陣營指責駕駛人的粗暴。然而假設我們現在是立法者，那麼理智的你馬上會發覺，我們在生活當中隨時都可能是行人，也隨時都可能是駕駛人。因此對一個只偏好行人的交通規則或是只偏好駕駛人的交通規則，結果都是荒謬的，因為你不是因為身為駕駛人而感覺無奈，就是因為身為行人而遭受霸凌。合理的做法應該是均衡路上行人與汽機車駕駛人的舒適、安全與效率的遊戲規則，例如汽機車駕駛人在路口禮讓行人先行，但行人也儘量快速通過。其實這一些都是古老的哲學家們早就告訴過我們的思考方法，也就是用普遍性原則做為檢驗道德律的標準。簡單講，不同立場間將心比心的設想可以幫助我們比較接近處理問題的合理尺度。

關於司法期待的問題

所謂不符合人民期待，在民主社會裡會是一個嚴肅的問題，因為民主最簡單的意思就是國家對於事情的處理要符合人民的願望。不過我們必須知道，這世界上要符合某某人或某些人的期待，問題往往是很複雜的。爸爸媽媽希望小孩子用功念書，是一個期待。球隊參加比賽想要拿冠軍，是一個期待。除夕夜家裡大大小小對做牛做馬的當家者給的紅包袋裡裝了多少錢，也是一個期待。甚至有人獨得大樂透十億元的頭彩，道上兄弟聞訊而來，每一個人眼神更是絕對深沉的期待。我們可以發覺，這世界是一個形形色色期待不完的「相殺世界」，也迫使我們不能不面對一個非常重要的問題：應該如何看待所謂符合期待這一回事？

從上面所舉的例子來看，除了在法律世界裡應該符合法律標準，例如欠錢還債，或在道德是世界裡應該符合道德標準，例如在旱災季節節約用水，關於要求一個人應該滿足別人期待這回事其實是有侵害性的，因為現實上可能多少會干擾別人的意志自由，簡單講是情緒勒索。當然我們知道，所謂符合期待可以帶來某些人的歡喜，問題是事情本身有事情本身是非對錯的標準，譬如家長為了滿足小孩子期待而天天讓小孩子吃薯條配可樂其實並不是好事。簡單講，人要有「被討厭的勇氣」，事情該怎麼做就怎麼做，這是原則。至於所謂符合期待，頂多是做對事情以後的副產品，而不是目標。看待司法問題應該也是如此。在法治國家裡，法律是做事情的標準；即使在民主國家也是一樣，因為在民主國家裡，民主的因素已經融入法律的標準。因此如果司法不符合人民的期待，思考的邏輯脈絡應該是，司法做對了沒有？至於司法符不符合人民期待，並不在思考司法問題的邏輯脈絡上。

如同上面說過的，對於法律見解的問題，我們不可能透過法律規定法官必須用功念書。對於法官審判可能受到其他法律外情緒干擾的問題，我們也不可能有一個簡單的標準來檢驗法官的裁判是不是出於私心。總之，在這一個角度上，司法品質的問題最終是沒有辦法用法律形式來保證的，因此我們只能訴求司法者心裡對法律概念的善意與謙虛。基於這樣的善意與謙虛，可能存在的技術性途徑是耐心思考原告與被告的說法，耐心思考各種實務上和理論上不同的說法。

三、法律的基礎方程式：比例原則

比例原則理論上是國家的行爲法則，但事實上也是聰明人的生存法則，因爲是它讓人在追求最終目標上有效率。

比例原則的意思

在法律學的範疇裡，處理問題時一個特殊重要的方法是比例原則的應用。我們的法律包括民法、刑法、公法等等多如牛毛，從純粹知識的角度來看，你可以不去看這全部的法律，因為太累人。但如果你還想用最簡單的方式來理解全部法律問題處理的原理，那麼不妨理解一下比例原則的概念。比例原則是公法學上所強調的，當國家的行為（法律的訂定或執行）可能侵害到人民的利益時所必須要依循的行為準則。國家的行為會侵害人民利益？我們很簡單可以想到貼身的例子像是，國家對人民課稅會傷及人民荷包，路邊劃紅線禁止停車會限制駕駛人自由。不僅如此，其實講得徹底，國家有什麼行為是不會侵害到人民利益的？你可能會想說，社會局對低收入戶者的補助或是對失親老人的照顧，讓窮人有錢可以過日子，總不至於有害。其實不然，讓窮人有錢可以過日子固然是好事，不過這要花人民的納稅錢。

比例原則的意思是，國家的行為必須通過三個標準的檢驗才算是合法。這三個國家行為合法性的檢驗標準是適當性、必要性和衡平性。「適當性」的意思是，國家採取的手段行為對於所追求的目的應該要具備效益關係，也就是必須可以被評估為現實上有用。例如划獨木舟對於水質保護並無影響，那麼以水質保護為理由而禁止在特定水域划獨木舟，是一個欠缺適當性的限制。例如德國曾經考慮是否為了保護森林而限制高速公路的汽車限速，但因為事實上汽車限速和森林保護沒有顯示出什麼相關性，所以最後並沒有因此而限速。又例如關於振興券的發放，有人認為國家發放振興券的方式還不如直接發三千元現金可以節省鉅額行政成本。其實發放振興券的目的就是在刺激生活的額外消費，主要就是用刺激非生活必要吃喝玩樂的方式來提振經濟。如果直接發放現金，人民很可能把現金用在日常生活當中買便當或繳納水電費一類的固定必要消費，就完全沒有刺激額外消費的效果。雖然今年又有全民普發現金六千元的福利，不過這次普發現金的目的並不是設定在刺激消費，而是前一年度因為經濟狀況良好而稅收超過預算，所以把超過預算的稅收拿一部分出來讓全民共享經濟成果。所以到底是要發振興券或是發現金給人民，是要根據達成政策目標的有效性原則做考量的。

「必要性」的意思是，國家為了追求目標所選擇的手段必須是在各種可能選項當中成本最低的一個選項，例如在汽車違規停車但並沒有影響到行車動線與安全的情況下，警察開出違規罰單就夠了，罰單之外的汽車拖吊徒然製造行政作業和駕駛人往返領車的成本，因此欠缺必要性。又例如早先一些地方政府機關用招商的名目徵收人民土地，開發為所謂工業區給廠商去設廠。姑且不論在過去許多徵收土地的例子，事實往往是主管機關與廠商合作，企圖透過徵收程序讓廠商取得土地，用設廠名目掩飾背後變更地目、興建豪宅等等的暴利。即使是單純的設廠問題，鄰近的已開發工業區已經有足夠土地可以給廠商設廠，所以政府為了招商目的而另行徵收私人土地或強拆房屋是沒有必要的。最近的例子像是對於南迴公路的行車，交通單位規定駕駛人從太麻里開始一直到楓港之間部分路段二十四小時行車都必須開啟車頭燈。這裡所謂的車頭燈並不包括日行燈，理由是日行燈並沒有照明功能。事實上，包括豔陽天底下二十四小時強制開啟車頭燈的意義本來就不可能是在照明功能，而是在增加其他用路人對於汽車存在及行進位置的辨識功能。針對這樣的功能需求，近年來出廠的汽車普遍已經有日行燈的設備。因此所謂二十四小時行車必須開啟車頭燈的安全規定，對於有日行燈功能的汽車而言完全欠缺必要性。對於這一個不合理規定的質疑，曾經有交通單位的回答是，開啟車頭燈僅僅是舉手之勞。但這樣回答的邏輯是很奇怪的，因為如果這也是使一個不合法的規定變成具有合法性的理由，那麼譬如說開啟擋風玻璃上的雨刷也是舉手之勞，交通單位難道也可以因此規定汽車行車必須二十四小時開啟雨刷？

「衡平性」的意思是，國家為了追求目標而採取一定手段時，所付出的成本和所追求的利益之間必須不失去平衡關係；換句話說，不能得不償失。繼續上面徵收土地開闢新工業區的例子來說，固然廠商很可能認為附近既有的工業區土地依然不夠便宜，基於考量獲利問題而不願意進駐既有的工業區，所以地方政府為了滿足廠商胃口，必須另外強制徵收其他人民的家園來開闢新工業區。但即使如此，家園所有人基本生活所依據的住家權利必須被考慮進去，而人民的住家權利也是各種基本權的重中之重，因此只為了廠商企圖更大的經濟利益，犧牲家園所有人的生活住家基本權利，顯然有違背衡平性原則的問題。又例如政府時常在不動產景氣低迷的時候推出對購屋貸款的補助，名義上固然是在幫助購屋族，特別是讓無殼蝸牛可以有自己的房子。然而招致質疑的是，購屋族的問題並不是出在貸款，而是出在根本不可能負擔得起的高房價。因此即使購屋貸款可以幫助購屋族買到房子，實際上的反作用卻是在市場房價可能下跌的時候幫助建商撐住房價，並且因此套牢購屋族幾十年的生活高壓，也是有失衡平。

此外，有些涉及我們全民生活的普遍性問題，例如我們技術上也可以在全國公共場所或路口實施高密度的監視錄影，但如果欠缺足夠嚴謹的使用管制標準和實際管制能力的保障，即使用意是維護治安，對全部人民隱私權的傷害依然有嚴重的衡平性問題。特別是今天大量流行的所謂交通科技執法，雖然理論上是為了取締交通違規行為而啟動，問題是所謂科技執法本身已經介入個人隱私資訊的調查，因此符合比例原則的程序必須是事實上已經具備可以懷疑行為人違法的情況，然後才可以發動蒐證程序。譬如說行之已久的測速照相，它的情況是經過測速確認為超速的情形，然後進行照相蒐證的動作。但如果所謂科技執法只是藉著科技執法之名，二十四小時無區別蒐集全部駕駛人的影像資訊，然後再來確認是不是有個人違法行為的情況，就很有違憲的疑慮。

另外一個例子是所謂垃圾不落地的家戶垃圾處理政策；我自己曾經在都蘭山上住了大約一年之久，住的地方說來離山下的省道不遠，但以我運動者的腳程走山路單程也要二十分鐘，所以我是在垃圾車快來時開車到山下去丟垃圾。後來我搬家靠近市區，但是每一次為了丟垃圾，也是要中斷手邊的事情，至少花十五分鐘的時間去配合垃圾車的到達。其實像我這樣已經退休的人固然時間閒閒，可以存心配合垃圾車的動態，但是我不知道一般還在上班工作的人是要怎麼辦，或許這也是鄉下地方為什麼還有很多人是用焚燒的方式來處理自家垃圾的部分原因。因此臺灣特有的家戶垃圾處理模式固然是為了環保，但全國人民加總起來驚人的時間成本和生活作息受限的問題，似乎應該更嚴肅的被考慮進去。

處理極輕微不法的問題

在比例原則的概念上，一般人眼睛會盯住的對象大多集中在行政法領域的問題，其實憲法上比例原則的適用拘束國家全部行政、立法與司法範圍的問題。只不過特別在司法領域，法律人先天個性受限於法律文字的表面，往往忽略法律文字有包含比例原則思考的解釋問題。例如對於過失傷害罪的所謂傷害，字面上並沒有區分傷害要多嚴重才叫做傷害，所以似乎只要醫師對被害人進行診斷的診斷書上記載有任何「傷」的字眼，包括極輕微的擦傷、挫傷或瘀青等等，都是傷害。其實對於這種積習已久的誤解，首先在方法上必須釐清的是，對於文字的定義必須先理解定義的目的；換句話說，必須先考慮這裡的定義是要用在什麼地方，是要用來處理什麼樣的問題。

以所謂傷害來講，醫學角度的「傷」和法律角度的「傷」是分別處在不同的問題脈絡底下。醫療目的思考下的「傷」表示在醫學上具有醫療對應措施的意義。相對的，刑法角度的「傷」表示刑罰目的上具有對傷害者給予刑罰的意義。這兩個不同目的思考脈絡底下的所謂傷害，很顯然是不能直接等同的。例如媽媽沒有注意掛好蚊帳，害小朋友被蚊子叮咬導致紅腫或破皮，這是醫學意義上的「傷」，因為醫師還是可以開處方讓小朋友擦一些軟膏緩解痛癢、幫助復原。可是我們應該不會說被蚊子叮咬的傷口也是刑法角度的「傷」，否則結果是媽媽要構成過失傷害罪，理論上也可能被抓去坐牢。我們在這裡馬上會發覺這結果的荒謬性：被蚊子叮咬而紅腫破皮（或其他表皮擦挫傷），甚至也動用不到紅藥水或凡士林，如何卻又另一方面好像嚴重到要動用國家刑罰？這就是比例原則思考下的解釋問題。比較遺憾的是，國內實務大致上對醫學診斷書面出現的「傷」字沒有經過法律價值思考的過濾與調查，直接轉換為就是傷害罪條文所謂的傷害。

上述蚊子叮咬只是一個比喻性的例子，這種錯誤在現實中出現的案例譬如說走路時不小心踩到別人的腳，也要面臨國家煞有其事的發動司法程序來追究那不小心踩了一腳的刑事責任。但最普遍出現的是在輕微碰撞的車禍情況，當中表皮的極輕微擦挫傷時常被認為是過失傷害罪的「傷」。其實可以對比想像一下，每一個小孩子從一開始學走路，一直到開始會跑會跳的階段，都難免會跌跌撞撞而手腳輕微瘀青、挫傷或膝蓋破皮，那麼現在轉換成大人們遇到類似這樣或更輕微的所謂受傷，如果就要說都是構成刑法的過失傷害罪，無異認為大人們脆弱得比嬰幼兒更脆弱，以至於需要用刑法來保護。

在所謂修復式司法概念被寫進緩刑或緩起訴相關法律文字裡面後，實務上對於這類似的案件處理也不可能真的把被告抓去關，而是附條件，大致上是讓被告用支付賠償金額的做法來免於遭受刑罰；換句話說，賠償是在刑罰壓力底下的賠償。然而，如果國家在比例原則概念底下本來就不應該有對被告論處過失傷害罪名的選項，那麼為什麼被告必須在這樣的刑罰壓力底下賠償？我們可以想像一下，假設現在被告真的是不付損害賠償責任，那麼國家果真要把一個不小心踩了人家一腳的被告抓去關？因此正確處理方式應該是對被告處分不起訴或判決無罪，而不是採用緩起訴或緩刑的模式。理由是這裡一方面實際上的傷害極其輕微，另一方面過失犯罪的心理惡性程度也不像故意犯罪那麼嚴重，所以在比例原則的考量下不屬於刑法過失傷害罪的保護範圍。對於這一類案件，學說上使用的名詞是欠缺「可罰的違法性」，所以不構成犯罪。對於這樣的傷害，被害人可以要求加害人賠償紅藥水和ＯＫ繃的錢，如果還有其他損害，再加上賠償其他損害，都是民事問題。當然也有說法認為如果不是透過刑罰機制迫使被告賠償損害，很可能根本得不到損害賠償。問題是如果可以把以刑逼民做為論處過失傷害罪的依據，無非是把傷害罪視為保護財產利益的犯罪類型，根本不符合立法原意，更違背罪刑法定原則。其實在以刑逼民的概念底下，今天以刑法上的罰金數額取代民法上有限的損害賠償數額幾乎是觀念上的常態，也難怪輕微被害人很普遍的把在馬路上被踩一腳或被不小心的碰觸當作中樂透在看待。

另外一個類似的情形是損害財產價值非常輕微的竊盜，例如新聞報導上有幾次出現的，有拾荒者偷拿人家幾個廢紙箱，或是有人偷拔人家一兩根蔥而被追訴竊盜罪的刑事責任。幾個廢紙箱或一兩根蔥雖然也是錢，但財產價值不多，因此要動用國家刑罰來保護這麼輕微的利益，一來是沒有必要，二來也是成本上不划算。當然有人會擔心，對於這樣的事情如果沒有刑罰，行為人會一而再、再而三的順手牽羊。然而這裡行為人順手拿的是幾個廢紙箱或一兩根蔥，而不是一頭羊，用比喻來說，一個小朋友吃飯的時候老是把醬汁滴到衣服上，那麼爸爸媽媽非要拿竹條打小朋友手心不可？事實上對於這樣的事情，行為人跑了一兩次警察局的程序以後，大致上也沒有人會再去偷拿幾個紙箱或偷拔蔥了。

從法律技術層面來說，畢竟刑法的犯罪概念是一個沉重的東西，所以社會秩序維護法提供了一個適當的緩衝機制。隨便舉例，社會秩序維護法第七十五條第二款對於毀損路燈、交通號誌、道旁樹木或其他公共設施者可以處新臺幣六千元以下罰鍰；如果對於這一些我們幾乎很難想像它不構成刑法上毀損罪的行為，卻還可以有只適用社會秩序維護法的空間，那麼為什麼偷一兩個廢紙箱或拔一兩根蔥的行為是非要動用刑罰不可（對於偷拔蔥可能還可以適用社會秩序維護法第八十八條第二款的規定處新臺幣三千元以下罰鍰）？更明顯的例子是，如果對於加暴行於人或甚至互相鬥毆的行為還可能依據社會秩序維護法第八十七條處新臺幣一萬八千元以下的罰鍰，那麼對於上面所說的走路不小心踩了別人一腳的行為卻要論處構成刑法上的過失傷害罪？

從上面的種種舉例，可以知道比例原則思考的重要性。其實如果要說比例原則是公法上特有的概念，或甚至要說是法律上特有的概念，我認為並不是中肯的說法。與其說我們從公法學上學到了比例原則的概念，不如說是公法學從人類生存經驗中學到了比例原則；換句話說，那原本就是有效率的生存方式。不相信嗎？嬰兒從哇哇落地之後沒幾天就開始用他的比例原則在生存了。嬰兒從出生開始就會哇哇大哭，我們可以說那是嬰兒的天性，哇哇大哭是「天然哭」。問題是沒幾天後，哇哇大哭可能是嬰兒換取母親懷抱的（符合比例原則的）手段了。嬰兒也懂得歸納，每當開始大哭後，媽媽就會來抱他，所以大哭是有效（具備適當性）的手段。在嬰兒全部可能施展的手段當中，大哭是最簡單省力的動作，所以大哭換取媽媽的懷抱，是最經濟（具備必要性）的手段。最後，以一分鐘的大哭換取媽媽給半個鐘頭舒服的懷抱，自己消耗兩個卡路里的熱量，媽媽消耗五百個卡路里的熱量，還會鍛鍊出粗壯的媽媽手臂，嬰兒的哭算來算去是划算的算盤（具備衡平性）。所以對於嬰孩出生三天以後的哭，我個人稱之為「陰謀哭」。雖然講「陰謀哭」是比較不好聽，不過那真的是人類走向利益狀態的基本法則，所以你也不能不承認，這是一種理性的思維方式。

活水湖禁止游泳的問題

臺東縣政府辛辛苦苦耗資打造了一個活水湖，但一年當中除了有幾天租給特定團體舉辦鐵人三項賽事，或是星期三租給帆船學校辦帆船活動以外，以危險為理由禁止人們下水游泳。挖了一個活水湖，卻又禁止人民下水，再簡單不過的問題是，那為什麼要挖活水湖？我們知道活水湖禁止游泳現實上的原因是政府擔心自己的責任問題：人民普遍欠缺（或其實是拒絕）成人人格核心的自我負責概念，相對造成政府機關在施政上的自我防衛心態，就是只要禁止游泳，縣政府就沒事。但這種為了應對人民的巨嬰心態所形成的政府自我防衛機制，完全漠視本身合法性的問題。

首先是有效性問題。就我這幾年在活水湖游泳所知，我們去游泳的人還不曾聽聞有誰是游泳游到一半溺水的。這幾年間活水湖是有溺水事件，不過是自殺溺水。自殺者當然不會遵守禁止下水的規定，也不會選擇在早上八點鐘巡守員開始上班以後的時間自殺給巡守員看。

從此就可以知道，這種管制的有效性如何。也有建議說再把活水湖填平就不會有事，當然這種說法更是掩耳盜鈴。活水湖的尾端距離外面海邊不到五十公尺，對於要自殺的人，活水湖被填平了，走五十公尺到海邊還是一樣自殺。至於真的要去游泳的人，泳者目前做法是在早上八點鐘巡守員開始上班以前趕快下水，趕快游完後趕快上岸。其實如果要說生命價值，生命價值是不會因為公務員上班前和上班後而有不同，但縣政府資源上又不可能二十四小時守住活水湖，甚至即使要守也守不住。那麼活水湖禁止游泳的政策除了讓縣政府可以沒有責任之外，效益是什麼？

其次的問題是欠缺必要性，因為這種明顯可以看得出來的風險問題屬於人民可以，也應該自我負責的範圍，而不是動用社會成本，類似政府單位每一次碰到颱風來襲的時候就要派人到海邊勸阻巨嬰踏浪或釣魚，到溪邊勸阻巨嬰溯溪或攀岩。在這種情況下，政府的責任應該僅止於讓颱風訊息清楚公告，或是活水湖邊以「水深三公尺」取代「禁止游泳」的告示，以免有人誤判。

最後是禁止游泳所造成的成本失衡問題。活水湖禁止游泳的社會成本不只是樹立幾個警告牌子或派幾個人巡守的成本，而是以人民自由權利的犧牲做為成本。我從二十年前就心想搬家到臺東，因為我想要每一天都可以無拘無束在湖裡游泳，但現在夢想被禁止了。而且只要看看鐵人三項活動時水上萬頭鑽動的場景，你就可以知道這是很多人共同的問題。最近這一年內，活水湖禁止游泳的爭議事件上了幾次社會新聞，只是大家心理上的感受一樣，都是眼睜睜看著陽光下的湖水藍，卻又被禁止下水。對於一個自然人而言，自由遭受粗暴的剝奪，憤怒是可以想像的。當然不是說人命不重要，而是不能因噎廢食，否則當我們吹噓自己是海洋國家時應該會自覺心虛才對，因為所謂海洋國家的政府和人民面對盛夏豔陽下一大片碎鑽光芒的湖水藍時，其實心中只有恐懼。

不管國家或人民，巨嬰心態來自對生命意義的極端保守，也就是生命不容許有風險，卻忘記了，在拒絕一切風險的社會當中，一切人的生存意義也會被拒絕掉。就像談戀愛這種事大概總是百分之八十以上的失戀高風險行為，但年輕人不也總是不讓生命留白的前仆後繼，甚至一個人還可以連續壯烈犧牲好多次？德國法律上有一個「容許風險」的概念，意思是生命需要追求意義，所以風險是必然。因此即使做某一件事情會有某種風險，但這樣的風險值只要在成本與目標間的價值重量對比上不致失衡，那麼法律評價上都屬於合理的冒險行為。例如飛機也有墜機的可能，但因為峇里島實在太好玩了，我們不會因為坐飛機有風險就說不可以帶小朋友出國旅遊。

波平浪靜的活水湖卻禁止游泳這件事讓我想到一個強烈的文化對照問題。我念高中的時候，有一次幾個同學想要一起去基督教青年會報名游泳課。有一位同學的媽媽知道這件事，結果我同學在隔一天我們約好要出發去上課的時候發現他的游泳褲已經被他媽媽剪成一塊塊的碎片。我女兒就幸福多了，她大約念小學一、二年級的時候就可以在我亮晶晶的新臺幣五十元銅板重賞之下，輕鬆游過標準泳池的五十公尺距離，游完後還問我能不能再來一次。後來有一次我問她德國小學班上有幾個人可以像她這樣游的，結果她告訴我說班上只有一位同學因為身體特殊狀況所以不會游泳，其他同學沒有不能游的。很清楚，不管個人或社會，不同的態度會有事情完全不同的效果。這裡所說的不同態度，指的是追求生命品質的時候必然要伴隨著價值取捨的理性思考，而不是只有畏懼。

死刑制度的問題

當我們用比例原則做為標準來檢驗死刑制度存在的正當性時，第一個碰到的問題是，刑罰的意義是什麼？關於法律責任的意義問題，民事責任和刑事責任有很重要的不同面向。基本上，民事責任可以彌補過去的損害或矯正其他不合理，讓未來回歸公平、可接受的生活狀態。例如甲打破乙的馬克杯，因此賠償乙一個馬克杯或一個馬克杯的錢，於是乙將來又有馬克杯可以用。或例如小孩子在父母親離婚後的監護權歸屬於爸爸，卻遭受爸爸和同居人的虐待，於是透過改定監護人的民事程序可以讓小孩子從此在媽媽那邊得到幸福的照顧。總之，民事法上的措施都很清楚的是對彌補損害具有建設性的做法。但刑事責任對於過去犯罪行為所造成的損害顯然於事無補，因為即使把殺人犯抓去關或甚至抓去槍斃，被害人人死還是不能復生。既然如此，刑事責任的意義必然成為一個複雜難解的問題。

土耳其作家阿赫梅特．烏米特（Ahmet Ümit）在小說《伊斯坦堡死亡紀事》（*İstanbul Hatırası*）裡的醫生納米克是伊斯坦堡這歷史城市保衛聯盟的要角，也是死亡事件當中的頭號嫌疑犯。不管人是誰殺的，小說裡的醫師納米克在奈克死亡後說出「我並不喜歡他」、「因為他是個混蛋」這樣的話，多少顯現出他對為惡之人死亡的價值態度。他所說的，「這個人死了，並不代表他不再是一個混蛋。」「如果罪惡在死去的那一刻都將被救贖，那麼正直的人所做的那些善良行為又該怎麼解釋？他們又該怎麼做？」「罪惡不會因死亡而獲得救贖，古爾曼探長，只有善行能夠赦免一個人所犯下的罪刑，只有當你的善行多過你所犯下的罪惡，你才能夠得救。」也顯示了某一種角度的人生觀。想一想，我們在刑法學上爭論了最久的刑罰意義問題，不就是在這人生觀選擇上頭的差異嗎？

法律學上有關刑罰目的最主要的兩個學說，一個是應報理論，另一個是預防理論。前者簡單講是以眼還眼、以牙還牙的意思；後者簡單講是殺雞儆猴的意思。我們就姑且借用醫師納米克所說的話來思考這個理論問題。我認為納米克所說的話顯示了正面的人生觀，因為他心中關注的問題一直是，世界要怎麼變得更好？在這樣的思考下，我們會發覺，即使讓做壞事的「混蛋」去死，受傷的世界還是受傷的世界，混蛋依舊是混蛋，所謂的贖罪其實也沒有贖罪，那麼讓「混蛋」去死，除了就是滿足我們想要他去死的願望之外，意義是什麼？這是應報理論從來沒有真正回答過的問題。雖然大多數人是用身體行動和言談表情傳達了心中的想法：死刑滿足我們想要他去死的願望，這就是意義。但事實問題是事實問題，價值問題是價值問題。價值概念上的根本問題是，站在讓世界變得更好（或至少不會更壞）的人生觀立場，滿足我們想要他去死的願望的意義是什麼？

從預防理論的角度來看，過去的已經過去，刑罰可能剩下來的意義是透過刑罰的警惕作用確保未來世界的生活秩序。未來世界的生活秩序是一個美好的願景，因此刑罰制度為犯罪人找到的最後正面意義，是讓他做為社會願景祭壇上的一頭羊、一頭牛或一隻雞，也就是說以受刑人為犧牲。如果我們要讓一個「混蛋」去死，也必須是在這樣的意義底下才可以讓一個「混蛋」去死。然而就在這樣的意義底下來檢驗，我們就果真可以讓一個「混蛋」去死？

刑罰在比例原則上的問題，首先觸及效益性的思考。關於刑罰的效益，由於因果世界的混沌，沒有人敢說刑罰就是有效益或是沒有效益，而只能說是一種不穩定或是隱晦不明的效益關係。人可能對加在自己身上的處罰會有所在意，例如駕駛人遇到測速照相時會減速。但人的行為很清楚的也不是全然決定於法律上有沒有處罰的規定，例如你今天沒有打人或罵人，並不是因為法律有傷害罪或公然侮辱罪的處罰規定，而是你也不知道有什麼理由要打人或罵人。相對的，真的動刀殺人或開口罵人的人其實自己很清楚，法律上對殺人或罵人有處罰的規定。從此也可以看得出來，要預防犯罪，社會生活教育和社會生計規畫是根本之道。只不過社會生活教育和生計安排是更艱鉅的工程，並且最終（像幾個北歐國家）也不可能使犯罪從此完全消失，所以我們的社會又寄望於刑罰的加持，總之是我們社會為了追求零風險人生不惜一賭。

但即使如此，在死刑問題上比較弔詭的是，國家祭出最嚴重的犧牲，也就是用殺人的方法來告訴人民說不可以殺人，那麼做為自身擁有最強大資源可以解決問題的國家，其行為語言本身在生命價值定位上所傳遞的訊息是什麼？這種用殺人來解決問題的示範，在教育上的意義是不是在教導更多的殺人？

至於衡平性的思考上，第一個問題是，犯罪人是否對於犯罪必須負全部責任，以至於必須用他的生命為犧牲？或者犯罪人其實也只是整體社會結構當中的一個元素，整體社會結構才是完整的犯罪原因所在？這個問題更深處講的是意志自由的問題：人是用他的自由意志在面對所處環境做出行為反應，或者其實是DNA在決定一個人面對所處環境時的行為反應？如果真相是前者，邏輯上簡單的結論是行為人必須自己負責。如果真相是後者，邏輯上簡單的結論是整體社會結構，或者說上帝必須負責。對於這個問題的討論著述多到沒有邊際，不過不管如何，自然科學的研究無法給出是或不是的清楚答案，應該也永遠不會有答案。對於人自由不自由的問題，最後只有哲學性的文字會試著給一個說法；換句話說，其實都不是讓人可以安心接受的具備足夠客觀性的說法。既然如此，我們似乎沒有理由可以那麼篤定的說有人該死。至於今天還存在的其他種種刑罰，充其量也只不過是基於一個折衷性的假設，也就是人不絕對自由，也不絕對不自由（也因此刑法上認為人應該負責，但責任可能有限），這樣的假設性說詞是出於不得不，因為我們已經找不到其他現實上可能的做法。

在衡平性的問題思考上，另外一個極端嚴肅的問題是死刑的誤判。我們前面已經說過，由於人先天思考能力以及善良意志的有限性，司法會有誤判。那麼我們是否可以為了司法目的而接受死刑誤判的存在？有一種說法認為司法誤判本來就會存在，所以我們也不能因為死刑可能誤判就反對死刑制度，否則全部司法都不能存在了。不過這樣的說法也偏離了比例原則的思考，比喻來說，我們可能花一百元買大樂透試運氣，這可以說是容許風險，但我們應該不會賣掉全部家產去買大樂透試運氣。相同的道理，民事誤判的犧牲大多是財產，刑事有期徒刑或無期徒刑誤判的犧牲是自由，要說這樣的誤判是叫人相忍為國，其實已經讓人感到沉重，然而死刑誤判卻是要一個無辜的人平白為國捐軀。這樣真的好嗎？也有很多人認為，至少我們可以把那些清清楚楚殺了人的人判死刑，或者如過去一些法務部長的做法，在政治敏感時期抓幾個所謂人性泯滅的死刑犯來執行死刑，好像這一來執行槍決就會有充分的正當性。但問題是，是否我們的法律制度接下去要設計把死刑犯做區分，一種是清清楚楚的死刑犯，一種是不清清楚楚的死刑犯；或者一種是人性泯滅的死刑犯，一種是人性未泯滅的死刑犯？

第二部

境地穿越

對我而言，人生很重要，
重要到我無法讓法律的身影無所收斂的遮蓋人生原來應該有的彩度。

［第四章］

法律不是世界的全部

我經常會想要忘記全部的法律
因為我想要把世界看清楚

一、法律只是有限的道德技術

道德概念的意義不在指責，而是如盧梭所說，只是一個人理性的自我立法。

說不清楚的道德理論

我們從前面關於法律意義問題的討論可以知道，對於幸福社會的建構，沒有人民的道德意識是不可能的，但道德感在現實上卻又是對人艱難的挑戰。臺灣早年社會存在的標會制度是一個生動的例子。所謂標會是由急需資金者（會頭）發起，號召一定人數（例如五十人）參與（會腳跟會），定期（例如每月）一會，與會者每人每期繳交以一定數目為基準（例如每期一萬元）的會款。第一期彙整會款（扣除會頭自己應繳交一萬元外實拿四十九萬元足額）固定由會頭拿走，後續每期由會腳當中一人得標取得會款。得標順序按照每期開標情形決定，扣減金額高（例如生意急需而願意扣減兩千元）的投標人優先得標取得會款，不需要用錢的人就坐收尾會，可以一毛不拔。這樣的跟會當然有風險，因為有人可能得標以後（死會）就落跑，結果不是會頭倒楣就是其他會腳倒楣，因為再怎麼所謂走法律途徑都已經太慢了。然而，雖然當時社會還是會聽到有人死會落跑以及後面跟著一片咒罵聲的消息，但重點是標會的社會習俗可以延續幾十年，這在今天看來已經算是奇蹟，因為顯然整體上會遇到死會落跑的機率還是低的。如果是今天，會有哪一個人敢跟會？會有人敢和同時四十九個人的善良與誠信做賭注嗎？

其實道德很難，不只是身體很難，而是從理論開始就很難。對於道德理論有很多人持懷疑的看法，例如波斯納（Ricbard A. Posner）在《道德與法律理論的疑問》（*The Problematics of Moral and Legal Theory*）書中至少就質疑了兩個地方。他的第一個質疑是道德述句難以普遍化，因為每一個人所處的情況不同，所以我們沒有辦法為每一個人每一種情況訂定相同的道德規範，就好像我們不能為葷食的獅子和素食的山羊訂定相同的行為標準一樣。另外一個質疑是道德教育無法透過理論述說去產生教育的作用，因為從經驗的角度來看，可以使人從內心接受善行感召的是某些活生生人格者，像是宗教者的善行，而不是學院裡、書本上的道德理論。這一些對道德理論的質疑，相當程度都有它的道理。

道德述句難以普遍化應該是不爭的事實，舉例來說，誠實是一個原則，因為說謊會掩蓋事實；事實被掩蓋後，建立在錯誤事實認知上的因應行動，在客觀上反而是一種價值的偏差，例如老師因為誤會小朋友偷東西而處罰他，或老師沒有發現小朋友考試作弊，反而只看到小朋友拿好成績而獎賞他。從上面的例子看來，誠實是重要的，但是人畢竟活在現實生活當中，而誠實在有些現實情況下反而會帶來傷害，例如一個喜愛足球的小孩碰上一個只有升學主義的父親，每當小孩去玩足球回家被發現都會慘遭毒打。由於這裡誠實的結果會帶來顯然背離人性原則的結果，誠實義務是值得懷疑的。我自己有一個經驗，家母八十歲的時候在臺大醫院動了一個膝關節手術，她在手術前幾天拿了一個五萬塊錢的紅包交代我拿去送給醫生。我萬分為難，我知道躺在床上的老人家急需的是心安，她也聽不懂什麼憲法上的公平原則等等不應該送紅包的道理。但是這紅包要怎麼送？何況按照當時法律實務上的見解，公立醫院的醫師是公務員，收受紅包會構成貪汙罪。於是最後我把五萬塊錢的紅包放進自己口袋，告訴家母說我已經把紅包送出去了。說來我這也是侵占，但老人家求心安得到心安，醫生求尊榮得到尊榮，國家求公正得到公正，至於窮苦的我，求錢財得到錢財，結果是八方眾生皆大歡喜，這不算是兼具大慈悲和大智慧的菩薩抉擇嗎？

人類經驗中誠實美德的悲慘連結往往牽涉到一個人身處錯誤社會中的自我防衛手段；面對非人性的價值系統，誠實是有困難、有危險的。臺灣早先在威權統治的司法情治系統底下，被告在警備總部裡承受讓人生不如死的刑求逼供，別說是要對別人誠實，連要對自己誠實說自己無罪都難以做到。即使是當代，同性戀或僅僅是年輕男女戀愛在民智未開的社會裡也必須遭受所謂善良社會的指責、撻伐、排擠、刑罰或甚至亂石打死的對待。到了二〇二二年，新聞報導上可以看到印尼國家對於婚前性行為的刑罰立法。在那樣的社會情結裡，宗教者祭出教義上的說法，非宗教者搖擺著道德者的姿態，落得一個自自然然的人要承擔苦難。

從以上幾個例子來看，對於道德教育中的誠實守則可能就會有現實上的種種爭議，因此質疑者對絕對道德律的質疑是有他的認知背景的。儘管如此，道德律難以普遍化的問題應該不是道德教育最大困境之所在。關於道德律能不能有例外，是一個古老的問題。絕對論者認為正因為人窮盡一切力量，甚至捨棄生命於道德的實踐，才顯示道德價值的真義，因此監獄裡的受刑人即使碰到監獄大火也不應該逃離監獄。相對論者則認為人在面臨問題的時候，應該把一切現實因素都考慮進去，判斷出最好後果的做法。就好像面對盜匪的追殺，如果說謊可以保住善良人的一條命，那就說謊。兩個理論看來是對立，如果硬要說誰對誰錯，也是艱難，但這往往也僅止於說詞之爭，實際個案的操作上往往出現緩和的說法和做法。

道德教育的效益牽涉到道德述句精緻度的問題。這世界上本來就沒有絕對的誠實、絕對的勇敢、絕對的正直、絕對的奉獻等等，因為我們不知道這些美德的絕對等級長成什麼樣子。現實上更難以想像所謂絕對美德的下場如何，因為前人已經講得很清楚，「人不自私，天誅地滅。」由於人天生有不同的基因、環境與教育，要驅動善念善行時所遇到的障礙也都不一樣，所以每一個人具體行動的道德標竿很難一樣。比喻來說，身體瘦弱的人沒有辦法和身體強壯的人捐一樣多的血。道德律訴求於具體行動表現的是意義上的定向，而不是形式上的定量。我們無法從一個人捐多少錢、捐多少血，或是在公車上有沒有讓座去論斷他的道德成績。如果我們可以解讀一個人大腦皺摺的意義，那麼只要我們從皺摺中解讀出他在善良用心上留下了一絲絲曾經掙扎過的痕跡，應該都是道德，就像是一個一向數學考鴨蛋的小孩子有一天數學考了兩分一樣值得讚賞。

因此道德理論所剩下最困難的問題應該是：我們很難回答為什麼做人要有道德？道德是一個人利他的真實意願，道德訴求所訴求的是一個人對抗人類在求生存的歷史過程中所逐漸演化出來的自私基因。這好像我們對一個天性喜歡烹飪的人要求他變成喜歡數學，而且是要求他「真心誠意」的去變成喜愛數學的人。其實如果一個喜歡烹飪的人可以輕易的從內心深處說變就變成一個喜歡數學的人，那麼他原來喜歡烹飪的基因應該是誤會一場。再接下來是我們要怎麼去回答「為什麼」的問題？為什麼人應該要喜歡數學，而不是烹飪？相同的問題，為什麼做人應該要有道德，要為別人設想，要愛人？高速公路下交流道走路肩的駕駛人當然也知道這對於其他駕駛人不公平，會造成其他駕駛人心中的憤怒，但問題還是一樣：為什麼我要在乎對其他駕駛人公平或不公平？

心理學上有研究認為，當一個人幫助他人的時候，大腦會自動分泌一種愉快激素。除此之外，為了鼓勵道德，還有所謂送玫瑰者手有餘香，或者說道德者會得到別人的尊重等等。不過說來說去，都是出於利己的態度，因此其實也已經遠離道德的精神，因為邏輯上馬上會出現的問題是，如果道德的現實結果是對自己不利，那麼是不是就可以不管道德問題？黔驢技窮之餘，或許我們最後會說，在一個高道德意識的社會裡，全部人的生活成本都會比較低，如此一來，自己和其他人同時受益不是很好嗎？理論上，在一個高道德意識的社會裡全部人的生活成本都會比較低，這句話是對的，例如大家開車上下高速公路交流道時都排隊，都不走路肩，就大家都節省時間。但問題正在於現實上，一個人的道德和一整個社會的道德是不一樣的東西。一個普遍欠缺道德意識的社會裡，在爾虞我詐的心理下要大家都守約定已經不可能，所以人並非就可以如意的從自己的道德得到現實上的好處。往往效果正相反，乖乖排隊在車陣裡等待下交流道的駕駛人不時會看到走路肩的車輛成群結隊從旁邊呼嘯而過。結果是人心裡的私利滿足遠遠超過道德社會分配給每一個人的紅利，所以道德在現實上很可能只會讓自己心痛。

道德只有身體語言

要用道德理論去說服人善良起來，到頭來幾乎是一個不可能的任務。我們只能說，道德訴求就只是在表達一個願望，好像一個從馬拉松路跑得到快樂的人慫恿他的朋友們也去跑馬拉松，所能說的就只是「要不要一起去跑馬拉松？那感覺不錯喔！」如果一個人不肯放棄對道德概念的堅持，那也是一種單純的意願表達或甚至信仰，沒有什麼理由，至於所謂十八層地獄事實上也不存在。但這算是道德概念已經撞牆了嗎？還好，神在造人的時候就不是把人做成一個純粹邏輯機制型態的人，人的意願本身有它某種我們看不到甚至難以理解的作用方式。或許這就是為什麼從古到今，人類對道德訴求難以有理論基礎，卻又放棄不了道德訴求的緣故。

丹布朗在《天使與魔鬼》（*Angels & Demons*）裡面的結局讓人驚奇，也讓人心情輾轉反覆而無法脫離。頂尖科學家和可能成為教宗的幾個樞機主教被殺死，從這兩種人之間的連結，人們不免要開始想像，科學家研究的東西是要如何去碰觸宗教信仰的世界。對於這一個問題，邏輯上有兩個可能的答案，一個是科學家透過對世界的複製證明了上帝的存在；另外一個是科學家透過對世界的複製證明了上帝的不存在。這個問題的答案決定故事裡惡魔（殺人犯）的藏身處，但問題在人們就是一直搞不清楚，科學家複製世界到底證明了什麼，也因此故事情節一直莫測高深。然而如果人們還要在這個問題上打轉，就讓他們去打轉。我覺得小說裡的要角之一，教堂總司庫的想法是真聰明：姑且不論理性角度本身的方法論問題，也就是怎麼樣才算是，以及怎麼樣可以算是神的存在或不存在是被證明出來了，重點是不管科學家能夠用科學的方法證明的是什麼，一旦神變成是可以被證明或必須被證明的東西，一旦神被納入理論的範疇，那麼神還是神嗎？既然神不屬於證明概念的範疇，那麼相同的問題是，道德概念的意義是必須要在理論上被證明的嗎？

我記得有一次經過瑞芳要去山城小旅行，在鎮上一條小巷子裡發現一家幽靜的咖啡店，於是我心情愉快的坐在角落裡享受午後的悠閒時光。引起我注意的是，店裡提供的咖啡特別標示了「本店使用公平交易咖啡」。在這樣的小鎮和小店裡看到這樣的字眼，我回想起幾十年前在德國波昂參加獎學金基金會舉辦的研討會，討論的主題是世界上南北國家差異的問題，當中被關注的焦點是在非洲的情形。其實公平交易咖啡類似鑽石市場上「無衝突鑽石」的概念，「衝突」的意思如同電影《血鑽石》裡面結局時附加文字的說法：來自非洲的鑽石背後經常隱藏著某種資本主義者對於當地社會利害關係的操弄，最後是以無數非洲平民的生命犧牲做代價。因此為了確保鑽石產出的過程並未帶有殺戮的血腥，所以有所謂「無衝突鑽石」的認證機制。不過不管這機制是玩真的還是玩假的，鑽石是鑽石，咖啡是咖啡，咖啡又有什麼衝突不衝突的問題呢？

實際情形是，非洲土地被大量的用來種植棉花與咖啡，取代了糧食的種植。說來這也是法律上所保障的土地所有權人的自由，不過卻導致大量非洲人死於飢餓，因為非洲人不可能吃棉花或咖啡豆來填飽肚子。我們會問，為什麼非洲大地不能用來種植麥子或玉米？原來大部分土地控制在少數本土資本家的手裡；對於資本家而言，種植糧食賣給貧窮的非洲人民，營利有限，但是把棉花和咖啡豆外銷到流行穿純棉衣服和喝咖啡的歐美社會去，透過全球化的價格機制，可以獲利數十倍。說來這是法律所保障締約者的契約自由，不過卻也是非洲糧荒的由來。全球化底下所形成的價格對應機制是，非洲人一卡車的棉花只能換取歐洲人所產出的一顆西藥。至於最後做工做死或是飢餓餓死的人當然不是歐美的資本家，也不是非洲本土的資本家，而是無數的非洲平民。研討會最後有趣的是，好像好萊塢的影星們在《血鑽石》電影上演後不再佩戴鑽石出席奧斯卡金像獎典禮一般，我們在研討會的第二天，學員們聽過了一連串有關非洲社會現況的報告後，早上十點和下午三點休息時間所提供的咖啡就沒有人再去喝一杯了。似乎關於道德的東西，沒有道德理論也可以讓人變得有道德。

道德教育需要的是身體行動本身。我曾經問一個在建築業做了幾十年的朋友一個問題：

為什麼臺灣蓋的房子住不到多久就經常會出現漏水、壁癌、龜裂或是地板脫落等等的問題？是不是我們的技術有問題？他告訴我說，就他所念過的書，臺灣的土木工程結構教科書所寫的內容，所教的蓋房子的方法，和日本的土木工程結構教科書所寫的是完全一樣的。差別在日本人蓋房子是按照教科書上所教的方法在蓋房子，而臺灣人「比較聰明」，蓋房子並不按照教科書上所教的方法做。因此有趣的是，大約十幾年前開始，法律人考試加考法律人倫理的科目，意思好像是法律人並不怎麼有倫理概念，所以用法律人倫理的選擇題考試來帶動法律人的倫理概念。其實關於倫理和道德的概念關係，有的人認為是通用，有的人認為倫理和道德不一樣，例如倫理偏向規範的外在約束作用，道德強調規範的內心自發功效。不管這種文字定義上的問題，從效益的角度來看，對於所謂倫理問題的處理，使用一定懲處做為強制手段的規範是一般人認為直接有效的方式，因此在法律人倫理問題的處理上有律師或法官倫理規範，甚至法官法或律師法等等更硬性的規定出現。不過姑且不論倫理問題比法律問題更難有所謂標準答案，更多的硬性規範對法律人而言，意義上好像就是又多了一些需要遵守的法律而已，和道德或倫理概念也沒有什麼關係。因此對於所謂法律人倫理，不免讓人有所疑惑，這似乎只是在傳授一些法律事務所事務管理的技術而已。當然，如果這些法律人倫理概念的呈現誠實地回到軟性的道德訴求，那麼跟著也會回到前面所說的道德教育困境。

對於道德問題只能用人的身體語言去面對，因此道德很難，甚至違反人性的自然。因為人的行為模式本來就是對於所處環境條件的自然反應，就好像住在北極冰雪中的住民要穿皮大衣，熱帶海島上的住民只穿丁字褲。既然如此，要如何反過來期待極地住民只穿丁字褲，海島住民要穿皮大衣？人對於帶有道德價值意味的行為模式選擇也相當程度是如此。九份與金瓜石的距離不遠，不過今天的觀光客到山城來，大多聚集在九份老街，因為商店街聚集在這裡，甚至日本卡通「神隱少女」所繪畫的背景也在這裡。相對之下，金瓜石顯得寂靜了一些，特別是通往神社的山路上，看著秋陽下滿山遍野搖曳的菅芒草，有人可能挺不過那種從繁華走向落寞的心情。其實九份與金瓜石人文生態的不同，作者張藝曦在《孤寂的山城：悠悠百年金瓜石》書上有敘事歷史學上的介紹：早年金瓜石的礦業屬日本礦業所有，礦工領固定薪水，不會一夜致富。相對的，九份的礦業開放給個人承包，所得是大好大壞，一旦白天挖到金礦，晚上就衣著光鮮的上酒樓吃喝找女人，也造就九份街上茶室酒樓林立、性病流傳和仇殺與鬥毆。因此當時九份被金瓜石人視為低下的地方，甚至金瓜石地方的人有事到九份去的時候，都會怕被人家知道。其實這裡所謂的高尚或低下，何嘗不是人反應不同環境條件所自然形成的色彩？這是所謂道德或品格問題的基本背景。

對法律系學生來講，現在用功念書也是一種道德。對比來想，如果你將來要做一個動刀的外科醫師，那麼負責任的你，現在是不是也應該用功把解剖學學好？法律系的學生何嘗不是如此？當然如同上面所說，道德勇氣在現實上不是簡單的事情。學生要用功念書就要能夠抗拒很多魔鬼的誘惑，包括冬天早晨的被窩、殺得難分難解的電玩、臉書上沒有營養的八卦，還有晚上和學長或學妹原本說是要談法律問題的談心等等。但不管如何艱難，這就是道德的內涵。至於法律職場上的個別問題不勝枚舉，如同上面說過的，法官或檢察官可能出於某種負面情緒而羞辱原告、被告或律師，可能在將近職務調動時隨意積案，或可能出現意氣用事的裁判等等。律師方面可能為了勝訴無所不用其極，可能為了賺錢勉強起訴，或甚至教唆偽證。還有很可能被忽略的是一些被認為灰色地帶的問題，例如律師可不可以打一個求取敗訴的官司？譬如說當事人為了得到國家某些附有門檻條件的社會補助，故意對家人提起一個請求履行扶養義務的訴訟，然後在訴訟上放水擺爛，以便敗訴後轉向從國家那裡申請社會補助？當然律師（或雙方律師）可以純粹從技術面處理這樣的問題而且達成任務，問題是這並不符合國家法律所要的真實的公平原則。總之，現實上道德機轉在人類平庸的身體細胞上很難發動起來，但是要講社會文明的提升，也沒有第二條路可以取代。

二、撿回失落的自由

如果人可以越過自私基因的障礙，那麼就證明他眞的自由了，因爲神也已經拿他沒辦法。

自由就在拒絕平庸

法國哲學家沙特的思想核心在於人的選擇自由：人和物不一樣的地方在於前者可以自由選擇自我的存在狀態，但後者的存在狀態是被擺布的，因此自我選擇的行動是人的存在意義所在。舉例來說，一張碗的樣子是被人做出來的，它在日常生活裡的歷程大抵上也是被人用來裝飯或裝食物，我們有時候會說這就是一張碗的本質。如果碗也有生命，相信它對於自己這樣的命運也無可奈何。甚至一隻被飼養的豬也是一樣，雖然有生命，牠的命運幾乎是完全被決定好的。但是相對的，人並不一定要屈從於命運的安排。地心引力讓人舉步維艱，歲月的摧殘也讓人的核心肌群日漸鬆弛，但我們看到馬拉松的跑者在披星戴月的苦練下，有的從開始的六小時成績跑進五小時，有的從三小時十五分艱難的跑進三小時零八分，總之不管怎麼樣，都顯示了人對宿命的反抗。如果不是一個人可以決定自己的圖像和自己的世界，那麼人的存在還有什麼意義，或是可以讓人最終對自己感覺滿意和愉快的呢？

道格拉斯・甘迺迪（Douglas Kennedy）的小說《五天》（*Five Days*）裡的男女主角約定好要各自離開自己的伴侶，一起尋找人生的新希望。講起來這是婚姻中的背叛，所以在現實世界裡很可能遭受道德的譴責。不過姑且不論道德複雜的問題，女主角蘿拉對自己的選擇從來沒有後悔過。因此如果要詮釋沙特的哲學，借用蘿拉追逐愛情的故事可能更生動百倍：「個人生命微不足道，儘管如此，每個人仍得盡力真正活過一趟……每個人的生命都是一部小說。或許不願承認，但我們確實比想像中更能獨斷掌控這個故事該如何發展、改變，或者維持平庸。」至於對那可以談文學、談音樂、談電影、談歷史的優質男生，蘿拉所下的定位是，「李察曾有過快樂的機會，但他選擇相信非得穿上苦行者的粗毛襯衣。」你有沒有注意到，蘿拉是用「苦行者」這個名詞來描述那些逃避自由的人？可見一個人走自己的路雖然會感到孤獨與焦慮，但真正讓人從內心深處快樂起來的，也是一個人走自己的路。最後蘿拉去找她的心理醫師談話，醫師告訴她的是，「這怎麼會是妳的錯？」我想，這是一個專業醫師深刻的評斷：即使追逐夢想要讓人遍體鱗傷，又有什麼關係？人生怕的只是生命的空白。

平庸是任何人類社會的共同特徵，這是存在主義哲學觀點下必然的想法。不過不管哲學不哲學，只要我們有心，也很快可以從現實環境當中去舉出無數平庸得荒謬的例子。要說臺灣社會追求平庸文化，可能很多人會覺得奇怪。這二十年來我們的大學不是就瘋狂流行追求卓越嗎？問題是我們後面很快會談到的，對排名或經費的奪取其實展示的正好就是赤裸裸的平庸概念。從實質意義來看，臺灣社會是一個不怎麼講究品質的社會，簡單講，就是在現實當中不會有提升的想法和做法。

用生活當中最平常的例子來說，我們住的大部分地方，甚至在都市也整理不出來讓人和腳踏車可以安全行走的道路，以至於被世界上許多國家外交部在旅遊警訊上認證為「行人地獄」。吃的方面除了在家裡吃飯，我們使用的都是會釋放塑化劑傷害健康的塑膠餐具。對這樣的事情，我們政府機關不管，我們學校和餐廳廠商簽約時不管，小吃攤老闆跟著不管，連每一個自己身體受害的人也不管。更嚴重的例子是中南部民眾戴口罩對付不了PM2.5，在冬季的半年裡天天要吸入致癌的空氣。空氣問題難纏，政府直接把空氣品質標準降低，也降低人民幸福的標準。最後或許是絕望，除了環保團體和少數想到家裡小孩而心生不忍的年輕爸爸媽媽，大部分人不在乎空氣毒不毒的問題。再就個人行動情況來看，每到跨年晚會、中秋烤肉、放天燈一類活動過後，或甚至平常經過墾丁萬里桐海岸線沿路看到的滿地垃圾，顯示我們為了亂丟垃圾或所謂的浪漫，心中沒有環境問題。這一切都已經是臺灣文化的重點特色，也表示我們幾十年來對於最基本的公共生活條件沒有願景。至於我們在國外所看到的都市建築美學或小孩子的善美教育等等，就更不用說了。我想起家母在世時照顧她的印尼外傭曾經問過我一個問題，她說：「先生，你們臺灣人那麼有錢，為什麼要把房子蓋那麼醜？」我一時也回答不出來，但後來想一想，應該那也是一種平庸的哲學使然。

我們從小到大一直被教養成極度平庸的樣子，小孩以成績代表生命價值，大人以業績代表生命價值，其他生命價值所剩為零，因為成績或業績已經保證現在或未來換取金錢等物質資源的可能性。不管是業績或成績，講的是純粹的投資報酬率，因此對於念書這種東西，最經濟的方法似乎就是記憶與複述，理解的程度上則是只要能夠通過考試就好。至於個人的觀察與邏輯思考說明，在考試制度所謂公平原則所形成的評分標準下，可能沒有意義。簡單講，在「公平原則」的包裝底下，我們喜歡一個簡單的利益分配制度，就是所謂標準答案。在標準答案的模式底下，所謂學習會變得最不需要用心，至於學習或考試的社會意義，已經無關緊要。多年以前有立法委員曾經在立法院會質詢過一件事，認為法律國家考試的考題文字沒有清楚的子題和配分是不公平的，傷害到考生的權益。問題是現實上法院將一個案子分到法官手上時並沒有給子題，一個因為被拖欠工程款想要打官司的當事人帶了六萬塊錢的律師費去找律師的時候，更沒有告訴律師說這六萬塊錢的子題有哪些。子題有哪些的問題基本上是人自己要去思考的事情，正是在考驗一個人思考的能力。因此這裡的問題是基本態度的問題：法律人國家考試的基本意義是什麼，是國家法治品質的利益？還是個別考生的就業，甚至僅僅是考生念書或考試時免於思想的舒適性利益？

或許是對生存環境的不安造就了人們的功利思想，大家對於所謂標準答案的概念不僅相安無事，而且引以為公平概念的經典。問題是，我們透過考試與教學要教全部學生的，就是逃避自由嗎？事實上在這種逃避自由的全民共識底下，沒有人快樂得起來。我們的學生修的科目比以前多，而且琳瑯滿目。在每一個科目裡，學生都必需接收前所未有的大量資訊。我們的學生為了準備國家考試，晚上很普遍的還要上補習班。但是越來越明顯的，學生對於學院裡所講授最基本的東西，不再有好奇或興奮的表情，取而代之的是敷衍、無神與緊張。學生考卷當中已經看不到自我的生命力，看不到可以令人有感的敘述文字。這麼多年來，我最想告訴學生的是，考試有考試的制度技術問題，但即使考試制度瞧不起你，你卻不能瞧不起你自己。相同的道理，我最想告訴法官的是，司法有司法的制度技術問題，但即使司法制度的現實操作瞧不起你，你卻不能瞧不起你自己。

佛洛姆（Erich Fromm）寫的《逃避自由》（*Escape From Freedom*）書上提到人們可能

為了安全感，為了取得最通俗與廉價的認同，逃避來自我判斷的抉擇與責任。結果人安全是安全了，但所剩下的也只有空洞般的人格。人並不是永遠不可以逃避自由，相反的，逃避自由跟著大家一起走有時候是符合經濟法則的。例如你到了一個陌生的夜市去，你不知道什麼東西好吃，你也不可能每一樣東西都吃，這時候的辦法可能就是找很多人排隊的小吃去吃。當然跟著排隊也會踩地雷，我以前經常在和平東路附近夜市看到有一家店專賣可什麼餅的，雖然我不知道那種東西到底有什麼好吃，但這一點也不減人們瘋狂排隊。不過或許是我自己不油、不辣、不甜、不鹹的口味比較冷門。對一般人而言，相同社會裡人們的味覺感受可能差不多，而且就算吃小吃踩到雷也不會怎麼樣。更何況，說真的，像玉里鬧區那一家臭豆腐、臭豆腐隔壁的現榨果汁，或臺東（不是隔壁！）鬧區那一家鵝肉店的鵝肉、鵝腸和滷味真的是美味，一點也不枉費你排隊。

但問題重點來了，思想這種東西不同於那什麼麗餅的，也不像什麼臭豆腐或米苔目的，思想是一個人人格的全部內容，也是存在意義的基礎，對於這樣的東西，我們如何選擇只跟著大家排隊？

選擇邪惡也是一種自由？

法國作曲家比才（Georges Bizet）寫的《卡門》（*Carmen*）裡有一段精彩的對話。卡門說：「我不願受人折磨，更不願被人左右。我要的是自由，做我想做的事。」堂・何塞問：「妳是魔鬼嗎？」卡門回答：「是。」意思是，既然人的存在意義在於人的自由選擇，那麼人應該也可以選擇邪惡來彰顯自己的存在意義。其實存在主義也在這樣的邏輯路徑上延展出「只要我喜歡，有什麼不可以？」的意味，成為沙特哲學思想遭受批評的地方。這種背離道德概念的意味也清楚出現在土耳其文學之父艾哈邁德・哈美迪・坦波納（Ahmet Hamdi Tanpınar）寫的《寧靜的心》（*Huzur*）裡蘇亞德的身上。蘇亞德在一群人到了博斯普魯斯海峽時「扔了一隻小狗到海裡去，只因為他太樂在自己的生活中」。他的說法就是，「對於那些超越善惡度日的人，為什麼不行？」「我的主角根本無意負責，他想要自由，一旦達到後他就變成半人半神。」

「只要我喜歡，有什麼不可以？」這一句話第一次在臺灣社會上被打響是在至少五十幾年前電視上的購物廣告裡，從此以後雖然引起一些衛道者的質疑，但對於這句話已經人人朗朗上口。其實在這裡只簡單針對這一句話的本身去論斷是非並沒有意義，因為當中的主詞

「我」是一個開放性的指稱用詞，可能是張三，可能是李四，而且也不確定這裡所謂的「喜歡」是針對什麼事情在講的，可能是在講冰淇淋口味的問題，但也可能是在講要不要把垃圾丟到車窗外的問題。因此所謂「只要我喜歡，有什麼不可以？」這一句話，有時候講的可能是對的，有時候講的可能是錯的。如果從道德的標準來看，那麼基於自由的理念，對無害於他人的事情，的確是只要自己喜歡就可以，但也僅限於對無害於他人的事情才可以。

舉例而言，噪音在臺灣社會裡一直是生活中一個嚴重的干擾。從早上六點鐘開始，公園裡或路邊空地上各種舞社的先生女士們動動身體是好事，但社團們好像很喜歡相互比拚播放舞曲的音量，騷擾附近居民的居住安寧。我猜想那是因為自己知道舞姿不怎麼可以看，所以要用這種方式吸引路人注意。臺東市鬧區上的一個轉角處，有個店家整天放著節奏呆版的穿腦魔音，行人路過只能三步併作兩步快快閃過，所以幾年過去了，我從來不知道他們賣的是什麼東西。對比起來，臺灣的汽、機車噪音是最普遍存在的問題。汽、機車的引擎聲是自然物理現象，在交通需求下無可厚非，但刻意改造或耍帥飆車的噪音就令人難以接受。特別是在寂靜的夜裡，雖然我住在安靜的鄉下，但就算十二點過後的睡夢裡也有時會聽到遙遠山路上飆車族劃破長空的另類打卡音效。

有時候噪音也喜歡成群結隊；我在屏東內埔住了兩年時間，經常從屏東三地門騎著鐵馬走沿山公路到山海交界的枋山海邊看海。一八五縣道沿著中央山脈南端的大武山而行，大武山忽高忽低忽遠忽近一路相伴。夏天到來時，山腰經常纏繞著絲帶狀的白雲。每當鳳梨田收成後，白色的鳥群就會靜靜的、緩緩的來回盤旋覓食。但煞風景的是，到了週末時噪音車隊從遠處就夾著隆隆作響的音震向山靈示威。更令人不解的是，好像噪音也是一種文化，甚至是官方文化。好幾年前有一次到花蓮去玩，晚上住在花蓮市外縱谷上的民宿。到了大約十點多了，我們在民宿房間裡也聽到低沉的穿腦魔音。我一開始以為是民宿裡隔壁房間客人聽音樂放得太大聲，後來經過向民宿老闆確認，老闆說是花蓮國際海洋音樂節現場的音樂聲。說來讓人震驚，其實我們住的民宿距離音樂會場至少也有六、七公里遠。

當然要說自由這也是自由，不管是汽、機車大腳催油門呼嘯而過，舞社舞姿不怎麼吸引人但音量吸引人，魔音穿腦穿透十里路外的所謂音樂節，或是電視上經常看到的新聞，吉普車大隊一路輾壓生態保育地質環境等等，都在選擇一種表達自我的方式：讓人清楚看到和聽到破壞者在世界裡巨大而突兀的存在。因此問題是，是不是只要自己做選擇，就證明了自己所塑造的是一個自由人的意象？不管這是否就是沙特所要說的自由，自由的意思真的是這樣嗎？

自由的意思是自己做選擇，是自己不接受擺布。這種自由的堅持之所以可貴，是因為這在現實裡往往需要有十足的勇氣與意志力。例如一個高中生在全班同學都選擇了所謂有出路的科系時，他還要對抗整個家族裡爸爸、媽媽，甚至叔叔、伯伯、姑姑、阿姨們的反對，選擇了自己喜歡的體育或藝術科系。不過自己做選擇，並不是永遠會碰到困難與壓力，例如高中生在選填志願的時候，如果自己從小就冰雪聰明的喜愛發財，所以出於心裡千百個我願意，選填了一個有出路的科系，那麼整個家族包括阿公阿嬤都會笑得合不攏嘴說他是乖孫子。在這種順流而下的情況，根本無所謂自由不自由的問題，因為無生物也可以順流而下。比喻來說，如果你一到麥當勞的櫃臺前就氣急敗壞、倒在地上滾來滾去大聲嗆說：「我堅持不要牛肉堡！我堅持要鱈魚堡！」可能店裡全部的人都會覺得你腦袋有問題。因為不需要你堅持，麥當勞的店員本來就沒有不讓你點鱈魚堡，更沒有說你點鱈魚堡他就要把你怎麼樣，因此你對鱈魚堡的堅持其實並沒有任何一絲絲可以自以為了不起的地方。

那麼在涉及道德問題的現實裡，自由的價值是如何呈現的？這裡首先要確認的是，道德概念的起源在於對抗自私的人性。當然關於人性自私不自私的問題，複雜的理論談不完，不過法律規定的存在本身大致上已經是清楚的印證。法律系統高密度的規定，規定的都是人際利害關係衝突時的處理準則。但法律規定了也運作了以後，衝突的戲碼依然越演越烈，從這裡也可以知道人們對利益的基本態度是如何。由於人性自私，所以在面對道德問題時，順流而下的選擇背後是自私基因的自然反應，例如幼稚園的小朋友會搶玩具，大人上菜市場買水果也會從新鮮飽滿的開始挑起，更不用說有人上了高速公路選擇走路肩，或是不管左右鄰居安寧，自己慶生嗨翻天，卡拉OK一路歡唱到天亮。這些隨著自私人性順流而下的選擇在原理上並不符合自由價值的概念，因為順流而下是物的哲學，而不是人的哲學。

當噪音附身在車隊、舞社、官方所謂的音樂節，或吉普車大隊一路輾壓生態保育地質環境的時候，人類的天性裡並沒有被安排好要厭惡噪音與破壞。正相反的，由於可以快速吸引人的注意，可以彰顯自己的存在，人們可能打從心底愛上這種廉價出風頭的方式。難怪一些機車廣告的訴求是「一個男人一輩子總要有一部屬於自己的什麼什麼車」，而各縣市政府在一些假日裡比拚的也是所謂音樂節的聲勢是否可以壓過其他的縣市。如果這樣的背景裡頭沒有人性的小蟲在心中鑽動，廣告或活動應該也不會愚蠢到要做這樣的訴求。但是我會感到困惑，關於「一個男人」的廣告到底是歧視了全天下的女人，或是侮辱了全天下的男人？其實不管男人或女人，唯有當人考慮到大家的生活品質問題而決定抗拒廉價的「光彩」，才是一個成功對抗平庸的人，才是一個自由的人，才是一個頭上有光圈、身上有魅力、存在有意義的人。

簡單講，自由的意思不等於就是和別人不一樣，自由的意義不顯示在特別有錢、特別有名或特別有地位上頭，而是人在做選擇的時候可以克服天性或外在環境給人的道德障礙。所以中世紀的阿拉伯哲學家肯迪（Al-Kindi）講得好，「奴隸只要能支配他的欲望，就是自由人。自由人只要屈服於自己的享樂，就是奴隸。」

或許是我們社會廣泛的誤會了「自由」的意思，因此也誤會了「卓越」的意思，一邊喊著「追求卓越」的口號，一邊把排名當作人的存在意義指標。一個人從小到大，從成績到業績，甚至連學術和教育政策講的也只有排名。根本問題是，企圖排名的本身就只是把別人擠到後面去，這在人的存在價值上是正面還是負面？去過土耳其的人應該也都去過伊斯坦堡的聖索菲亞大教堂，大教堂和其他神廟或古蹟一樣，除了千年之後依然無法匹敵的建築技術，更令人著迷的是在伴隨教堂起起落落的歲月裡流動的人間歷史。歷史或許已經遠去，但《伊斯坦堡死亡紀事》裡說，「歷史是鮮血寫成的。」小說裡的博物館館長雷耶．拉巴金告訴我們關於大教堂的故事，原來她也不相信統治者是「希望在教堂中帶領著他的人民更接近上帝」，原來「神廟和其他的教堂讓它們的建造者得以永垂不朽，使它們得以在人群心中建立排名和地位，即使那些如出一轍的統治者為了實現自己夢想中的計畫，毫無憐憫地折磨著人民」。更不堪的是，查士丁尼建造大教堂另外一個私人動機，是要讓他自己的愛人西奧朵拉永垂不朽，所以夫人名字的首個字母也被刻在柱子的上方。

看來一件事情實質上的意義和形式上給人的感覺往往有很大的落差，下令建造聖索菲亞大教堂的查士丁尼其實並沒有成功擺脫魔鬼的控制而成為一個偉大的自由人。諷刺的是，這不只是歷史故事而已，而是人們一直在重複著歷史故事。譬如今天在民主政治體制下的政黨也可以對國家基本方向與民主自由的核心價值沒有實質說法，而政黨排名也可以被等同於全部的政黨存在意義。至於在學術校園裡，也有人打著追求卓越的旗幟，利用各種投票制度的遊戲來鞏固名位、清除學術上優秀的異己。

三、法律外的善良

法律和道德殊途，但如果不是人在爭論是非時還帶有幾分善良意願，法律社會恐怕會淪爲殺戮戰場。

生活不是在賭輸贏

按照《法律狂》書上所說，不要寄望法律有那麼強大的理性功能，意思也就是不要寄望法律對公平正義都會有一個清楚的輪廓。至於我們不能對法律的理性功能寄望太多，具體的意思是要怎麼做？坎伯士的結論是，他也不能建議說要怎麼做，否則又會落入他自己所批判的對於高度理性的迷信。可能有很多人對這樣的結論不滿，因為這好像對問題也沒有什麼幫助。但真的有什麼更好的辦法嗎？理論上如果大家都不過度堅持自我心中所認定的正義，或不過度迷信法律的理性功能，那麼訴訟自然減少。

舉例而言，根據民法的規定，父母在子女出生登記前還無法約定子女要從父姓或母姓的時候，那麼就在戶政事務所抽籤決定。事實上這已經是民法明白對法律理性原則的放棄；換句話說，立法者也知道這個問題在正義概念上的辯論辯不出什麼結果來，所以不必再辯論。有趣的是，既然法律上已經規定子女姓氏問題無法自行約定時，到了戶政事務所去還是要抽籤，那麼為什麼不能自己在家裡就抽籤解決？道理再往下想，很多利害關係處於灰色地帶的事情，為什麼不能在私底下和解，而必須有一個全有或全無的結論？不過這種對法律謙虛的期待或許現實上是不切實際的，因為法院案源的急速膨脹凸顯兩件事情，一個是社會人對彼此包容性的減低，另外一個是人對法律理性的迷信。這一些態度或信念的東西好像人們愛上珍珠奶茶或臭豆腐一般，一旦愛上是不容易輕易動搖的。但無論如何，如果不是人們相互之間多一些包容的意願，即使法律設計出什麼制度，問題也是難以根本解決。

就個人自身的角度，即使是為了正義而奮鬥，人很快會考慮到成本問題。例如隔壁的小張踩了妳男朋友送給妳的小狗的小腳，小狗的小腳受傷，妳的心也碎了。請問妳要不要為小狗和為自己伸張正義，再花六萬塊錢請律師想辦法證明小狗小腳受傷加上證明你心碎，到法院去告他醫藥費外加精神上損害賠償？法律上當然可以，問題是現實上不划算。小張的問題也是一樣，如果狗主人不算獅子大開口，似乎也不必為了省小狗醫藥費而花錢請一個律師去應戰。但如果這裡的成本不是個人的成本，而是以納稅人的錢做為成本，似乎就不容易被放在心上。

我們社會近來都注意到公平正義與司法資源的緊密關聯性。不管我們如何敘述公平正義的理念，現實上的問題是，案件數量的壓力是公平正義現實上的障礙，因此在這一個角度上最直接的聯想，就是透過訴訟範圍的限制來減少案源。這些意見有部分是承襲早先的個別問題討論，例如學說上已經點名過的通姦罪、墮胎罪、賭博罪、妨害名譽罪、使用毒品罪，或個人使用目的之複製的所謂侵害著作權等的犯罪類型。學說上主張除罪化的理由大致上是，這些犯罪類型在比例原則的檢驗下有立法正當性的疑慮。理論上這些廢除法律的建議都值得做考慮，因為所涉及的都是實質正義的問題。不過在這裡，司法減量只是附帶效益而已，不是目的。

針對司法減量的一些建議包含在訴訟法上把輕罪改成自訴，讓被害人無法借助檢察官的幫忙，只能自己或請律師蒐集證據到法院去打官司。如此一來可以讓自訴者因為本身必須負擔相當的成本而放棄訴訟。這樣的建議也有它的道理，並且也值得考慮。但如果採取這樣的政策，現實上的意義是有錢人才可以主張正義。固然民事訴訟的當事人也是花錢請律師才有辦法打官司，不過民事訴訟基本上牽涉的就只是利益分配的問題，但刑事訴訟的意義更在直接贓否做為一個人的行為價值問題。這種社會上行為價值的共識問題，適合建立在個人的財力基礎上嗎？誠如亞當．班福拉多在《不平等的審判》書中針對陪審團制度的批判：在花錢打官司的系統下，「富人和窮人的差異只會愈來愈大」。我們這裡無意就輕罪自訴或陪審團等等的問題做主張，只不過不管做什麼選擇，我們心理要有準備，法律制度的設計在現實上必然有代價，以及代價的衡平性問題。

關於法律謙虛，另外一個嚴肅的議題是關於訴訟誠實的問題。特別是在民事訴訟，在當事人進行主義底下，原告被告的輸贏都決定在當事人自身的攻防能力，於是當事人在勝訴目的下不免使盡一切手段，也就是除非對方可以提出證據，否則一概否認到底。其實法律除了特殊情況外並沒有規定人的普遍性的誠實義務，但這並不是在基本價值判斷上接受不誠實，而是因為人性上難以期待。因此法律上的證據原則規定也不等於教人要放棄誠實的道德。在誠實義務清楚的情況下，例如被告有向人借錢，被告有動手打人，或原告早就收到被告的清償等等，站在道德高度上都沒有不誠實的理由。這些原則問題應該也不能借用「專業倫理」之名予以扭曲。

所謂專業倫理根本上還是屬於倫理學的概念，社會利益考量依然是基本精神所在。因此除非在專業問題背景上有特殊社會利益考量，否則倫理學的基本原則還是基本原則。律師不能違背當事人的信任和委託，這固然也是律師必須遵守的原則，然而這個原則並不會導出訴訟必須不誠實的結論，因為誠實原則的問題，從律師接案開始到後來，一直是必須被考慮到、被談論到的東西。如果律師知道自己的當事人的確向人借了錢，那麼應該告訴他還錢。如果律師知道自己的當事人動手打人，那麼應該辯護的方向也不是自己的當事人沒有打人。

最後是關於輿論裁判的問題。我們今天都生活在嚴密法律框架的社會裡，因此每一個人都是或多或少的法律人，也都有面對法律的態度問題。講起打官司這回事，沒有一個被判敗訴的人會說司法有正義，也沒有一個被判勝訴的人會說司法已死，可見一般當事人心中對於司法正義的標準並不見得客觀，因此應該更加謹慎對待的問題可能是對司法的集體正義風潮。

從法律角度來說，民主社會裡人民有思想自由，有言論自由。但從道德角度而言，言論必須思考言論的作用問題，不管是所謂善意或惡意言論都是如此。因此如果我們認為民主社會裡的民意就是司法大小問題的最終依據，那麼可能也必須思考一下，如此一來人類社會許多學術理論研究、實務見解累積以及社會經驗的血淚史都形同毫無意義。我們前面說過，科學理論應該謹守基本方法論，而不是靈光一閃的天啟。對於正義的探索也是如此，依賴的是相對具有客觀性的方法，而不可能僅僅是用情緒決定正義。因此民主固然是一種價值，但它的現實效益還要看我們能夠怎麼去負責。

就民主和司法的關係而言，人民需要某程度考慮對司法應有的尊重問題。我們經常看到，法官讓犯罪嫌疑人交保立即引起輿論一片撻伐，其實大部分人不知道，法律制度上的羈押有它的意義和要件，羈押並不就只是要把「壞人」關起來的意思。大約十來年前的白玫瑰運動是一個更清楚的例子，當中民意的壓力造成司法的進退失據，也形成一些法理矛盾的實務說詞。這在政治作用上多少是滿足了人民的情緒，但扭曲基本法理思維，所謂追求公平正義的代價也可能就是公平正義。

中庸之道

關於社會衝突的問題，很多人都會談到中庸之道。除了《法律狂》書上最後提出來的結論是中庸之道，《剪裁歧見》（*Conspiracy Theories and Other Dangerous Ideas*）一書最後的立場選擇也是中間路線，同時為權衡概念所遭受的批評打抱不平。卡繆的《反抗者》一書最有趣的地方應該不在他所說的反抗的意義，因為反抗者支持反抗是當然的事。令人訝異的是，反抗者回過頭來主張中庸之道，給人感覺好像那反抗的熱情已經消失了一般，或許這也是同為存在主義者的沙特和卡繆決裂的理由。問題是，所謂中庸之道到底是什麼意思？果真像是班．歐克里（Ben Okri）寫的《魔幻年代》（*The Age of Magic*）裡的人物吉謨所說的，「就是會從眾的那種傢伙……對上帝或撒旦來說都沒什麼用處。永遠走中庸之道，永遠得過且過」？

中庸之道的意思就是站在兩極的中間嗎？用《法律狂》一書做例子，中庸之道的主張有它的背景，也就是法律概念本身在現實世界對應關係上經常存在的灰色地帶。像是我們上面提到連體嬰分割的例子所顯示的，很多情況下的利害關係對比是處於均衡狀態，因此要說哪一方是對或錯都很難，結果是大量爭論還是徒勞無功。雖然坎伯士說自己對於法律理性困境的問題不會有具體的做法主張，以免自己也掉入無限理性的迷信，但他也提出大膽的主張（如果這不只是一個比喻的說法），也就是不附理由或只附票數比的判決。法律人顯然對這樣的主張不太可能接受，因為站在法律的立場講法律，法律本身不可能捨棄理論，否則法律學的意義根本不存在。所以書上的核心命題也就只是期待人們不要過度迷信理性功能；換句話說，書上所說的都無關法律體系內做法的主張，只是法律體系外一種破除迷信的心理建設。至於這種破除迷信的實際效益可能是廣泛的，例如減少訴訟或增加和解的可能性，以及即使敗訴也可以用比較平常心來看待，或者經過思考後也可能放棄上訴。

哲學家們的中庸之道是針對社會衝突在講的，意思是決策時不選擇站在兩個極端中任何一方的立場，而採取雙方利害關係上折衷的做法。問題是，採取中間立場是什麼意思？舉例來說，如果某甲起訴向某乙請求損害賠償十萬元，我們果真不管如何就要判決某乙賠償五萬元了事？或是關於量刑問題也有一種主張認為，量刑原則上就是要量中間刑，例如對於竊盜罪五年以下有期徒刑的規定，量刑普遍基準就是兩年六個月？我們應該很快會拒絕這樣的做法，因為不知道這麼做的理由是什麼，甚至應該說這是一種理念的放棄，也難怪所謂中庸之道的說法會招致許多的批評，批評走在中庸之道的人沒有骨氣。

理論而言，中庸之道並不是數字概念上二分之一的意思，而是比例原則的意思，因此中庸之道也可能出現形式上激烈的手段。最簡單的例子是刑法上所說正當防衛的情形；當黑道兄弟拿一把刀砍殺拒繳保護費的攤商時，旁邊的人如果沒有矯健的身手可以制伏他，那麼中庸之道可能就是也拿一把菜刀從後面砍殺黑道兄弟。我們上面提到過專制政權的問題，其實也就在對抗專制或現代國家假民主的議題上，學理上有公民不服從的概念，甚至德國基本法也有抵抗權的規定。對於公民不服從的標準有不同的說法，大致上都會提到非暴力原則。但從嚴謹的定義角度來看，非暴力並不是抵抗權的要件。比喻來說，我們大概不可能為正當防衛設下一個要件，說任何情況下都不可以有暴力手段。抵抗權的問題相類似，問題重點在比例原則。一旦國家民主機制失靈，體制內的救濟機制失靈，只能訴諸體制外的抵抗，那麼符合比例原則的抵抗手段，包括可能出現的暴力都是合法的。對於公民不服從的標準之所以往往強調非暴力原則，是因為暴力在大多數情況下是無效的方法，甚至只有負效益，而不是無論如何當然不可以使用暴力。反過來說，對於抵抗權的承認當然也不是說在任何情況下使用暴力抵抗都具備正當性，更不是對自己不認同的事情就可以抵抗，否則這種抵抗的本身也正在違背民主的基本精神。

卡繆說，「殺人除了會繼續殺更多人之外，不會帶來其他。」這樣的主張固然來自他對歐洲社會經驗觀察所得，但理論上他所要處理的不是反抗不反抗的問題，而是其他。對於正義的主張我們必須知道，正義本身不是目的，正義是為幸福概念而存在。如果正義本身的定義是社會最大利益狀態，理論上正義是不容許打折的，也沒有所謂中庸之道。問題只出在，現實當中人們所說的正義或實現正義的做法，果真符合社會最大利益狀態？換句話說，不是立場中間不中間，溫和不溫和的問題，而是聰明不聰明的問題，是比例原則底下效益性、必要性和衡平性考量的問題。像所謂愛貓人士以愛心之名或正義之名在法庭外對殺貓者的圍毆（或鄭捷案的類似情形），除了打傷一個人來滿足自己心裡光榮切割的情緒，並不會有社會上的正義效益，或正相反的，其實是在製造不義。

心存悲憫

漢娜．肯特（**Hannah Kent**）的《凜冬將至》（*Burial Rites*）描寫的是十九世紀初冰島歷史上最後一位被送上斷頭臺的犯人的故事。女主角愛妮絲在生命最後的寒冬時光裡對生命做了控訴，「上帝曾有機會釋放我，但因了唯有祂本人方知的緣故，祂把我打入悲慘命運。我曾掙扎，但災難橫梗了我的上下裡外，命運的劈砍不留任何餘地。」這話聽來令人傷心，毫無其他。《凜冬將至》這本書除了對死刑的控訴，也在告訴人，愛心不會輕易的就從人心裡跑出來。要如何去愛，更不是人一開始就有的能力。書中那位被派在女主角愛妮絲生命即將結束的日子裡教誨她的年輕牧師，在一開始的生澀階段裡也是承襲傳統，一味要求愛妮絲懺悔與禱告，好像那就是她的救贖之道。難怪對於這樣的教誨，愛妮絲心裡的失望與諷刺是：「可憐的男孩，回去牧師寓所吧，回去讀你寶貴的書吧……」後來如果不是牧師和家庭女主人瑪嘉烈在一點一滴的時光流轉裡細細聆聽愛妮絲的吐訴，也找不出來那生命裡被塵封的真實故事。其實瑪嘉烈一家人有很長一段時間對家裡被迫收留殺人犯充滿了恐懼、憤怒與排斥。這一家人一開始把愛妮絲當女巫般看待，不站在她旁邊，不和她說話，也不看她，於是愛妮絲只能獨處在暗黑的漩渦裡。不過到了最後一天愛妮絲被送上斷頭臺的時候，收留家庭裡的姊姊第一次叫出愛妮絲的名字，女主人瑪嘉烈也抓緊了愛妮絲不斷呼喚「我的孩子」。

善良是一件說簡單也簡單，說不簡單也不簡單的事情。說簡單，是因為這只是一念之間的事情，就好像計程車司機載著急急忙忙趕到醫院的乘客後，發現後座上一包裝在牛皮紙袋裡的錢，當下不需要有什麼思想就把牛皮紙袋送回醫院或警察局。不過人有百百種，碰到的問題情境也有百百種。並不是所有關於是非對錯問題的選擇都可以如此輕鬆，所以善良也可能很不簡單。

小說《倒數殺機》（*The Tipping Point*）生動描繪出善良艱困的心情，「做該做的事幾乎都會帶來痛苦」。原來故事裡的醫師男主角遭受一個恐怖的要脅，如果他不在為總統進行手術的手術臺上故意不著痕跡的致總統於死，那麼取而代之的是他自己女兒的一條命。結果醫師的良知「全部化為烏有，宛如被強浪沖垮的沙堡」，他背叛了醫師的職責，選擇向勒索屈服，著手於各種致總統於死的動作。雖然危機最後瞬間解除，總統倖免於難，不過醫師還是因為殺人未遂罪名而進入牢籠。說來殺人未遂已經是重罪，醫師也因為違背醫師倫理被撤銷了醫師執照，不過醫師對自己所做所為的表白是，「我不是聖人、不是烈士、不是恐怖分子、不是瘋子，也不是殺人犯……我是個父親。那就是我的故事。」那麼我們可以如何指責這樣的父親？不要忘記，道德概念的最終意義不在指責，而是不管對自己或對別人，如盧梭所說，只是一個人理性的自我立法。

全部的悲憫情懷當中，最艱難的是包容，因為這裡不僅是對命運坎坷者的同情，這裡所等待消化的是我們對異己的憤怒。包容不是遺忘的意思，要人遺忘過去也沒有意義，因為至少，人事實上不可能遺忘過去，除非是出於少有的運氣，例如腦部受傷失憶。石黑一雄寫的《被埋葬的記憶》（*The Buried Giant*）裡，蟄居山上的母龍所吐出來的迷霧讓全村莊人失去昨天之前一切愛恨情仇的記憶，不過不知道是幸或不幸，這也讓人們可以融洽相處。因此接下來對村民的考驗是，一旦戰士為村民除去母龍，人們恢復記憶之後是否可以帶著過去的怨恨與傷痛和平共存下去？書中一對恩愛老夫妻都是聰明人，他們在迷霧消散之前心裡已經準備好「願意記起不愉快的回憶，即便那會讓我們流淚或氣得發抖」。老夫妻也彼此承諾，無論在迷霧散去之後記憶起什麼，都不會改變此時此刻心中對彼此的感覺。但現實沒有那麼容易，固然遺忘或不遺忘並不是人所能和所必須處理的事情，但人依然要面對的是包容與否的選擇。這是人生最後的艱難，不過也因此，書上老夫妻的故事給人帶著淒涼的美感。

在包容的概念底下，正義反抗的用意不是報復，而只是為了讓情況更好。拉岡警示世人，人在模仿他人、奪取他人慾望中實現自己。拉岡所警示的是我們在許多國家的政治輪替當中所看到的戲碼，原來所謂反貪腐只是反對別人的貪腐。《微妙的平衡》書中有一段也是描述這樣的事情：納若揚反抗階級傳統而翻身到裁縫業之後，他的母親第一個反應就是不讓自己的兒子為「低下的人」做衣服。納若揚因此對他的母親說，「你們為什麼要送我去學裁縫……因為上層階級待我們不好，而你們現在的行為就像他們一樣。」因此卡繆也指出了許多反抗者的心態：「不服從的人推翻奴隸身分，要和主子平等，之後想換自己當主子……讓主子立刻淪為他們的奴隸。」我們必須回想一下，會不會我們一切的努力所期待的只是媳婦熬成婆？

悲憫不只是對別人包容，也是對不同面向的自己的包容。這意思好像是要教人放棄對錯好惡的意思，好像是要讓人回歸平庸的人生，但其實並不是如此，而是必須想一下，人不在心情上學會包容，結果就會比較好嗎？《魔幻年代》書裡的人物吉謨與勞歐是鮮明的對照，吉謨是意志論的信徒，要用堅強的意志來擺脫他所謂中庸之道的人生，結果是以一連串人生厭惡清單來安慰自己。他既討厭高挑的男人，也討厭有自信的矮男人，既無法忍受夢想家，也無法忍受沒有想像力的人。這樣的態度「讓他的生活充滿了矛盾的尖刺」，「也等同背棄了人生中的快樂」。相對的，勞歐認為太多的意志「也可能為了不對的理由，不計任何代價，以不對的方式，完成不對的事情」。但現實上人都會受到惡魔毒素的困擾，讓人變成是「過度入戲的發狂演員」，因此如何拿捏是一個困難的課題。故事尾巴的一個插曲是，勞歐發現當他們眼睛盯著教堂的方向走去的時候，好像越走離教堂越遠，反而是在不小心之間才來到隱藏的城鎮中心，也靠近了教堂。於是勞歐最後的體會是，「最好的觀看方式就是不去看」。

「最好的觀看方式就是不去看」，這想法不是很怪異嗎？因為不知道那到底是叫人要看還是不要看。我想起我學射箭時的事情。有一次我正聚精會神瞄準箭靶，教練告訴我射箭時不要想太多。於是我就不想太多的又放出幾支箭，沒想到教練又告訴我說，「我只是叫你不要想太多，我沒有叫你要亂射。」我一時心裡圈圈叉叉，又不能想太多，又不能所謂亂射，這是什麼跟什麼？不過時間過去了，自然慢慢清楚那是怎麼一回事。我也想起我年輕時跟一位九十幾歲的老師學打坐的光景。他告訴我們說，守住靈臺穴深處的時候，世界的極小等同於世界的極大。我當時對這種矛盾的說法覺得不解，只是所有實踐的東西真的都經過練習才慢慢清楚那是怎麼一回事。比起射箭和打坐，顯然人生更難，人生的練習不僅工程浩大，代價也往往昂貴。更根本的問題應該是，有誰能夠像想像中的人生練習曲一般畫出一個全輪廓的人生藍圖來做練習？所以，想那麼多或許也根本不切實際。

《魔幻年代》書裡的幾個人物是在旅途美景的轉換中回到初始狀態，重新接觸到原來的自我。雖然魔鬼也在幾個人回到初始狀態時出來擾人，但人如果見不到魔鬼，恐怕也遠離不了魔鬼。

對很多人來講，現實上不一定有機會經常旅行，不過世界的極小本來就同時通往世界的極大，所以不管你是貧窮還是富有，是左派還是右派，是原告還是被告，至少可以做一些最單純的心情旅行。能夠打坐當然很好，甚至是最好，但最簡單並且有效的方法可能是運動。可以走路一小時就走路一小時，可以跑步兩小時就跑步兩小時。運動是安靜的和持續的運動，最好像《練習曲》當中的年輕人一般，帶著一本畫冊、一罐肌樂、幾條能量棒（但我不建議帶吉他），騎著鐵馬沿著臺灣海岸線繞一圈。在晨光與星光的交替裡用眼睛看，在九百公里的風吹下用腳踩踏。安靜的持續的身體運動是很奇妙的東西，可以讓人很具體的接近自我的原始心情，讓人重新看世界，讓人不緊張，讓人忘記報復的心緒，總之讓魔鬼不容易占領我們的身體。或許因為某程度的放下，我們真的是不知不覺已經走在我們想去的地方的路上。

[第五章]

終點站幸福

不用問為什麼要追求幸福
因為沒有人質疑過
也沒有人知道過
更沒有人真心誠意的放棄過

一、幸福難以捉摸

幸福之所以落空，原因不外是對幸福途徑的誤判。尋找幸福的途徑需要一些聰明，但可惜聰明是沒有辦法上課教的東西。

追逐幸福的社會運動

我對生活的基本反省標準一直是，幸福嗎？我也是用這樣的標準來看待法律這東西在我生活中應有的呈現。法律如果不是思想，而是一般人所說的工作，或當前社會標準所要求的工作形式，像是用我們的身體去開會、去開庭、去寫書狀、去上課、去申請研究計畫、去投論文等等，那麼我快樂得起來嗎？我們社會上有人投資股票，有人投資不動產，有人追逐學術，有人追逐嫁入豪門。結果一向躊躇滿志的總會理事長，可能在電視新聞揭露公司掏空案醜聞時連夜潛逃出境終其一生。一個嫁入豪門的貴婦，昔日同窗稱羨其光鮮亮麗的時尚名媛形象，卻也在老同學聚會中說了一句耐人尋味的話，「我這一輩子所花的錢沒有一毛錢是自己賺來的。」那一句話聽起來好像是在炫耀自己天生好命，但也好像不是，而是心底的恐慌。自從愛情電影裡在海邊踏浪的男女主角總是把兩顆串起來的愛心畫在沙灘上，很清楚的也註定了人所有的愛情很難永恆。不只不永恆，而且是在三秒鐘之內隨著一陣浪花推擠過來就消失了無痕。總之，這世界上沒有一勞永逸的圓滿，所以男主角送完巧克力要送鮮花，送完鮮花要送鑽石，送完鑽石要送豪宅。可惜現實上能夠這樣送東西的沒有幾個人，而且最後的真相還是，能夠這樣送東西的人大概也長得不怎麼樣。

達林．麥克馬洪（Darrin McMahon）在《幸福的歷史》（*Happiness: A History*）書上敘述了人類對幸福路徑的種種想像。既然關於幸福的問題可以被寫成那麼厚一本書，可以想見對幸福的追尋應該是一個相當複雜卻又人人不會放棄的過程。至少從現實來看，應該有很多人從一出生開始，幸福的追尋就註定是一個艱鉅的工程。印度裔作家羅尹登．米斯崔在《微妙的平衡》書中描述了印度社會四種階級人的命運。奴隸階級的小孩進入上層階級小孩的學校去偷看圖畫書被發現後慘遭鞭打，因為奴隸階級小孩混淆了自己所處的階級，打亂了智慧長者所說這世界「通往幸福的道路」，所以「褻瀆了神明」。從此以後，這小孩通往幸福之路被註定要以生命做為代價。問題是，如果幸福的追尋必須是如此艱辛，那麼人還幸福得起來嗎？

但或許老天爺也不想把幸福之路變得永遠如此艱辛，有時候好像幸福又沒有什麼嚴苛的條件。二〇二〇年傳播全世界的疫情是一個機緣，讓人們在全新的生活經驗刺激底下，重新思考許多原本好像已經有固定答案的價值問題。一個典型的改變是，所謂上班並不一定是要忍受尖峰時間的交通雜沓才能開始一天的工作。然而更讓人訝異的是，隨著疫情有一點趨緩而來的微解封，我們忍耐了很久而終於可以走進麥當勞坐下來吃一個漢堡，喝一杯咖啡。這時看著玻璃窗外來來往往戴著口罩的行人，心中也跟著激動起來；原來我們這輩子都沒有發現，單單是在隔著落地窗的餐廳裡坐下來吃點東西這件事，已經可以讓人高興得幾乎要掉下眼淚來，還會懷疑，這是真的嗎？

不管幸福要從哪裡來，我們看到這社會裡幸福沒有到手的人高度同質性的拚命往前衝撞。從小孩子念幼稚園開始，父母親為小孩子報名進入「潛能開發班」。小孩子長大，甚至成家立業了，為自己設定的職志也沒有變，就是各行各業中的業績或地位排名。我們的高等教育從追求「卓越」、追求「頂尖」、追求「邁頂」一直到追求「偉大」，透過種種資源分配手段夢想的也是排名。姑且不論這世界上的排名天生具有排他性，所以除了得到第一名的人，每一個人都是魯蛇。即使排名在相對前面的人，幸福看來已經到手，卻又發覺自己到手的好像不是幸福。也難怪有人要認真的問你，「你快樂嗎？」但聖經上不是告訴人說，只要你尋找你就會得到嗎？學校裡的老師要小朋友讀偉人的傳記，意思是小朋友也可以走向偉人之路。很多法律系的學生在師長的期待下用功準備考試，後來也如願以償的通過了國家考試。國內近年來開始瘋馬拉松運動；在教練或團友的激勵下，跑不進時間的人經過一陣子苦練，終於有一天在達成目標時喜極而泣，激動得趕緊上臉書昭告天下諸親友或其實根本不是親友的人說「我做到了！」而且在終點舞臺前拍照留念還要比 YA 的動作，似乎是自己正在印證人類「因夢想而偉大」的故事。美國沃爾瑪公司贊助的減肥計畫不也是讓很多人完成不可能完成的任務、實現不可能實現的夢想？

如果你還是對幸福的追求沒有把握，那也沒有關係，今天社會上有很多鼓舞人心的東西可以讓你積極起來，那就是對「人生不設限」概念的投資。因為人生不設限，男生當兵的時候總會碰到班長要求你一次做五十一下伏地挺身，理由是你昨天已經可以做五十下，所以今天只增加一下是很人性的要求。按照這種人性的要求，當你兩年後退伍的時候，一次伏地挺身可以做足七百八十下。人生不設限，大家最清楚的一個例子是升學補習班開設的保證班，除了保證雞犬可以升天，也保證豬可以爬樹。相類似的，無視於國內中小學教育資源的極度貧乏，高教政策編列五年五百億預算，企圖把我們大學在世界的排名上往前推擠。十年過去，二十年也過去了，沒有成效或甚至只有負成效也沒有關係，因為這表示編列的預算還不夠多，還可以繼續加碼加到效果浮現為止。我們才驚覺，只因為「人生不設限」的想像如此迷人，這昂貴價格所買賣的就是「人生不設限」想像的本身。在投資顧問公司「前進鑽石島」投資說明會上，臺下穿戴閃亮的特選賓客聽著臺上西裝筆挺、頭髮油亮的營業經理手持麥克風的高分貝喊話，「前進海外，錢進口袋！」至於小資者的幸福遊戲則像是彩券廣告所說的，「一券在手，希望無窮。」儘管買樂透彩中大獎的機率比被雷打中的機率還要低。

幸福之路的基本理性

人生奧祕難解，特別是對痛苦中的人更是如此，包括窮困，也包括各種身體的或心理的病痛。正因為如此，有人販賣種種非科學的解救疑難雜症的神奇祕方，像是菜市場或大醫院走道流竄販售的仙丹妙藥、路邊擺攤的八字論斷愛情，或到土地公廟求明牌。但人生艱難正在於，對複雜世界的認知不是一件簡單的事情。葛雷易克（James Gleick）寫的《混沌：不測風雲的背後》（*Chaos: Making a New Science*）敘述了人類想要認知這個世界的艱辛過程，那過程有時是山窮水盡疑無路，有時是柳暗花明又一村。書名中文副標似乎給人對知識可靠性的一線希望，因為所謂不測風雲的背後總應該不會又是不測風雲，否則也無所謂背後不背後了。但這會不會某程度就只是一個正面思考的激勵，因為在知識世界的曲曲折折裡，我們似乎已經不知道是否還可以相信所謂的理性以及專業。

有時候我們會對專業有所懷疑。我有一次去麵攤吃麵時拆開免洗筷，一根竹屑刺進了拇指。我在拇指腫脹了兩天後去看醫生，醫生當場用小手術刀為我取出竹屑。由於當時傷口流血，事實上也看不出來是不是已經把竹屑取出來，但醫生還是幫我把拇指又包紮起來。我也很懷疑這樣是不是已經把竹屑取出來，因為傷口還是腫脹疼痛。不過由於這是醫生的專業，我想也可能傷口的疼痛純粹是因為腫脹還沒消退，所以沒有多說什麼。不過幾天之後，傷口化膿成熟破裂，我終於看到當初刺進拇指裡的那一根竹屑跑出來，顯然前幾天是白挨一刀。

從這個例子的事後來看，似乎當初我應該相信的是自己，而不是專業。問題是在絕大多數情況下，關於醫療的問題是醫生幫我們處理好的，因此我在想，所謂對專業的懷疑是什麼意思？是對這一個醫生能力的懷疑，或是對整個醫學理論的懷疑？其實醫生沒有把拇指裡的竹屑取出，應該是醫生個人不夠細心，不能說是醫療理論系統的問題，因為醫療理論系統並沒有要醫生粗心。雖然對於所謂疑難雜症，醫院裡穿梭走道上的推銷者、市場上的攤商、計程車司機都可能給你一些所謂的祕方，但是從知識論的角度來看，我們果真可以相信這一些醫學院以外的祕方？即使像是《混沌：不測風雲的背後》書上所說，每一個科學理論到了明天都可能被推翻，但不管如何，科學理論至少總是一定限度以上謹守著基本方法論所探索出來的結果，而不是來自靈光一現的產物。

面對這世界五花八門的說法，如果不是需要付出什麼昂貴的代價，那麼不科學也無所謂。想想看，如果花五百塊錢買大樂透同時可以買到三天懷抱希望的快樂，那麼花五百塊錢就也無傷。而如果人可以花五百塊錢買大樂透，那麼自然也可以花五百塊錢去找路邊擺攤的師姑看八字算婚姻，因為這也可以是情侶旅遊行程當中很好的餘興節目，因為師姑都會說好聽的話。只不過如果人要選擇非科學的幸福祕方，而祕方需索的是天價，那麼就不是輕鬆的遊戲，而是一場豪賭，甚至是整個人生的豪賭。最極端的例子是末期病人因為相信神明對前世今生的「啟示」而拒絕醫學的治療，結果平白犧牲的是自己的生命。相對於以生命或身體健康作犧牲的極端，情況輕微的是錢財損失。但說到錢財損失，依然可觀的還有一些宗教名義下的財產奉獻。由於宗教在人的精神世界裡有它的特殊意義，金錢則在人的物質世界裡有它的特殊意義，但世事複雜，人事更複雜，因此個別宗教奉獻的事情現實上也會引人疑慮，疑慮奉獻行為的雙方對於事情意義的理解是什麼，甚至疑慮宗教的意義可以是什麼。

如果要說非科學，很多流派的神佛信仰也是非科學，或者也可以說，不管是哪一個流派，至少都會有某一些說法以及某程度的非科學。特別是另一方面，可能對大多數人而言，宗教的內容在某些角度上也只能是非科學，否則也沒有意義。人固然可以在科學領域充分應用自身理性能力的極限去理解這世界，以及進一步去嘗試掌控自己的命運，這是人自身的存在價值。只是人生難測，人不管如何還是可能有一天會掉進萬丈深淵裡，而掉進萬丈深淵裡的人沒有人知道自己這輩子到底做錯什麼事以至於會如此。這時候再怎麼展現人類理性的極限，譬如相信醫學，終究也可能無助。那麼怎麼辦呢？痛苦中依然找不到出路的人總還是要有一條路可以走，除了祈求神的助力還能怎麼辦呢？因此宗教信仰底下的財產奉獻或甚至以生命為犧牲，只要出於自願的選擇，外人無論再如何不解，也很難去說什麼價值不價值的問題。

受苦的人和神的溝通模式是心底自然流露的語言，是祈求免於受苦受難的禱告。但是在我們的社會裡，神的意義好像更廣泛。神除了可以保佑平安，可以保佑通過考試，包括律師、會計師和土木工程師等各種專業證照，甚至駕駛執照的考試。神可以包嫁娶，儘管華麗的單身貴族已經成為今天年輕人最毫無懸念的集體時尚。神可以包懷胎，難怪以前我大學同學到龍山寺，面對一列神明完全沒有搞清楚誰是誰的就拜過了註生娘娘後，隔一天趕快再去拜一次，請求容許撤回前一天的拜拜，因為他正在深恐熱戀中的女朋友懷孕。

問題是就今天的科學技術和理性文化而言，要發財、要考試、要嫁娶、要懷胎，這是屬於神的管轄範圍？看起來今天社會的人從神那裡所祈求的似乎是一個可以輕鬆過日子的人生，甚至好像人是在和神進行交易。但是我想，神給的人生應該沒有如此廉價。如果神要給人的是如此廉價的人生，神早就給了。因此如果大樂透買了五十萬都槓龜或國家考試連考八年都落榜，都不是神的事情，而是人的事情。即使有奉獻者因此指控宗教詐欺，基本上也很難說是宗教詐欺。在我們所見到的這個太陽底下，所謂被騙其實並沒有被騙，而是類似買大樂透的人自己也知道，買大樂透只是在賭萬一。

現實上可能真的問題大的是，近幾十年來國內也有跨國機構打著「教會」的名義販賣所謂科學課程或類似療程，說這是要「幫助人」。其實如上所說，如果是人類科學可以處理的問題就不歸宗教世界的事情，如果歸屬宗教世界的事情就不是人類科學可以處理的問題。因此姑且不論科學也有未經檢驗或甚至根本提不出檢驗途徑的偽科學，至少一個機構赤裸裸藉著所謂宗教名義處理所謂科學問題，或是藉著所謂科學名義處理所謂宗教問題，這種基本意義上的矛盾不能不讓人懷疑所說的科學或所說的宗教都只是背後另有其他考量的經營手法。怪異的是，可能幸福之路真是不易，如此打著宗教名義的機構依然招徠所謂社會名流或泛知識階層在內的崇拜者瘋狂跟隨，他們認為自己重金買的是這深邃世界裡的人生獨門祕笈。雖然如上所說，這不一定是宗教詐欺的法律問題，卻依然是嚴重的道德問題。也難怪《巴黎小書店》裡的書店主人佩赫杜說，他在賣書生涯裡不得不趕走一些到書店來不計代價想要取得這些（解釋了數百萬人前世今生命運的）所謂神祕天書的收藏家。

如果幸福是一種讓自己穩定的感覺到舒適愉快的狀態，那麼我們很難想像會有人自始放棄對幸福的追求。至於幸福之所以落空，原因不外是對幸福途徑的誤判。雖然從統計來看，多數人會認為財產、健康、感情、名譽或地位等等是幸福的要素，但這些因素對於幸福的因果關係大抵是相對的，既不全然是必要條件，更絕對不會是充分條件。再加上每一個人本身的情況和外在環境背景的對應都有些一樣，也不完全一樣，所以幸福的方法固然有時可以借用（吃臭豆腐要加泡菜、吃法國麵包要加生菜、吃蛋餅要加九層塔不加菜），但別人的方法對自己也不永遠有效（並不是任何身材的人穿緊身運動衣都像運動員穿緊身運動衣一樣好看）。所以對幸福的追求到最後只能人人各顯神通，看看能不能在自己和環境對應關係的理解上聰明一點。

不過講到聰明不聰明的問題，就很傷感情。赫曼．赫塞（Hermann Hesse）寫的《流浪者之歌》（*Siddhartha*）裡的悉達塔從年少時起心裡就很清楚，人可能愛上一塊石頭和一棵樹，人不會愛上像「輪迴」或「涅槃」這樣的文字，但是他的老朋友伽文達卻終其一生都在尋找智慧者的箴言而忘了自己的存在。顯然沒有人不想要自己聰明一點，但難題是，聰明好像是沒辦法上課教的東西。

當然，幸福之路的基本理性也不能絕對保證幸福的人生。即使人聰明，最後總是聰明不過老天爺，所以有人說，年紀越大就越會清楚看到命運的影子。《凜冬將至》一書女主角愛妮絲（雖然年紀只有二十幾歲）對生命最後的回顧是，「隨便哪個婦女都知道，一條線一旦經過編織，就固定在那裡了。撫平錯誤的唯一方法是將一切拆解攤開。」

相類似的，德國教授徐林克（Bernhard Schlink）寫的《我願意為妳朗讀》（*Der Vorleser*）小說裡的女主角韓娜，文盲是她自我心中永遠的陰影。韓娜年輕時進入西門子公司，後來公司有意升她任小主管職務時，她為了恐怕別人發現自己是文盲而拒絕，當納粹祕密警察到西門子公司徵召女性擔任守衛時就去應徵並且被雇用，但從此以後也開啟了她自己無法預料的命運。其實女主角心中對自己是文盲這件事存有陰影，這很難說是什麼人格上的缺陷，就好像有人不喜歡自己頭髮的粗或細一樣。但是蝴蝶效應會捉弄人，在歷經後來一切遭遇，她最後在法庭上時問了自己一句話，「所以……我是否不該加入西門子？」這一個停留在嘴邊的問句流露出女主角對人生的無奈，就只是當年找了一個西門子的工作就可以讓人生走上不歸路。問題在，為什麼是如此？誰曉得會如此？

在冥想中脫離俗世的哀傷

不管幸福或不幸福，總之過去的都已經過去了，所以對當下世界的想像和對自己心情的擺布是最後唯一重要的事情。心定下來就會幸福，它是很單純的東西，是感覺一棵樹、一枝草、一陣風、一個聲音，和一道水中晃動的光影。如果不是這樣，我們對幸福的發現難免永遠要像打地鼠遊戲一般的慢半拍。這應該也接近 Stoic 哲學的基本觀念；這世界有很多東西是我們已經無法或很難去改變的，最明顯的例子像是遇到車禍、天災、年華老去、親人遠離或失去的戀情，在這種情況下，如果不是我們可以從自己內部的心境去做改變，最後只能註定是不快樂的結局。或許如此，我時常夢見我在飛翔。一開始我也不知道，為什麼自己一再出現的夢境就是飛翔。後來腦海裡浮現了一個連結，原來那是白天在帛琉、在船帆石、在香蕉灣時身體細胞或仰或俯漂浮在水面上的感覺。到了晚上，躺在床上的身體細胞依然記憶著水面上沒有負擔的自我，藉著空氣中的精靈回到陽光照耀的綠色森林，讓皮膚掠過清涼的微風，俯視滿山滿谷閃爍的碎鑽。一次的飛翔、兩次的飛翔、很多次的飛翔……如果你問我的身體細胞，最想停留在什麼樣的世界裡？我的回答應該是水世界、海洋裡。

我也喜歡旅行，因為那是我日常生活中某程度良心衝突情境的冷酷處理模式。我不只喜歡旅行，我喜歡所有悠閒的生活方式。我幾乎每一天早上起來都會重複相同的心理掙扎，掙扎著到底是要先工作或是要出門去運動、跑步或游泳？早晨時光不管是用來工作或運動，都是最有效率的，因此時間用來運動，擔心會排斥工作，時間用來工作，擔心會排斥運動。然而在掙扎之後，即使心裡多少帶著不安，我大多選擇運動。悠閒與晃蕩對我具有難以抗拒的魔力，所以不管是什麼時候，身體都感覺到散漫的需求。哲學家約哈諾·史特拉斯爾（Johano Strasser）在《生活或生存》（*Leben oder Überleben*）書上說，在狩獵或採集的時代，人們能每天只花二到四個小時的時間在工作。我不知道，是否也是從老祖先開始一直被埋藏在身體裡面的程式晶片作祟，否則為什麼我身上細胞如此安心於最懶散的原始人生活方式，在山水之間走動，除了覓食，就是好奇與觀望？

我有一次去聽波伽利的演唱會，他在一開始的字幕自白裡說，歌聲像愛一樣，是生命裡自然所包含的一部分。其實除了波伽利所說的歌聲，生命裡應該還有太多不可或缺的東西；讀一本小說，寫一點心得，畫一張素描，彈一首鋼琴曲，在水波裡滑翔，在蜿蜒的海岸公路上巡航，騎鐵馬遇到下雨時躲到小店裡喝一杯咖啡，和家人講一些類似「綠豆哪裡人？」等等無聊的腦筋急轉彎遊戲，有什麼是人生可以或缺的東西？只是奇怪的，對於人生所不可或缺的東西，如果所代表的是喜歡的意思，那麼我再怎麼數，某種情緒反射的角度上都不會數到法律工作這種東西。不過真正讓我放心墮落的，讓我放心的不帶手機和電腦上路去旅行的，應該是一些古老哲學家的思想。

《幸福的歷史》書上介紹了古老哲學家有關幸福的一些想法，當中按照今天似乎已經被遺棄的哲學說法，對於人的良好教育必然包括對於慾望的節制，也因此柏拉圖筆下的《饗宴》對於充滿感官逸樂的「低級娛樂」多所批評，也對於和粗俗享樂主義相連結的民主雅典謹慎迴避。當然，要把這一個道理對應到生活現實，有一個基本的問題就是，我們的現實生活當中，什麼是低級娛樂以及什麼是真正的善？特別是，我所習慣的學術活動是低級娛樂或是真正的善？這個問題的核心其實也就是在為學術這種東西做意義定位：學術應該是什麼？是一個人安靜的思想旅程，還是很多人一起積分評比的拜拜活動？對這個問題的思索，我經常會連想到哲學家亞里斯多德和他的老師們之間路線差異的說法。雖然後人在理解亞里斯多德和柏拉圖思想的對照時，簡單的說法就是後者從理想中去形塑現實，而前者則著力於從現實中去建構理想，不過重點是，前者的終局觀點似乎依然回歸到蘇格拉底與柏拉圖的思路上：唯有純粹沉思才是最接近於神，也最幸福的人生。

今天的現實問題是，閒暇在商業社會裡會讓人有罪惡感，因為商業人認為閒暇是懶惰蟲的存在狀態。還好哲學家尤瑟夫・皮柏（Josef Pieper）在《閒暇：一種靈魂的狀態》（*Leisure: The Basis of Culture*）書上為思想工作做了平反。今天我們社會所說的懶惰，大抵上是從商業的角度在講的，指的是人缺乏經濟（或其他任何功利）野心的意思。至於思想工作，如果不是帶來物質利益，就不算工作，也就是懶惰。但其實古代哲學家們所說懶惰的意思正好相反；懶惰指的是一個人不想成為他自己真正的樣子，「不肯和他自己的存在相符」，以至於心中只有一種「軟弱的絕望」，一種「俗世的哀傷」。從這個角度來看，沉思默想才是真正生命的工作，商業社會裡的工作狂熱才是真正的懶惰。

借用現代人露絲．詹德勒（J.Ruth Gendler）在《關於美之必要》（*Notes on the Need for Beauty*）書上的筆觸來說，人是用眼睛裡面的光去看見外面的光，所以看的本身其實就是和世界的交談；它所使用的語言是信念、懷疑、謹慎、警覺和驚奇。因此雖然亞里斯多德對於沉思以外的各項德行認為「只能帶來次等的幸福」，不過我懷疑，既然唯有沉思才是終極的善，那麼沉思以外的「各項德行」究竟依然屬於「次等的幸福」，或者根本是走在遠離幸福方向的路上，甚至也和「徹底奴性」下的低級慾望沒有差別？想到這裡我就放心許多，因為一個麻木的身體如果不是從現代人生活中未曾歇息之排名獎項的饗宴中抽身離去，顯然不是安排靈魂的適切方式。於是，就去旅行吧！反正旅行時已經人在遠方，就只聽從身體基因的使喚，可以斷然不理會現代文明的評鑑。

二、法律的幸福連結

每一個法律人都有自己看待法律的態度，但無論如何，總不能讓法律回過頭來吞噬自己。

傳說匯流的人生

我曾經碰到一件事情，之後我說起那一件事情的經歷，就有人會問我說那是真的還是假的。那是快五十年前我在當兵時的事情。我服兩年預官役被分發到總部級單位的軍法處。有一天半夜大約四點鐘時被電話鈴聲吵醒，通知我要和主任檢察官出發到當時淡金公路九號橋的地方去執行驗屍程序相關任務，因為據報有一部軍用車在九號橋的地方翻落橋下，車上大人和小孩全部死亡。我穿上制服，立即到辦公室去，主任檢察官不久後也到了。我準備好一些文件後，同時要申請派車。主任檢察官交代我，今天要同行去驗屍的還有一位政戰學校法律系派來實習的女同學，所以派車申請單上的用車人數要填「3人」。當我跑完派車手續，回到派車場時，吉普車已經發動引擎準備出發，主任檢察官也在等候。我上了車，看到除了駕駛兵，派來實習的的女同學也已經坐在後座靠左邊的位置。我看了一下女同學，點了點頭，沒有多說話。和主任檢察官坐定位置後，車子就出發了。起床太早，我一路上大部分時間就閉著眼睛休息。到了淡金公路九號橋，天色已經微亮。到達後，主任檢察官先和已經到場的法醫交談了一下子，然後指示當地的部隊士兵，從翻落坡坎的軍車裡外把屍體清理出來。當部隊士兵們上上下下忙著清理屍體的過程，主任檢察官和我到不遠處的民房屋簷下坐著等候。由於坡坎相當陡峭，士兵搬運屍體需要一些時間，直到太陽出來了還沒完全整理就緒，主任檢察官要我到附近找商店買些飲料。我走了一點路，買了飲料回來，先拿了一罐給主任檢察官。當我拿了另外一罐飲料要給實習的女同學時，卻沒看到她。我想，或許她是到坡坎那邊去看士兵們清理屍體的情形，所以就不以為意。又隔了大約二十分鐘，部隊士兵通知我們說屍體都已經清理完畢。主任檢察官和我走到坡坎旁邊的平地，一共七具屍體整齊的排列著，上面蓋著白布。主任檢察官指示士兵們把一具一具屍體上覆蓋的白布打開來。到了最後一具屍體覆蓋的白布被打開來時，雖然死者頭部到右臉頰有一片血跡，但我依稀清楚的看到那是政戰學校實習女同學的一張臉。我不知道要說什麼。等到勘驗程序全部結束後，主任檢察官向部隊長官做了一些指示，然後我們車子又出發回總部。上了車，主任檢察官告訴我，今天原本安排要來報到的政戰學校女同學因為學校其他原因已經通知取消實習安排，所以今天才沒有來，並且要我回總部後把派車單的用車人數更正為「2人」。接下來幾天，我照樣早上上班，下午下班，人是走進走出，但心緒不知道在哪裡。我一直納悶，這到底是怎麼了？是和未知世界的一面之緣？

對於有人問我，那事情是真的還是假的？我並沒有回答。其實也不用問了，因為事實上我也在問我自己，那是真的還是假的？如果我們用白天的腦袋回顧一下自己，那麼我們身處的世界不原本也是一個傳說匯流的大海，我們每一個人都生來就煞有介事的在其中忙碌著？我所告訴你的只是當中一個故事，像是在大海裡抓起來一把水，這把水在力道上已經不會讓人痛，不會讓人癢，不會讓人中樂透，也不會讓人肚子痛，反正就是沒什麼特別，所以就不必花心思去管它是真是假的問題了。

這世界上的一棵樹木本身是真相，一灣流水本身也是真相。可惜我們是人，不是樹木也不是流水，所以雖然我們想要挖掘真相，卻註定永遠摸不到這世界的真相，因為我們生來就被像原始森林裡張牙舞爪在我們身體四周無限攀爬的藤蔓巨網給網住，那種緊緊的纏繞讓人幾乎快要窒息的在無底深淵裡不斷墜落，不用說還想要看清楚什麼東西，因為要看清楚什麼東西至少也還要有一點可以讓冷靜思緒伸展的餘地才行。因此我們對這世界的認知，最後只剩下半昏迷狀態下的夢囈與幻覺。那麼，遍布我們世界的藤蔓在哪裡？

語意學上有一種說法，如果不是人學習過三角形的符號概念，那麼人就看不出來在一堆密密麻麻各種不同形狀線條當中一個三角形的存在。所謂三角形，是一個被定義過的東西，就好像我們在小學課本上所讀到對於（除了大概是語助詞一類的文字）任何一個字或詞的固定意思解釋一樣，而我們就是透過這樣的文字說法去認識我們的世界。從此以後我們知道，石頭是硬的，冰塊是冷的，甚至我們會說，老虎是凶猛的，企鵝是純潔的。如此，每一個被定義過的語言文字是人們認識世界的工具，同時也是人的框架與束縛，因為從此以後，如果小朋友在學校考試的考卷上答題說冰塊是熱的，或是說石頭是軟的，都會被老師打叉叉，被同學說是他腦袋有問題。

說幾個傳說

在自然科學的範圍裡，老虎被描述為凶殘或企鵝被描述為純潔，可能也都有問題，但至少對比之下，在涉及人文現象的領域裡，世界的真相可能才是道道地地的羅生門。在無數看來顛撲不破的古老傳說裡，有誰曉得那裡頭是有什麼真實的東西？

時間來到二〇二三年。在幾年疫情過後的農曆年，我才又回艋舺老家過年，因為疫情這兩年我怕人家得知我是艋舺人時會把我霸凌，所以我都不敢讓人家知道我來自艋舺。年紀大了，對於過年這種事是一年比一年能夠用平常心看待。除夕夜的年夜飯和家裡的人就一個人吃一個可頌、一杯鮮奶、幾顆櫻桃，加上幾片賣場現成的德國豬腳切片度過。這種簡單的年夜飯是我喜歡的模式，既不會浪費食物、金錢、時間與體力，也不會讓人為準備一頓晚餐而疲憊不堪，甚至消瘦憔悴。更讓人驚喜的是，就住在萬火車站旁邊的飯店裡，晚上十點多鐘上床睡覺一直到第二天早上醒來，在艋舺這傳統老地方也沒有聽到任何一個爆竹或沖天炮的聲音。不知道是不是有什麼禁止燃放鞭炮的規定，或是今天的人們就單純的不再流行燃放鞭炮，總之讓人感覺喜悅，原來過年的街頭巷尾也可以不要鞭炮擾人。

這讓我聯想到一兩個星期前司法院臉書上小編提到一個有趣的問題，就是人們可不可以透過集資買下我們從小到大過年時街頭巷尾大聲擾人的「恭喜恭喜恭喜你呀恭喜恭喜恭喜你」歌曲的播放權？這是心地善良的發想，不過可惜的是，因為著作年代久遠，著作權遠超過法律保護期限，所以在法律上大家可以愛怎麼播就怎麼播，愛怎麼唱就怎麼唱的情況下，想要透過集資把這首歌從世界上下架的發想就不知道要從哪裡下手了。因此很遺憾的，看來「恭喜恭喜恭喜你呀恭喜恭喜恭喜你」的歌聲會永遠成為除夕概念的一部分。

我對過年或除夕這個概念真正的理解是什麼？香煙繚繞的拜拜？豐盛的年夜飯？或是爆竹一聲除舊歲？其實都不是，因為我完全找不出來有哪一次度過除夕時的這些場景是我可以具體清楚描述出來的。當然我可以說，除夕那天家裡有拜拜、有豐盛的年夜飯、有放鞭炮、小孩子有壓歲錢等等。這樣說一定不會出錯，因為大家都這樣說。問題是那只是（就像時下國家法律考試的答卷概念一般）閉著眼睛、不用腦袋也可以套用的制式文字回答，不是對我而言有完整經驗意義的回答。我對過年這件事經驗最深刻的是念大學一年級時的除夕。那幾天我正在看一本書，但由於那幾天無論家裡或外頭街上，特別是菜市場，好像每一個人都忙得不可開交、忙得兵荒馬亂、忙得人人心煩意亂。為了避難，我只好跑到學校總圖書館去看書。總圖書館就是今天校門口進去耶林大道左邊第二棟樓，就在已經拆除的洞洞館和文學院之間。圖書館二樓閱讀區的設置保留日式古典風格，座位前面有隔板和對面座位的人隔開來，座位前面都有罩著燈罩的閱讀燈近距離照明，所以每一個人讀書的時候好像是置身在自己的小世界裡。書應該是很好看，所以不知道經過多少時間，我完全不知身在何處，直到我彷佛從異世界被喚醒。原來是圖書館管理員不聲不響的站在我座位旁邊對我說：「同學對不起，今天是除夕，我們圖書館只開放到中午十二點。」我抬起頭來一看，圖書館裡放眼望去空蕩蕩的，感覺是這世界只剩下我一個人。原來，也有一種孤獨是《過於喧囂的孤獨》。

艋舺是我從小長大的地方，所以回到艋舺，腦袋裡多多少少都會和小時候的事情連結在一起。我時常想到關於「老師」的傳說。從小到大的學校教育就給我們一個認知，說「師者所以傳道授業解惑也」。照這樣說，做老師的應該是一個了不起的人。當然我們可以說這是一種理念的宣示，不過如果現實與理念差距過大的時候，這種宣示會不會有時候變成一種諷刺？對於老師這概念的疑慮，我第一個印象是在念小學的時候。早年臺灣經濟還沒有起飛，大家家境普遍不好。但是當時家長為了讓小孩子念好書考好試以換取好的前途，大多也咬緊牙根繳交補習費給老師，讓小孩子參加課後補習。有一次有位有參加課後補習的同學因為家裡實在繳不出補習費而拖欠了兩個月，想不到老師上課時先叫他到教室後面去站了五分鐘後就叫他回家去，等交了補習費才來上課。我還記得同學走出教室的時候快要哭出來的樣子，我也想不通，那位同學又沒有做錯什麼事，為什麼老師要叫他到教室後面罰站，要叫他回家去？這也是我從小以來第一次明顯的意識到，好像做老師的也不一定有什麼了不起。那時候我是班長，心中有點想跟老師說什麼，但是不知道要怎麼說，也不敢說，而且再想回來，老師是大人，大人的世界一定有他們的道理是我們小孩子不懂的。

早年（甚至到今天）社會裡的小孩子是沒有什麼所謂平權的，那時候整個社會裡給小孩的所謂教育，最高境界是體罰，而且愛得越深，下手越重。大人由於原始社會所縱容的威權，毫無懸念的在面對小孩子的時候顯露出他們的不文明，以至於他們認為自己可以言語霸凌，可以拿藤條打小孩屁股或可以用手打小孩耳光。面對社會裡大人建構的體制教育，小孩子除了偶爾耍一些像是手心塗薑汁或褲子裡面再加一層衛生褲一類的小聰明來稀釋傷痕，在人格深處長此以往對自己沒有信心。年紀漸長，我越來越清楚的知道，社會就像是一個大水缸，很難說哪一個行業的人就特別好或特別不好，老師這一行也是一樣。但小學時對老師已經有為了補習費罰站同學的印象，對於傳統中有關老師這個概念的傳說，我其實早就沒有那麼當真了。

最後再來說關於「艋舺」的傳說。可能有很多人對於艋舺的印象會自動套用電影《艋舺》的故事，畢竟電影是一個經過聲光系統濃縮處理的表述，而它的片名又明明白白的叫做「艋舺」，給人一種如假包換的艋舺的感覺。有人評論說這部電影醜化了艋舺的文化，也有人站在藝術的立場為電影辯護。我不懂電影，無法對電影做什麼評論，也說不出來，這到底是一種醜化，或是我自己有些以為的美化。所謂醜化指的自然是艋舺還有其他正面的東西，而不是只有打打殺殺的世界。如果要我講，我比較務實，一定會立刻想到龍山寺前廣場（今天圍牆內的廟埕）或龍山寺對面（今天公園的位置）小吃店或小吃攤的美食，像是楊桃湯、鴨肉、肉圓、油粿或粿仔湯一類有的如今已經絕響的東西。從這個角度來看，以「艋舺」為名的電影醜化了艋舺的說法也沒有錯。但美化講的是什麼？首先，好像幫派的人就是長得帥；其次，雖然幫派的人打打殺殺，但他們講「義氣」，甚至也懂得比例原則，懂得不應該把人弄死的就不應該把人弄死。對於電影當中幫派分子就是長得帥這一點我沒意見，因為電影明星不帥，電影就賣不到錢。問題是，如果說到底是為了搶保護費的地盤而打打殺殺，那麼義氣的意義是什麼？因此，到底電影是在醜化或美化艋舺的問題，答案是端看角度。

如果生活不是大人的生活才叫做生活，世界不是幫派的世界才叫做世界，艋舺街頭小巷生活本身自有她的生機。小時候外婆家在艋舺的西園路上，離貴陽街轉角的地方隔了幾戶鄰居。由於貴陽街上的青山宮也只離西園路轉角的地方沒幾戶人家，所以外婆家後門和青山宮後門是相通的，也就是老人家說的「屁股黏在一起」。屁股黏在一起的地方是有好幾棵大樹的大院子，院子中間有一口大家都在使用的大井，我也不知道那地是誰的。小時候沒有寫作業又要偷偷溜出去混混，為了掩人耳目常常就是從這後門溜出去的。但問題來了，進入青山宮後門要通往前殿的左右狹窄通道出口旁邊，一邊擺了七爺，一邊擺了八爺。七爺八爺站在兩旁顯然不是沒事，因為你會看到他們的眼睛一直在看你。八爺雖然矮，但也因此他就像好兄弟站在不到五十公分的距離，眼睛平平盯著你的眼睛問，「你要去哪裡？」七爺雖然比較高，不會把一張臉近距離湊到你眼前問你要去哪裡，但他會在昏暗的光線底下吐出長舌頭來嚇人。於是每一次我要溜出門，經過那通道的時候都不敢造次，會先到七爺八爺面前拜一下，然後才出發。不過應該也是因為我拜得有夠真心誠意，所以都有得到保佑，都可以平安回家，而且重點是沒有被家人發現。

華西街的殺蛇店門口經常圍滿人潮聽老闆叫賣獨家的解毒藥散。解毒藥散不只清涼降火，還可以養顏美容或治療香港腳。更神奇的是被毒蛇咬到時立刻服下解毒藥散就可以化解攻心劇毒。老闆說就在當天，有兩個人被毒蛇咬到，被送到他店裡急救，也都被救回一命。不過隔了三天後我又去蛇店看熱鬧，老闆也是說那一天他的藥散救回兩條人命。反正以後我每一次去，他當天都正好救回兩條人命。比蛇店叫賣更精采的應該是派克牌鋼筆的叫賣。派克牌鋼筆的流動叫賣商占據梧州街靠近和平西路口防空洞旁邊的廣場，排場很大。為了展現派克牌鋼筆的優秀加卓越，主持人在白色大布幕前掛了一個鏢靶，然後把鋼筆當作飛鏢不斷射靶。主持人應該也是有練過，飛鏢如果不是射中紅心，也離紅心不遠。我想當時的派克鋼筆應該做得不錯，否則怎麼有辦法像主持人所示範的，在被當作飛鏢射了十幾次以後還有辦法寫起來那麼流暢？從此以後，我人生心目中好鋼筆的標準就是要能夠被拿來當作飛鏢射。不過沒過多久用鋼筆書寫的習慣很快式微，大家都改用原子筆。改用原子筆，最大好處是筆丟了也沒有關係，但壞處是從此以後我就沒有飛鏢可以射了。

我對快樂沒有太多要求，不一定要看人家賣膏藥，也不一定要有派克鋼筆可以當飛鏢射。只要沒有人管我，我就會覺得很自在很快樂。念小學的時候曾經有一次因為颱風淹大水，淡水河二號水門附近居民的房子被大水沖毀大半，許多災民帶著他們養的一大群小豬被安置到學校教室暫住。說是暫住，一住就是一整個學期那麼久。由於學校教室不夠分配，我們這一年級被安排每天只上半天課，有時是上午課，有時是下午課。上課時的課間休息十分鐘我們都跟小豬一起玩，進教室時全身都有豬的臭味，但反正大家都臭，所以除了老師，誰也不吃虧。我感覺可以只上半天課是天大的禮物，比放寒暑假還療癒人心，一來因為即使是寒暑假都不會是放一整個學期那麼久，二來這種假不像寒暑假那樣是被預期的，而是一種被突襲的驚喜。我真實覺得，那一個學期被大人少管一半的過活是我人生當中關於「求學」這回事最讓我懷念的時光。

傳說的形式與去形式

所謂形式的意思是一般人所認為一個東西存在的樣子，譬如說眼鏡是人架在鼻梁上的加框玻璃片，鞋子是人套在腳上包住腳踝、腳板、腳趾的東西。至於稍微抽象一點的概念，例如聖誕樹是聖誕節的形式，玫瑰花與大餐是愛情的形式，名車是地位的形式，放鞭炮是過年的形式，厚厚的頁數是論文的形式，法律條文是法律的形式，拒絕認罪是惡性重大的形式，補習班講義是國家考試的形式，以及最後，財富是幸福的形式等等。

所謂一般人，講的自然是一個大致上的概念，而不是絕對精準。有很多東西留在人們腦袋中的形式是相當一致的，譬如說原子筆或蘋果。但也有很多東西留在人們腦袋中的形式是會有相當落差的，譬如美麗、政治家或所謂的公平。原子筆或蘋果之所以在人們腦袋中留下相當一致的形式，原因應該是人們大多對這些東西不會有不同的情感寄望，譬如說不管是什麼樣的原子筆，只要可以寫字就可以，很少人會因為拿了哪一個牌子的原子筆寫字，因此就快樂起來，拿了另外一個牌子的原子筆寫字，因此就變得開始討厭人生。但是對於美麗或公平這些東西，情況可能就不是如此。譬如說「美麗」，如果你心裡想的是顏值，媒人婆給你做媒的卻是飽讀詩書又會做刺繡的內在美，或者你家裡長輩心裡想的是日劇裡阿信般的賢慧，媒人婆給你做媒的卻是從韓劇裡伸展臺走出來的模特兒，那你可能要傷腦筋傷很久。

重點在於，這世界上的一切形式都是經過概念傳說而來的，因為我們從小就被教導了成千上百個「什麼就是什麼」的說法，而且是完全不需要思考，甚至是完全不容許思考的「什麼就是什麼」，譬如人生價值的「有錢就是老大」，或是大學價值的「邁向世界百大」，或是死刑政策問題的「殺人償命」。問題是，欠缺思想教育的教育系統，洗腦作用的結果是我們對於幸福可能性的完全無感，好像反正人生就是如此。欠缺幸福價值的思考，好像只要習慣了就不會有痛。但真的是如此嗎？

因此對於一個東西的形式，沒有經過個人幸福連結關係的思考，我稱之為純粹形式，意思是說，這種方式的存在對個人幸福的實質效益關係是讓人存疑的。譬如近來到花東旅行的觀光客很時興所謂的無菜單料理，好像旅行行程安排沒有吃到無菜單料理就會很遜色。但是我告訴你，我現在如果在家裡烹煮，也都是無菜單料理。問題是那又如何，好吃了嗎？再說一個和離婚有關的例子；講到離婚，幾乎每一個人想到的場景都會包括對子女監護權你爭我奪甚至呼天搶地的一幕，好像這（連續劇出現的戲碼）是一定要的，要不然離婚就很沒有儀式感，很沒面子。其實子女並不是財產，而且對於真正有責任感的父母而言，子女的養育與監護是天下第一辛苦的事情，那麼不管自己能耐如何的非要爭取到監護權不可，意義是什麼？因此我非常欣賞一對我認識的年輕夫妻開玩笑但卻有智慧的說法：如果有一天要談離婚這件事，那麼除非對方願意把小孩的監護權拿走，否則想要離婚免談。但是我看他們夫妻兩個人都是坦白與善良的人，都不肯自己一個人「獨享」監護權，所以事實上他們一輩子都不可能離婚。

東方社會裡，念書這回事可以說是「純粹形式」的代表，因為每一個人都認為那是功成名就和人生幸福的最有力保證，所以每一個人都跟著念書就對了。當然，念書是人生幸福或甚至功成名就的手段，這說法也不見得不對，只不過如果念書也有幸福連結的問題，那麼念書的方法只能是用心體會世界、用心思想世界。但用心體會世界和用心思想世界很累，人怎麼會有那麼多力氣可以做這些事情？唯一可能的動力來源是一個人對世界某一些東西真實的興趣，所以性向概念很重要，否則對於一個沒有興趣的東西頂多也只能擺出念書的樣子，包括一知半解的背書模式。不過東方社會裡的傳統觀念好像認為人不需要在乎真實的自我，只要在乎外在的世俗想法，甚至即使是虛偽的在乎也可以，好像這樣就可以對父母、對親朋好友、對社會、對國家有所交代。因此教育部規定的大學排課原則就是週數要多，中學生比拚的是一天念書幾個鐘頭，家長要求學校的是減少非考試科目的時數到零，以及最好還有大量所謂正規科目的補習課。

我想到在德國上法律練習課程的情況；在學期開始前的寒假或暑假裡，學生必須先做好實例題的家庭作業。開學後的第一個星期就要繳交第一次的家庭作業，開學後大約第三或第四星期就舉行第一次的考試。如果第一次家庭作業和第一次考試都通過了，你就可以拿到這學期的及格證明；換句話說，你這學期還剩下的兩三個月時間也可以愛怎麼玩就怎麼玩。

原來念書重點都在自己的用心思想，而不是上課時坐在教室裡、放學回家後坐在書桌前的樣子。但是在臺灣社會，或許是現實壓力巨大使人沒有辦法定下心來誠實關注自己的興趣和能力情況，所以對於念書這回事往往只剩下念書的樣子。這種做做樣子的生活哲學應該就是幾位世界上有名的管理大師所說的最糟糕的情況：一個人最糟糕的情況並不是偷懶，因為偷懶至少也得到了休息。一個人最糟糕的情況是假裝工作的樣子，因為不斷耗費人生精力，實質上卻沒有任何報酬。

學生和家長不關心學生自己的興趣情況和能力情況，很清楚的也反映在選填志願這一件事情上頭。大學有大學排名表，科系也有科系錄取分數排名表，所以這些排名表就取代個人興趣考量而成為學生選填志願的鐵律。相類似的問題，這幾十年來臺灣的技職教育大致上已經消失了。雖然我們還有掛著技職學校名義的學校，但是因為家長的觀念問題，所謂技職學校實質上的課程都是以幫助學生轉入一般學校為目標，所謂技職教育只剩下形式。很早以前有一位也在法界服務的朋友向我提到，他希望他的小孩也去念法律，但他的小孩對念法律沒有什麼興趣。不過他又說，反正法律國家考試就是靠背書，所以對於他的小孩，不管如何「硬壓也要把他壓下去」。我一邊不好意思直接告訴他說法律不是這樣念的，另外一邊也不得不同情起他的小孩。我擔心這小孩如果真的念法律，結果會是如何，會幸福嗎？會是好的法律人嗎？

記得還在學校的時候，有一次我在研究室工作，突然有一個校外的考生打電話進來問我：「老師，我要怎麼樣才能考上國家考試？」我給他一個標準答案，就是用功念書。這個答案顯然對他沒有幫助，所以他又問了，「我的意思是，要怎麼樣才能一下子就考上國家考試？」當時我也不知道要怎麼回答他的問題。我旁邊的助理聽著我們的問答，在我旁邊咕噥說：「就跟他說拜拜啊！」當然我不能這樣說，不過我想到每一次在國家考試閱卷時都會有一個感覺，其實考生當中至少有一半的人是徹底無心念法律的。所以在電話裡面，我很想告訴他再想想看，自己對念法律是不是真的有興趣？但我也不了解他的詳細情形，不能隨便給建議，好像是建議他快速放棄念法律，於是最後只能告訴他再用功。只是我也不知道，這個答案能夠有什麼用。

我們的社會文化不只對於工作或念書這樣的事情走純粹形式路線，我們連休閒的事情也是走純粹形式路線，最明顯的例子就像旅行或渡假。大約從五十年前國內慢慢有所謂旅行渡假的概念開始，所謂出國旅行比拚的就是你去了幾個國家。有人是一週去了五個國家，但他還是輸了，因為隔壁鄰居參加的團是一週去八個國家。幾十年之後，大家才慢慢感覺到一個星期要跑八個國家很累，所以不再這樣跑了，但是換成不同的形式：一路睡覺、尿尿、打卡、拍照、上網昭告諸親友。其實我不太理解拍照。如果旅行的用意就像《魔幻年代》書裡所說的，是在旅途美景的轉換中回到初始狀態，重新接觸到原來的自我，那麼伴隨旅途的應該是一種類似沉思的狀態。但所謂拍照或特別是自拍，感覺好像是不斷掙扎著要脫離自己，而不是回到自己的初始狀態。而且我想，人不斷掙扎著要脫離自己，很可能也是徒勞，因為人在美麗的風景裡不死心的自拍應該也不能夠起什麼作用。譬如我的長相不滿二十分，那麼好像也沒辦法因為在一百分的風景裡自拍，平均下來的結果，我放在非死不可上面的長相就變成有六十分。當然也有另外一種說法認為這是一種生活紀錄，將來可以回顧。姑且不論如果要做紀錄，那麼自拍時就應該要記錄真實，不應該開啟美肌模式；更重要的是我想，不管人有多老，應該一直會有新的事情要忙，應該不會有時間一天到晚一直在回顧。因此我的建議是，旅行的時候帶一本畫冊，帶一支簡單的筆，把眼睛所看到的美麗的東西畫下來，因為那是你和所到的地方密切接觸的一種方法。不過既然心是如此自由，那麼碰到連假塞車、疫情後飯店人滿為患或機票大漲價的情形，就不如在家裡沖一杯咖啡看小說，既省錢，也可以回到人的初始狀態。

要說旅遊讓人回到初始狀態，我大概從二十年前開始經常到山野間露營，有幾次我是一個人一盞燈在中橫黑漆漆的溪谷裡過夜。夜裡除了旁邊溪谷裡的流水和遠處山上傳來的山羌叫聲，萬籟俱寂。天亮後，望著對面的青山，站在溪邊刷牙，一回頭正好看到一隻不知道是什麼鷹的飛鳥迅速的叼著我放在桌上的一袋吐司麵包揚長而去。我不可能追，也不可能飛，只好弱弱的祝福牠有一個美好的早餐。不過自從國內露營風氣大開之後，很多人露營的模式變成是把家裡的卡拉OK搬到露營地去歡唱，或是架起銀幕放起電影，有時還會有摸彩活動的歡呼聲。從此露營的概念只剩下所謂睡外面的形式，所以我也沒有再去露營了。

再回頭說法律，法律也有幸福連結關係的問題，對法律人而言更是如此。說到法律人的法律幸福連結，最令人心痛的情形是有時候傳來法律系學生自殺的消息。這原本應該是最簡單的問題；如果人的幸福是應該被珍惜的，而念法律卻會讓人走到想要自殺的地步，那麼為什麼不把法律這東西丟到垃圾桶裡面去？在這件事上，我不時會想起這輩子教導的學生當中最讓我感覺到欣慰的一個學生。這個學生念書到後來因為法律考試壓力的關係，身心無以為繼。在經過一些思考和討論，家長也理解之後，最後的決定是完完全全放棄念法律。最後一天，我看著學生在正中午的陽光底下坐上計程車離去的背影，心中一直存著一些牽掛。後來因為工作忙碌的關係，我慢慢淡忘這件事，然而大約過了四、五年的光景，有一天我在學校研究室裡收到遠方寄來的一封信，是這位學生寄來的訊息。信上告訴我說，現在在一個鄉下地方的學校教書，教一群小朋友。信上最後一句話是，「老師，我想告訴你，我現在很快樂。」

我後來對於教育這東西有一些另外的想法，我懷疑教育的作用就是在把學生教會什麼東西。教育的基本任務的確有一部分是教會每一個學生某一些東西，因為這些東西對於可能的快樂生存來講很重要，例如體育、語言、公民、基本哲學、簡單的算術等等。但是講到專業，人不是三頭六臂的東西，所以並不是每一個人都會對某一種東西有興趣或有能力。既然如此，那麼為什麼僅僅因為我們看到社會上各種職業當中的醫師、律師、會計師、法官、電腦工程師等等好像可以輕易換取相對豐厚的薪資報酬，因此家長就要千方百計迫使自己的小孩去念這些科系？經過幾十年的教育工作之後，我很清楚的感覺是，在越專業的領域裡，我們越難把一個人從不會教成會。如果我們看起來果真有辦法把一個人從不會教成會，那表示這學生的腦袋裡本來就接近於會了。所以不管人文或自然科學，專業教育的意義不在於把任何學生從不會什麼變成會什麼，而是幫助學生在他的性向領域當中去頓悟與進階。至於更早的國民基礎教育的核心意義，則在於幫助小朋友慢慢去發現自己的性向領域是什麼。或許這也是為什麼德國和其他很多歐洲國家小學生「正式」上課時間相對少很多，剩下約莫有半天時間是由學校提供各種不同的音樂、運動或手作等特殊課程，讓小朋友根據自己的喜好去自由參加。

沒有「法律」，只有法律人！

對於執著於法律學的法律人而言，法律的幸福連結關係問題似乎更容易被有意或無意的看不見，因為對「法律等同幸福」或「法律就是法律」這些形式的懷疑，好像就是對於自己專業形象的懷疑。不過如果法律人不去懷疑法律是否等同於幸福的問題，到頭來被犧牲掉的應該不只是自己這個人的幸福，被犧牲掉的也是法律潛藏的光彩，也就是法律正義。簡單講，沒有生命感覺的法律不會是正義。

任何人被生出來以後就要進入傳說的世界裡，第一個傳說是關於「媽媽」的傳說。問題只是，那個傳說是誰的傳說，以及那個世界是誰的世界，因為有些人的人生是一生下來就被媽媽拋棄的。因此，如果我們人的存在只能像一般介紹旅遊景點的書籍一樣把世界上的傳說再傳說一次，只能把世界上的文字再文字一次，那麼所謂世界其實只剩下印刷工程，沒有感覺也沒有生命，沒有快樂也沒有悲傷。

但從生命的角度來說，這世界上任何東西的組成，除了金屬片和塑膠塊，除了質子、中子和原子，應該還有它在這世界上經歷的點點滴滴的故事。如果不是如此，我們很難想像，譬如我們書桌上的一個手錶或一支手機，他們要如何浮現自己的意義光景？搭手扶梯到百貨公司九樓的電器用品部，馬上可以看到琳瑯滿目陳列的洗衣機，上面標示了形形色色的優惠方案與價格。但如果不是想到以前阿嬤們洗完衣服駝了快九十度的背，搖晃著兩支快垂到地面的水桶一步一步走回家的身影，那麼當我們人在電器用品部前面盯著洗衣機看，除了看到一堆刺眼的金屬片或塑膠塊之外，還可以看出洗衣機是什麼東西？

石黑一雄寫的小說《克拉拉與太陽》（*Klara and the Sun*），機器人克拉拉應該已經被植入撫慰人心的程式。其實我不太願意說她是被植入撫慰人心的程式，因為如果不是她自己就真的是一個人，她的言談和行動怎麼有辦法跟人一樣，而且是跟一個既聰明又善良的人一樣撫慰人心？但畢竟克拉拉的身體還是化學材質做成的，她的頭蓋骨還是可以透過一兩個簡單的機關被打開的，需要的時候她還是必須先充電或添加某些流質原料的，所以我們還是不得不面對她就是一個機器人的事實。只不過設計克拉拉的工程師究竟要在克拉拉的身上植入多少人間酸甜苦辣和悲歡離合的故事，讓克拉拉變成一個懂得諒解、忍耐、謙卑、冷靜、學習，甚至自我犧牲的克拉拉？換句話說，如果我們說機器人克拉拉有靈魂，那是因為即使對應於一個人可能經歷過的生命旅途來講，克拉拉感應過這世界幾近每一個方位的冷暖。

如果說機器人也要有靈魂，或是說機器人也會撫慰人心，那麼法律就像我們常聽到「科技始終來自人性」那句話，應該也是一樣，因為人寫出法律原本不也是為了讓人的日子可以好過一些？因此法律的存在只能融化在人的生命經驗當中，法律的靈魂是人的完整故事的投射。如果人可以選擇法律，就像可以選擇櫥窗裡的機器人規格類型一樣，我們應該會喜歡善體人意的法律，會喜歡懂得人類故事的法律，就像會喜歡克拉拉一樣的機器人，而不是另外一些不管規格類型有多麼新潮，價格有多麼昂貴，卻沒有感覺的機器人。

「我不喜歡法律」，當我講這一句話的時候有很多人會大吃一驚，甚至可能以為我在戲弄人。但請不要緊張，我說我不喜歡法律，是我不喜歡這世界上法律的形式色彩。如果脫離情緒作祟，那麼我會說法律的存在和秋葵的存在一樣，很難吃，但對人的健康卻很有幫助，意思也就是，難吃的秋葵是必要之惡。事實上我的理性讓我吃飯吃到秋葵的時候並不會去歧視秋葵的人格，我最後還是懷著尊敬的心把它吃下去。所以我說我不喜歡法律，和我說秋葵很難吃是一樣的意思。當然這裡浮現出最後的問題，法律在我心中最濃烈的讓我不喜歡的形式色彩是什麼？這問題對任何誠實的自然人而言，答案應該是再簡單不過，就是威權。

人是乘載思想的存在體，人有自己想要的東西，因此人有自己定義世界的需求，但這世界上包括法律在內的任何規範都某程度在剝奪人自己定義世界的自由，都在壓縮人的人格。因此如果人不能想辦法應對一切規範對人的擠壓，結局是人格不斷的被委屈和變形。很遺憾的，這世界每一個人生活中都會遭受數不完的不管對或錯的規矩束縛。小孩子要寫好幾個鐘頭的功課、不能吃太多巧克力、不能沉迷電動什麼的。長大以後，男生不能整天玩樂器、女生不能和男生牽手，甚至還有宵禁什麼的。一直到男女成人結婚後還是不能自在做人，古代女人要講「三從四德」，男人要有「男子氣概」，否則都會有輿論制裁。近年來的摩登思潮是「配偶權」；據說這世界上有一種叫做「配偶權」的東西，而且看來這東西再繼續翻滾下去，已婚男女不能隨便和其他女男吃飯或聊天，當然更不能表情有說有笑，否則顯然惡性更重，損害賠償金額也更高。

這麼說來，法律人可能是肩膀承受壓力最重的一群人。雖然這個社會有各式各樣的規範，但每一個人所負荷的規範大抵上都和他的個人生活情境有關係，譬如女生不需要管兵役問題，單身貴族不需要管小朋友注射疫苗的事情，而不管是男生、女生或單身貴族，多數人都不需要管犯罪不犯罪的事情。不過相對的，法律人因為專業領域的關係，理論上要負荷的是這社會裡全部硬性規範的匯集。做為全部硬性規範匯集的象徵就是六法全書，當中網羅對於全部人全部重要事項的規矩。如同前面所說，每一個規範都是壓縮人類自由空間的框架，結果法律人腦袋裡是密不通風的框架世界，法律人似乎很難再是自由人。

那麼法律人如何重獲自由？邏輯上唯一的可能性應該是讓形式上的框架不再是心理上的框架：換句話說，唯有當傳說中的法律和我們自己的理念所界定出來的世界一致的時候，我們才得到解脫、重獲自由。只有當我們自己心裡可以沒有罣礙的接受一個法律規定或法律說法的時候，晚上才睡得下去。不過法律人要能夠重獲這樣的自由，並不簡單，因為如同上面所說，我們從法律上任何一個字一個詞開始，就要面對一個傳說匯流、傳說混亂，甚至是傳說霸道的世界。

我記得在德國念書的時候，公法課第一個讀到的案例是關於慕尼黑市政府對轄區內色情表演的禁令所引起的法律訴訟。官方禁止色情表演的法律依據是基本法上維護人性尊嚴的規定，法院也認為色情表演侵害了表演者的人性尊嚴。但這樣的立場也招致表演業者和學術界的批判，批判的法律理由也是基本法上維護人性尊嚴的規定：如果我的人性尊嚴方式是由你來決定的，那你是在維護我的人性尊嚴，還是在侵害我的人性尊嚴？結果是對於相同的「人性尊嚴」概念各取所需，各自解讀。憲法位階的文字概念應該是很莊嚴的東西，但應該是很莊嚴的東西在現實當中卻似乎又和菜市場上的討價還價一樣讓人不安。

唯有當傳說中的法律和我們自己的理念所界定出來的世界一致的時候，我們才得到解脫、重獲自由。這說法是不是太浪漫、太不尊重法律的存在呢？其實一點也不會。法律自己不會講話，如果有人說法律說什麼，本來就都是人藉著法律之名在說什麼，是一個傳說。所謂一個傳說，意思是那是別人對世界的描述，但對我的世界而言不當然是真實的東西。或許有人認為，至少法條文字本身總是法律自己說了什麼，但不要忘記，法條文字如果不是透過解釋而和現實生命的經歷套圖在一起，也只剩下六法全書文字的印刷工程：紙張和色料。只有從自己的經歷和自己的思索才能浮現自己真實的世界和當中法律的影像。

因此法律人的意義並不在於念了或傳述了多少法律、多少學說、多少理論或多少實務彙編的判決意旨，而是兩隻望著世界的眼睛，以及說話內容的邏輯結構。眼睛看著世界是本質，說話的邏輯結構是方法，如此就是，也才是法律人實際存在的方式。一如藝術家可以宣告「根本沒有『藝術』，只有藝術家。」在法律世界裡也是一樣，根本沒有「法律」，只有法律人。簡單講，寄望於「客觀法律」和寄望於「客觀藝術」一樣，都像等待果陀，等到天荒地老最終空無一物。天荒地老空無一物也沒有關係，重點是自己也日漸憔悴，直到完全消失。

在這樣的概念底下我順便要說《東京白日夢女》的連續劇。那是三個所謂東京女孩在二〇一三年聚會的時候說好要在二〇二〇年東京奧運會之前找到自己的另一半，後來三個人各自在人海中翻滾的故事。三個女生有的碰到的是婚外情，有的一直都只是一個備胎情人，有的看似找到單純的愛情，但她如果不是和一個雲端藝術男談情，就是和一個老實可靠得不會讓自己心跳的男生說愛。結果三個女生慢慢發現自己也受不了，也發現幸福這東西好像沒有一定的形式，發現幸福的形式是只能自己界定的：為什麼非要在二〇二〇年的東京奧運之前找到另一半不可？更根本的，人為什麼非要有另一半不可？和一個對不上話題的人談情，不管那層次是更高或更低，會讓自己心跳嗎？和一個不會讓自己心跳的人說愛，不管那個人的髮型有多麼性格，或那個人自己有多麼老實可靠、有多麼的愛國，就不會有遺憾嗎？看來這三個女生都算是幸運的人，不是因為他們終於得到了什麼，而是因為她們終於為自己定義了什麼。

那麼如果我們自己理念所界定出來的世界和法律傳說中的法律無法一致的時候，怎麼辦？就人和外部社會的互動關係上，如果你是一個教育家，那麼就把理念再講一次。如果你是一個社會家或政治家，那麼就用行動抗爭或直接改變法律文字。當然教育家、社會家和政治家的界線並不是絕對二分，說理的本身也可能就是一種抗爭，就像法官要逆風向做判決時的情況。總之，這個社會的進步需要不同類型的人合作，但不管是教育家、社會家或政治家，有一個基本前提是不變的，那就是思想。人對於理念的信心並不是來自既定的立場，而是來自自我思想的檢驗。自我思想檢驗的重要性在於，正因為思想的本質是主觀，那麼勉強接近所謂客觀的可能性只有一條路，就是透過對他人立場的關照去尋找自我修正的可能空間。如果不是如此，溝通的目的永遠不可能實現。因此我對「客觀」這概念的看法是，粗魯的主觀是主觀，謙虛的主觀是客觀。所謂粗魯或謙虛的差別在於自己的想法是不是經過邏輯系統的檢驗。這當中存在的不只是技術問題，更重要的是態度問題。

我們在前面說過思想邏輯的重要性，說它是檢驗真理的標準。其實思想規則除了就是思想規則，更深遠的意義是在形成一個人的獨立觀點。我這裡要說的是更嚴肅的問題。教學與考試政策大多把教育變成單純的記憶之學，結果是學生沒有想像力，在面對問題需要啟動思維機制的時候，腦袋反射出來的僅僅是沒有現實關聯性的文字記憶。許多研究生寫論文時艱難困頓好幾年而無從下筆，最後寫出來的也是沒有核心論點的大本剪貼簿。主要問題出在沒有邏輯上的敏感度，因此欠缺述句之間的連結路徑，以至於面對龐大的、立場互同或互異的資訊時，除了無法主張對錯，更無法連結出新的看法。我們看到甚至包括專家所寫的很多論文是理論文字的複述，內容永遠是在抬舉誰說什麼或哪個權威機關說什麼，好像是粉絲團舉著手板報到按讚，圍著偉大的哲學家、學說或判決手舞足蹈的繞圈圈，接下去就沒事了。即使有時候論文列舉甲說和乙說之外也列舉了所謂的折衷說，似乎是自己面對甲說和乙說時也做了某一種立場的論斷與選擇，但其實所謂的折衷說也只是在抄襲別人所說的折衷說。其中根本被遺忘的重點是，那麼你自己怎麼說？

到了今天，人工智慧系統正在取代各行各業的工作位置，這也讓我想到很久以前有一次在某一個法律領域的學術研討會上，有一位也在學校兼任課程的「專家」，開口閉口講的就是美國哪一個法院判決說什麼，或是哪一個教授說什麼，好像某種形式權威的東西就算是問題的答案。問題是如果法律人要做的事情就是這些，那麼毫無疑問這是即將快速消失的法律人，因為那還不如採購一組最低階、價格也最便宜的AI到法律學院來授課。現在對於法律人的國家考試也會碰到相同的問題，今天我們已經看到法律AI對於一些法律理論問題的回答，程度可以說是在法律人當中的前段班。只不過對於理論問題討論的文字串聯關係的歸納比較單純，人工智慧系統的發展自然會很快，但是實例問題討論的文字組成相對多樣與繁複，因此要做文字串聯關係的歸納可能需要更多時間。但即便如此，人工智慧系統至少做為回答法律問題的輔助工具，力量也已經夠強大了。如果現在是這樣，那麼很可能不久的將來（其實是今天已經），法律事務所可以用人工智慧系統幫助打訴訟，訴狀水準可以在今天法律人的前段班，或人工智慧系統自己也可能寫出相當好品質的判決書。那麼在長久以來標準答案的思維模式底下，現在的法律國家考試是要考什麼？只剩下考法律AI實作技巧？

我個人對於人工智慧系統的發展在法律領域裡的應用其實是萬分感謝，因為它讓人們醒過來去面對一個嚴肅的問題：人（法律人）的價值是什麼？在這樣一個清楚堵在眼前而讓人不再能夠迴避或甚至無感的現實底下，將來的法律國家考試應該沒有辦法再用標準答案的思維模式繼續考下去了。就好像自從這世界上有了加減乘除的計算機可以使用之後，除非情況特殊，譬如說停電、純粹腦細胞反應訓練，或純粹的綜藝娛樂，否則我們還要花心血、花時間，拿著一支筆和一張紙不斷練習自己做加減乘除的計算是要做什麼？我想如果法律國家考試還可以考下去，考試的方式應該不再是什麼問題的標準答案是什麼，而是直接把經過高階人工智慧系統操作出來的答案交給考生，看看考生在ＡＩ面前可以有什麼說法。

三、如果法律像文學

要應對我們眞實的複雜人生，不只自然科學的語言貧瘠，法律科學的語言也貧瘠。

要用什麼文字描繪人生？

我一直認為人透過文學所理解到的世界最清楚，文學所呈現的人生最鮮明。我曾經讀到不記得是哪一位文學家講的話，他說「這世界上最精確的語言是詩歌」。對於這一句話，可能有很多法律人會覺得不服氣。想想看，光是刑法上所說的「散播猥褻物品罪」，法律人就會質疑當中「猥褻」這兩個字是概念不清楚的文字。是三點全露叫做猥褻嗎？那麼露兩點呢？還要看表情？什麼樣的表情？眼神要渙散？怎麼樣算是眼神有渙散？到底是什麼嘛？甚至有人說它是違背刑法文字應該有的明確性原則，是違憲的條文，也因此有勞大法官去論斷。如果要像法律人這種計較方式來看一般文學敘述裡頭的遣詞用字，法律人顯然會說那是不精確的文字，更不用說念自然科學的人來看更是如此。像是歌詞「你去想一想，你去看一看，月亮代表我的心」，請問那是在說什麼？是向你明示愛情像月亮一樣，要用晶瑩閃亮的鑽石來展現你的誠意？或是向你暗示今天的燭光晚餐要吃月亮蝦餅？

那麼為什麼我喜歡「這世界上最精確的語言是詩歌」這句話？其實這裡的基本問題是，所謂精確是什麼意思？從字面來看，語言精確是語言的描述符合於客觀事實，並且即使到了細微枝節處的描述，也都符合客觀事實。語言的描述是否符合客觀事實，要依賴現實的驗證。對自然科學者而言，大江大海裡每一滴水分析出來的都是兩個氫原子和一個氧原子的組合，所以 H_2O 是一個描述水的精確語言。不過不要忘記，這裡人們之所以滿足於 H_2O 做為一個精確的語言，是因為物理學家只關注物理的世界，而不及於其他。假設有一個小孩子到了速食店吵著要喝加味汽水，媽媽回應的方式是向店員點了一杯水，然後告訴小孩子說，水也好，汽水也好，都一樣是 H_2O，那麼對小孩子心中的嚮往來說，這個 H_2O 的表達顯然不精確。

當然自然科學家可以再憑其專業，分析出加味汽水的成分，譬如說是 H_2J_2O 好了，並且精確的寫出結構來。但是在具體人生的世界裡，這也很可能不精確，因為這裡的事實是男主角想要喝一杯心上人親手調出來的加味汽水 H_2J_2O，而你給的卻是隔壁超商賣的包裝

H_2J_2O。看來自然科學世界的語言是精確，但其精確是針對自然科學所關心的有限世界在講的。至於要描述完整人生，人生像跑馬燈，輪流上場的是形形色色的悲傷、憤怒、歡樂、淡然、虛榮、忌妒、貪婪、驕傲、滿足、恐懼、愛慕或無奈。那麼你可以想見，要對應這樣的人生，自然科學的語言可能就貧瘠了。不只自然科學的語言貧瘠，法律科學的語言也貧瘠。因此我們在這裡借用一下心理學大師阿德勒（Alfred Adler）的想法；阿德勒的心理學前前後後多少顯露出是把真、善、美當作同一回事在看待，所以他認為詩人是懂得心理學的一群人。其實如果要說詩人是懂得心理學的一群人，那應該是因為詩裡面呈現詩人對躲藏在幽微角落的人性沒有遺漏的關懷。在這一個角度底下，我們也可以說，詩歌是最科學的東西。現在的問題是，心理學家面對詩人時顯現出極其謙虛的態度，那麼法律人要選擇如何面對詩人呢？

法律專業語言系統基本上是停留在相當程度的抽象模式，因此法律當事人會感覺，法官把法律或判例文字簡單套用在自己具體個案上的做法不見得就是公平，或者說法律文字對具體個案應有的關照密度永遠不夠。在這裡值得思考的是，司法實務上長年希望透過判決意旨系統化整理，提供法官判決時一致性的依循和引用，意思是裁判的一致性至少可以符合某種公平正義的想像。當然這不是錯，只是正義之路也不會這麼簡單，因為所謂裁判的一致性，固然可能是對的一致，也可能是錯的一致。更重要的是，由於每一個個案都有它獨特的差異性，每一個案件的公平正義不會固定在法條文字字面，不會固定在判例文字字面，不會固定在一切的形式裡面，只能不斷在個案細節裡尋找，否則所謂實務見解的一致性也只是表象上的一致性。

阿德勒在《認識人性》書上關於人性心理學有一段說法是，「人性的理解並非書本的知識，而是必須在實踐中取得。」方法則是「體會別人的每個心理現象，對它們感同身受」。阿德勒針對認識人性心理學所講的東西和法律具體正義問題的思考有相類似的情境。在治療精神病患（而不是治療騎腳踏車跌倒造成膝蓋流血的傷口）時，「醫生必須清楚病人的內心發生什麼事，才能做出有用的診斷。」那麼既然法律被設定的基本目的是用來處理人的行為價值問題，如果可以不管一個人生命經歷什麼事，可以不管人的內心有什麼印痕，判決結果就不是一個「有用的診斷」。然而或許出於眼前的思想懶惰，但也可能是因為裁判者情感經驗的侷限，人們只想（類似操作冠狀肺炎快篩劑）一再操作簡單的辨識系統，以為透過法律文字形式的簡單複製就算完成對譬如愛情這種東西的公平正義的定調，好像天底下的故事都會長得一模一樣，也都要長得一模一樣。人們以為只要對於人生不要想太多，人生就安穩下來。然而真實人生複雜甚至詭譎，因此對於人生不要想太多，人生並不會真的就安穩下來。

刑法第五十七條「科刑時應以行為人之責任為基礎，並審酌一切情狀……」的量刑規定可以說是完全暴露出刑法在真實人生應對上的困窘。文字上講「審酌一切情狀」，已經是對一個人之艱難處境的最細微關照，因為概念上已經沒有比一切更一切的境界了。問題是，如此的細微關照在現實上可能關照到什麼程度？其實所謂「審酌一切情狀」可以說是帶著夢幻色彩的用語，因為既然講一切，講的是無邊無際的世界，但法官不是觀世音菩薩，究竟要如何抓住無邊無際的東西？也難怪法官在判決書的理由敘述上乾脆直接寫明「爰審酌一切情狀」這些字眼來表明心中已經走過所謂一切考量的過程。我們也不能因此說法官就是只出一張嘴，因為要不然是要怎麼辦？針對「應審酌一切情狀」的要求，事先沒有遺漏的做出一張檢查項目列表式的審酌一切情狀是客觀上不可能。所以我說，人生有多難，量刑問題就會有多難。法律上「應審酌一切情狀」的規定真正不變的功能就是督促法官盡最大努力去做考量。至於現實上的意義可能是做為當事人上訴時的上訴理由，也就是當事人接到判決書後，憑藉個人偶然一閃的靈光，在茫茫大海中去鎖定原判決任何一個可以被標示為思考疏漏的地方，再加以放大後來主張原判決不合法，再接下來就還是交給法官去做認定。

我們從這裡也可以知道，國內外都有實務或學說想要設計出一套計點的公式，透過電腦計算加加減減就可以得到公平的量刑裁判。這種構想至少對大多數傳統的犯罪類型來說，應該是把人生想得太淺層了。不過近年來有一個看似極端的預測是，包括律師和法官在內的法律專業工作，都是二十年內可能消失的行業，因為有人工智慧系統可以取代。如果你要問我說，這件事有沒有可能？那當然有可能，問題只在於人工智慧系統可以代勞的範圍有多廣？不用說將來，我們幾十年前在做刑期加加減減的計算工作時，早就使用了計算機，那其實也已經是一種簡單的人工智慧系統概念了。關於人工智慧系統代勞判決工作的細節問題還有待現實上的逐步檢驗，不過不要驚訝，對於法律人所追求的公平正義概念上的價值判斷說理，技術上很可能也可以讓人工智慧系統代勞，問題只在於我們對正義所要求的深度和廣度是什麼？如果我們可以接受，判決不需要做過於瑣碎、過於個別化的價值判斷，那麼許多判決工作的確可以由人工智慧系統來代勞。

用人工智慧系統替代法官做判決的理由不是因為人工智慧系統就一定比人類聰明，而是人工智慧系統比絕大多數法官的儲存能力更強大幾百倍，甚至因為人工智慧系統沒有體力的限制，所以即使對於需要有耐心與愛心去探索的法律關係，恐怕人的愛心與耐心也不一定比得上人工智慧系統的神奇。因此儘管「機器人」無法體會人間一切的快樂與痛苦，但現實上法官所做的裁判是不是會比「機器人」所做的裁判更能撫慰人心，答案恐怕是不見得。因此關於要不要應用人工智慧系統做判決工作的問題，最後決定的關鍵在於法官個人對於人工智慧系統的正義能力，以及對於自己的正義能力的價值判斷。

人生是自由還是命運？

關於人生艱難的最終問題是，一個人的意志力可以有多強大？到底人有沒有自由意志這種東西？這個問題的重要性在於，如果人沒有所謂的自由意志，人只是上帝所造出來的傀儡，那麼全部人身上出現過的罪行都不應該由人來承擔責任，而是應該由始作俑者上帝來負責。這一來問題可嚴重了，因為如果真是如此，那麼不管是什麼法律，全部追究人的責任的法律就不應該存在，更別說是像刑法這種東西還要把人判死刑或抓去坐牢。然而對於這種根本問題，如果要走純粹理性路線，我們整個人類社會實在回答不出來，因為所謂意志這東西的深奧就在於我們本不知道它是什麼樣子，我們找不到標準來斷定它有或沒有。

關於人到底是不是自由的問題，我們可能在早期刑法教科書上讀到「一念之迴旋」的說法，那麼所謂一念之迴旋是如何存在的？在海德堡的內卡河邊可以看到一座宏偉的古堡，古堡前面居高臨下的廣場石板上可以看到一個陷下去的大腳印。對於這一個大腳印有一個傳說；古堡主人是中古世紀的一位侯爵，有一次侯爵夫人利用侯爵遠行的時候和一身鋼鐵肌肉的勇士情人在古堡裡幽會，沒想到正在纏綿悱惻的當下忽然聽到侯爵返回古堡的通報。勇士情人顧不得衣不蔽體，也顧不得穿鞋，直接從幾十公尺高的古堡窗臺縱身一躍，落地第一腳踩在廣場石板上，也就是今天石板上深陷下去的腳印所在的地方。至於勇士落地第二腳的落腳處，是在內卡河的對岸，只可惜包括我在內，好像還沒有觀光客真的在對岸找到過勇士第二腳的腳印。不過重點是，不管是侯爵夫人或勇士情人，即使在雷電交加的時刻，聽到侯爵折返古堡的訊息，還是可以鳴金收兵，留得來日方長。誰說現實中性慾的滿足就真的是沒有經過思考與包裝的赤裸裸碰撞？

日本作家吉田修一所寫的《犯罪小說集》在書架上琳琅滿目的所謂犯罪小說裡可以說是獨樹一格，因為它走的其實是純文學（美學）路線，而不是一般講究布局的犯罪小說，更不是讓人暈頭轉向的懸疑小說。《犯罪小說集》裡幾篇短篇都給我一個感覺，好像一方面在描述人的命運這種東西，但有時候那命運卻又好像會被一個步伐就輕易跨過去。所謂命運這種東西，意思當然是人會莫名所以的身陷其中而不自知，譬如說〈百家樂惡鬼〉裡的永偉先生，投入救助非洲難民非政府組織工作的是他，賭博賭光一身家產落得搶食難民食物的也是他，但不管是好人的他或壞人的他，總之都好像是拖著無力的步伐被牽著走的人生。至於另一方面，所謂命運又好像有時候會被一個步伐就輕易跨過去，最清楚的像是〈曼珠姬午睡〉

裡的女主角英里子。英里子自己心動而預約了所謂的按摩治療，但是在接近性服務的按摩治療師灼熱的雙手遊走下，最後讓英里子自己也覺得不可思議的是，她微笑著回覆治療師說世上也有真正的普通的家庭主婦。這裡所說的「普通」，是「不出軌」的意思。因此整體說來，這故事好像是在說人的自由，甚至自由得讓人看到傳說中的一念之迴旋。

當然我們可以從種種人的經驗體會去傳說人的自由或人的不自由，問題是如果從科學的角度來看，我們似乎很難用人對自己的感覺去斷定說人是自由或不自由，因為人的感覺不見得是一個可靠的依據，就好像人對光影的視覺也會有錯覺，更何況這裡探索者探索的對象是探索者自己，先天就註定了結局可能只會是一團錯亂。因此自然科學家會想要用科學的方法去解析這個問題。我曾經讀過一篇文章是神經學領域的自然科學家想要去探索關於人的意志自由的問題，當中提到一個被觀察到的現象：當人的一個意識（例如我要出門去上班了）被察覺的時候，事實上在這之前的極短暫瞬間已經可以被觀察到腦部細胞的對應動作。我看科學家這裡想要傳達的意思似乎是，是物質（細胞）決定意識，而不是反過來。問題是，這樣的實驗所看到的現象代表了什麼意義？

比喻來說，假設我們看到一號骨牌倒下去觸動二號骨牌倒下去，接著二號骨牌觸動三號骨牌倒下去等等，那麼我們能不能說一號骨牌就是這世界的決定者？能不能說二號骨牌是不自由的，但一號骨牌是自由的？難道不可能一號骨牌背後還有（我們可能沒有看到的）推動一號骨牌的一隻手或一陣風？說到底問題在於，不管怎麼科學，對於基本概念的定義是無法避免的任務。正因為人生複雜，所以對於自由兩個字的定義會有困難：怎麼樣才叫做人是自由的？既然對於「自由」的清楚定義有困難，那麼要從人的意識被察覺之前的極短暫瞬間可以被觀察到腦部細胞的對應動作這回事去連結到人有自由意志的結論，方法上應該就已經不可能。

人在理性的方法論底下就不太可能去驗證意志自由的問題，那麼剩下來的只可能是態度或情緒的表達。《西遊記》裡的孫悟空可以騰雲駕霧，可以七十二變，但就是無法脫離如來佛的手掌心。按照一般說法，這是在隱喻人的宿命。不過我想從另外一個角度來看，我認為故事隱喻的是，宿命底下的人類也可以玩得很快樂，因為其實孫悟空從來不知道自己無法脫離如來佛手掌心這回事。如此，意志自由不自由的問題已經不重要，重要的是人要不要讓自己自由。即使人身上一切細胞和意識的存在方式都是神決定的，那麼神的奇妙就在於他也在人身上置入了自由意志這種感覺。即使你要說神所置入於人身上的自由意志是偽自由意志，那也沒關係，因為那還是會讓人覺得快樂，覺得有尊嚴。而且現實上如果不是有這樣的假設，我們也不知道人要如何開始思想一切人生相關的問題。譬如說，如果這世界一切都是神的安排，那麼我們對於歌劇表演裡女高音的天籟還要起立鼓掌嗎？學校裡的小朋友打傷了別的小朋友，老師需要告訴他什麼嗎？想要賴床的上班族需要起床上班嗎？或許這也是為什麼人類會自動假設人有自由意志，法律上也說這是一個必要假設的原因。這樣的假設不是一個說理，只是一個實踐上不移的選擇。這是現實：如果人生不是假戲真作，我們要如何說下一句話，做下一個動作？

既然人可以假設人的意志自由，那麼人也可以假設人的意志不自由，前提是，只要這樣的假設可以讓人快樂起來。上面我們提到過，《微妙的平衡》書裡面的收租人依伯瑞尹受不了疲憊的人生，最後只能開始在占卜師和算命師那裡尋找命運的答案。所謂算命，或命運有答案，意味著命運早就被寫好了，也意味著那是老天爺的安排，而不是我們人自己的自由安排。不自由的概念對於苦難者的好處是，至少還有一個說法可以解釋出來當下的自己為什麼如此命苦，因此可以讓人釋懷。更深一層意義是，既然命運是被註定的，而不是人自己決定的結果，那麼對於表面上看來是人所造就的一切，人可以無需過度自責。這個道理也在無數的人生極限裡毫無疑問的得到印證，譬如說沒有人會責怪你為什麼全馬賽沒有跑進五小時，沒有人會責怪你為什麼唱歌老是走音五六度，甚至也沒有人會責怪你為什麼不會煎荷包蛋。因此在這一個脈絡底下，法律上對人類意志極限的思考也是必然的，例如從憲法上尊重人性尊嚴的宣示，一直到刑法上強調的責任原則都是。基於這樣的原則，法律對於人做不到的事情，不能用刑罰來強求他做到。

儘管如此，德國統一後開始進行一系列對東德先前駐守柏林圍牆衛兵的刑事審判程序，這些衛兵因為開槍射殺企圖翻牆投奔西德的東德人民而被控訴構成殺人罪。雖然被控訴的衛兵們對於這些控訴提出了開槍是出於上級命令的抗辯，但是對於這一類案件，德國法院還是判決構成殺人罪。構成殺人罪的理由是，衛兵也知道自己是在殺人，而且是沒有理由的、違反法律的殺人。至於在納粹政權下的衛兵有沒有可能對抗納粹政權的命令而拒絕開槍的問題，有罪判決已經清楚認定這不是問題。對於這些判決，我無意說是違背責任原則的判決，我只能說這些判決是在表示，德國人這個民族是追求嚴格理性的民族，因此也架構起邁向「理想世界」的心理準備。只不過如果要說這樣高度理性指標的選擇是像判決理由所說的那麼自然，好像那是一個不會有內心拉扯的過程，只要順水推舟自然就會漂流到終點，那麼應該也不是如此。我們不敢說，如果《我願意為妳朗讀》一書的作者徐林克是做判決的法官，他會判被告有罪還是無罪。但只要他是用小說對人性觀察的密度和筆觸來做有罪或無罪的論斷，無論判決下來是有罪或無罪，都讓人難以再苛責什麼，因為法官已經因為窮盡對人生夢想與無奈間張力的思索而心力憔悴，更何況如同上面所說，人在理性的方法論底下已經不太可能去驗證意志自由的問題，剩下來的只可能是態度或情緒的表達。

《我願意為妳朗讀》小說的核心也觸及了柏林圍牆射殺案的類似問題。女主角韓娜應徵了納粹集中營的守衛並且被雇用，到了後期在集中營的工作包括為了讓集中營空出位置以收納新人進來，她必須篩選出一些人轉到奧許維茲集中營去，而被送去奧許維茲集中營的女性，結果是被殺害。現在問題是，韓娜該不該為這些被篩選出來送去奧許維茲集中營而慘遭殺害的女性負起殺人罪的責任？小說裡一個情節精采的地方是，韓娜在法庭上兩次反問法官相同的問題：在事件當時的情況下，「你會怎麼做？」「你還有什麼辦法？」對於韓娜的問題，法官第一次的回應是：「有些事情，個人就是不能被牽連進去，只要不會賠上性命或肢體，就必須與之保持距離。」第二次的回應則是沉默。結果和後來東德衛兵柏林圍牆射殺案判決相同，韓娜被判有罪，終身監禁。法官所說的話，意思應該就是人可以用自己的意志力去選擇善良、對抗邪惡。

法官說的自然是一個所謂理性的說法，問題只在於現實裡小人物的能耐可以有多大？這個問題在法院的判決文字裡可以雲淡風輕的交代過去，但現實人生的痛不是嘴巴怎麼說的問題，現實人生的痛是痛在骨肉上，掙扎是掙扎在心深處。如果我們自己是守在圍牆的衛兵，我們的善良意志會有多強？開槍不開槍？我們知道這是一個難題，在轉型正義的概念底下，德國法院不能不堅持對犯錯者有罪的判決，因為如果不是有清楚的真相與責任，人類文明無法前進，社會難以多少避免再一次的浩劫。但另一方面，在人性考量上的問題是，人在面對魔鬼的誘惑或脅迫時，可以有多少勇氣撐住自己做強人？對於這樣陷入兩難的問題，顯然沒有一個答案是完美的。

到底人是意志自由的或是被命運擺布的？對於這個問題的窮追猛打到最後似乎都只有自己也不免心虛的形式表態。看來斯多噶主義（Stoicism）的哲學說法在現實上好像比較聰明一點，那就是人生並沒有絕對的宿命或絕對的自由。對於過去的一切遭遇，既然人沒有辦法再去改變它，那我們就把它界定為宿命。但是對於未來，人還有機會。只不過人所面對的事情有一些是自己可以控制的（近來體脂量爆增），有一些是自己無法控制的（發票永遠不中獎），所以人應該集中精神去思考和處理自己可以控制的問題，不要去管那些自己無法控制的事情。所以歸納斯多噶的哲學說法，真正的結論應該是，值得我們努力花心思去面對的事情是自由，不值得我們苦苦花心思去想的事情是宿命。

我之所以說斯多噶主義的說法比較聰明，是因為它從人生幸福的連結關係去回答自由或宿命的問題。如同上面所說，如果人生終點站是幸福，那麼如果不是從幸福的連結關係來思考問題，思考的意義是什麼？譬如我們上面提到《微妙的平衡》書裡面的收租人依伯瑞尹控訴不知道自己到底做錯什麼事情而要過著如此疲憊的人生，最後只好在占卜師和算命師那裡尋找命運的答案。如果這時候還不能相信自己是這輩子要來還債的命運，收租人依伯瑞尹（或《我願意為妳朗讀》書裡的韓娜）要如何對自己的人生釋懷？但相對的，我們緊接下來要說的《格雷的五十道陰影》（*Fifty Shades of Grey*）小說裡的女主角史迪亞，一旦她愛上心靈千瘡百孔的男主角格雷，你又要如何去勸阻她說不要飛蛾撲火，如何告訴她說平庸才會帶給人幸福？不過要附帶一提的是，從嚴格的理論標準來看，其實斯多噶主義所謂「可以控制」或「無法控制」並不是精確的概念，甚至是弔詭的概念。對意志自由論者而言，至少對未來的事情根本沒有所謂不能控制的情形，而對宿命論者而言，所謂可以控制根本只是假象。然而如果從人生終點站的幸福概念來看，這些理論上的爭議都已經不重要，重要的是如何在實踐上帶來幸福的問題。因此或許我們可以說，斯多噶主義是專注在它哲學的實踐意義。

愛情可以用來救贖嗎？

法律上對通姦罪的除罪化問題爭議了很久，我們社會上幾十年前對通姦罪規定存廢議題討論時所存在的反面想法，到了今天為止可能依然原貌呈現。先前行政或立法機關對於通姦罪規定的存廢問題（和死刑存廢的問題一樣）最後決策上的說理基礎就是民意，亦即總有將近百分八十的人反對廢除通姦罪的規定。理論上關於通姦罪立法的根本問題是，對通姦罪的刑罰有什麼意義？我們派警察，外加徵信業者破門時的閃光燈去抓通姦者，因此就穩固了某一些人的愛情或婚姻？我們想要用法律去製造愛情和撲滅愛情的火焰，但是有辦法嗎？

德國法律在超過半個世紀之前已經廢除通姦罪，德國國會當時為了決定要不要廢除通姦罪做了一個專案調查，並且提出調查報告。報告的結論是，通姦罪的存在對婚姻的維護並沒有正面作用；相反的，通姦罪的告訴除了往往是出於「卑劣」的動機，事實上只有加速婚姻破裂的作用。德國國會基本上根據這樣的事實關係廢除了通姦罪。國會報告講得很仔細，說理方式是根據我們前面談到的比例原則思考模式，一個層次接著一個層次的問題檢驗來進行的。我總覺得，德國國會報告的說法還算是客氣。其實人自然喜歡的是自己心中可愛的東西、可愛的事情和可愛的人。人看人，可愛的人是自然可愛，不可愛的人不會因為裝可愛就真的變可愛。簡單講，人性角度上愛情都是在講條件，因此人要可愛，必須有實力。

《格雷的五十道陰影》小說裡的女主角史迪亞愛上孩提時受虐而心靈千瘡百孔的男主角格雷，史迪亞因為不捨男主角自覺不配被愛而心如刀割，決定即使忍受男主角的吃醋、跟蹤、束縛甚至虐待也要使盡全力把他從陰暗中拉出來。故事聽來精采甚至感人，問題是除了揮之不去的心理創傷，甚至某種角度也有恐怖情人的意味，你知道男主角是怎麼樣的一個人嗎？一旦你知道男主角是怎麼樣的一個人，或許故事裡的愛情本身就沒有那麼奇特了。原來男主角是一個又高又帥身材又好的企業男，更要命的是他每一個鐘頭的收入就可以買一部紳寶的轎跑車。我在想，如果這個恐怖情人不高、不帥、身材不好，又沒錢，那麼他還可愛嗎？

所謂條件講的不一定都是物質條件，也可能是心靈層次的東西。我們前面提到小說《五天》裡的男女主角談好要離開各自婚姻，攜手重新尋找希望，當中致命的吸引力是在於他們可以一起談修辭、談文學、談電影、談音樂、談歷史。不過不管如何，既然愛情都是在講條件，就好像吉莉安·弗琳（**Gillian Flynn**）的小說《控制》（*Gone Girl*）中背叛婚姻的女主角愛咪所說，「如果我知道不管如何，對方都會愛著我，那麼一來，挑戰性何在？」「我覺得大家錯得離譜，其實愛情需要許多條件。兩個相愛的人，必須永遠呈現自己最好的一面……無紀律的愛情代價慘重。」事實上也正因為出於選擇上的自由，愛情才變成是可貴和迷人的東西，所以我們根本無法去說什麼人應該要愛什麼人或不能愛什麼人。

然而，現實中絕大多數人所寄望的是「不管你怎麼樣，我都會永遠愛你」的愛情。當如此廉價的愛情成為我們社會的愛情標準，一旦男主角或女主角移情別戀，馬上引來旁觀者各種形式的道德數落或當事人帶刀帶硫酸的報復。其實世界上是可以有「不管你怎麼樣，我都會永遠愛你」的愛情，不過要搞清楚，這是從給予者的角度在講的話，而不是從接受者的角度在講的話。也就是說，愛情是一個人只能給而不能要的東西。如果背叛者真的是「狼心狗肺」或「瞎了眼睛」，那也是背叛者自己必須去面對的事情。因此對感情出軌的譴責或懲罰並不當然有正當性。

這是一個令人困惑的問題，果真人們對於愛情緣起緣滅的希望都可以寄託在法律規定上頭？《西臺古墓死亡紀事》（*Patasana*）書裡除了大部分在敘述一個驚悚離奇的殺人事件外，另外平行描繪的是久遠年代一段令人傷心的愛情故事。故事裡兼具智慧與勇氣，女神一般美貌的雅希莫妮卡被迫成為庇西里斯王的妃子，但是她終生所愛的卻是當初在神妓會初識的年輕男子，也是後來宮廷總書吏巴塔薩納。後來在宮廷重逢時，神廟裡的女子已不再表情羞澀，取而代之的是「褐色眼眸中燃燒的火焰」。巴塔薩納和雅希莫妮卡當然都知道，與庇西里斯王的女人發生關係的人，都將受到世間極刑的處罰，但是兩個人依然選擇對抗眾神與法律的禁忌，從此「拋棄殘酷、充滿欺騙與狡猾的世界」，回歸做為真愛的信徒。雅希莫妮卡懷孕被發現之後，為保護心上的男人，從寢宮窗臺朝岩壁一躍而下，「宛如一隻折翼的雌鷹」。巴塔納薩傷痛之餘，從此展開了對庇西里斯王的報復。

小說是小說，小說故事總是淒美絕倫，至於世間真實感情是非恐怕還是一場大戰。不過重點是，不管一個人的感情是所謂對或錯，即使像是與庇西里斯王的女人發生關係的人必將受到世間極刑的處罰，一旦巴塔納薩與雅希莫妮卡不再將對眾神與法律的背叛認為是犯錯，那麼褐色眼眸中燃燒的火焰不會熄滅，要想回去做為眾神與法律的順民，恐怕也回不去了。從男女主角的勇氣回頭看通姦罪的法律規定，可能是因為社會上多數人沒有勇氣與高度去面對愛情的挑戰，所以寄望於把男女情愛的緣起緣滅架構在法律的強制上。雖然今天通姦罪的刑罰規定是被廢除了，但從今日法律規定外盛行的所謂配偶權說法，可以知道百分之九十九以上比例的人依然堅持「愛情」可以用來圈人，是可以絕對被契約化的東西。

儘管文學貼近真實人生，就像英倫作家愛倫．狄波頓（Alain de Botton）在《哲學的慰藉》（*The Consolations of Philosophy*）書中藉著古哲學家塞內卡（Seneca）的想法做了如下的敘述：「論證就像一條鰻魚：儘管已合乎邏輯，但除非用比喻和風格將其固定，否則仍有可能從心靈虛弱的理解力中溜走；我們需要隱喻導引出那些看不見也摸不到的感覺，否則很容易遺忘它們。」而且我們也不希望我們的法律是一部遠離真實人生的法律，那麼回到一開始的問題，法律可以像文學嗎？先不論怎麼樣才叫做法律像文學，我們要先理解法律和文學在價值概念上的基本差異。首先，文學世界裡所描述的人生不會是僅止於一般人心理框架已經掌握住的、被標準化的人生。文學世界裡所描述的人生不是更廣，就是更深，否則閱讀者閱讀起來只有平淡，沒有文學。

相對的，法律的意義是想要用一定的標準來評價全部人生的所作所為，因為如果不是如此，法律的判決會喪失依據，也沒有所謂的公平。雖然法律也想理解人間百態，但基於客觀公平理念的需求，總之脫離不了固定標準的框架。結果是，法律可以試著貼近文學細膩觀照人生的態度，但法律不會真的是文學，因為在功能需求上，文學可以自由飛翔，但法律不可以。

就技術層面而言，法律判斷必須有法定標準，所以法律如果要貼近文學，最大的挑戰是法律依據的問題。所謂法律依據，最好是法條文字本身的規定，譬如說對於侵權行為的損害賠償規定，或是父母子女間的扶養義務規定。至於法律解釋問題，最好要有相當程度被認可的過去判決意旨一類的實務判決文字。譬如說，雖然今天我們的法律已經廢除通姦罪的規定，但依然有民事上建立在所謂配偶權概念上的侵權行為的損害賠償問題。在這種情況下，如果律師要為被告做抗辯，或法官要駁回原告的請求，現實上有可能嗎？對於這一個問題，現實上的癥結在於如何說明個案故事和法律條文或法律原則之間的具體連結關係；技術上連結得起來的就是講法律，技術上連結不起來的就是純文學。在這樣的背景底下，對於侵害所謂配偶權的損害賠償訴訟，法官要判決損害賠償絕對是比較輕易的，因為到現在為止的民事判決當中本來就流傳著所謂配偶權的說法，所以如果法官要做順風判決，只要剪貼例稿文字就可以。但如果法官想要駁回損害賠償的請求，可能就要十足的傷腦筋，因為沒有例稿可以剪貼。

弔詭的是，對於所謂的配偶權，民法上有依據的譬如同居義務或生活費用分擔等等，固然可以說是屬於配偶權的一部分，但是對於愛情的專屬並沒有法律上的規定，如何順理成章的說愛情的專屬也是法律上配偶權的一部分？關於婚姻這件事，一般說法是，婚姻就是婚姻，因此如果人要堅持愛情的自由，那麼就應該選擇不婚。問題是，愛情與不愛情的事情可以用法律或契約來限制嗎？對人而言，愛情起於個人性格上的喜愛，所以是自然。如同上面所說的，《格雷的五十道陰影》小說裡的格雷是一個每個鐘頭的收入就可以買一部紳寶轎跑車的高富帥，那麼即使再假設格雷已婚，女主角史迪亞會哀怨說自己愛錯人，說自己愛不下去嗎？至於《西臺古墓死亡紀事》裡的雅希莫妮卡，在庇西里斯王和情人巴塔薩納之間，果真有一絲絲可能選擇庇西里斯王做為她愛情的依歸？事實上，除非人可以把行屍走肉也定義為愛情的形式，否則不管愛或不愛，也不管是高級愛情或低級愛情，總之愛情無法勉強。

在這樣的認知下，回到所謂背叛行為具體利害關係的考量，民法上損害賠償的意思是有損害才有賠償，那麼不管有沒有簽訂契約，當愛情遭受背叛時，遭受背叛者所遭受的損害是什麼？遭受愛情背叛的人可能會很心痛，但心痛本身不是民法上請求賠償的依據。人在現實上一天到晚都可能心痛，百貨公司周年慶摸彩的時候有人把第一特獎價值三百多萬的休旅車給摸走了，我不只心痛，而且心在淌血，那麼他必須賠償我一輛一模一樣的休旅車嗎？重點在於，造成心痛結果的責任歸屬是一個有待價值判斷的問題。關於愛情背叛所可能產生的損害，事實情況是，當一個人失去愛情（所謂靈魂的另外一半），他心理上要回去面對自己人格遭受否定後至少是暫時的孤單存在的狀態。但一個人在遭受否定後暫時孤單存在的狀態，是很糟糕的災後受損狀態嗎？或許是，或許不是，要看一個人自己內在的生存能量狀態而定。現實上的確很多人無法（即使只是短暫）面對孤單中的自我，以至於一旦失去了愛情就陷入心理上沮喪的狀態，甚至感覺好像掉進了地獄裡。但其實哲學家另有說法，哲學家們認為一個人的孤獨才是人幸福的狀態，因為人是在孤獨狀態當中與真正的自我共處，也找到心靈的平靜。顯然哲學家們所面對的自我和一般人所面對的自我是不一樣的，前者是經歷思想安置的人生，後者是《關於人生，你可以問問亞里斯多德》（*Aristotle's Way*）書上所謂「自動駕駛」的人生。

既然如此，一個人會無法面對孤單中的自我，這種心理上的沮喪是要歸罪於誰？正由於人生的駕駛模式是自己選擇出來的，對於可能有一天要面對自我的沮喪，人只能自我救贖，別無他法。即使很多人最終寄予厚望的愛情，對於面對自我的沮喪也只有掩蓋沮喪的功能，但沒有去除沮喪的功能。用白話說，一個自我厚實的人，兩個人一起生活是幸福，一個人自己生活也是幸福。一個自我貧瘠的人，一個人自己生活不幸福，兩個人一起生活也不會幸福。結果是，幸福根植於一個人自我的內在能力，而不是外來的施予。至於所謂救贖，原本是基督教裡存在的說法，意思是神愛世人，所以以自己為犧牲來救贖人類免於一切苦難。但人不是神，如果回到人的層次，沒有人可以像神愛世人一樣犧牲自己去醫治另外一個人沮喪的自我，而且也真的把人醫治好。

在這樣的脈絡底下，對於背叛行為在民事上應負損害賠償責任的說法，顯然是有疑慮的。五、六十年前臺灣金融界有一個很普遍的契約文化，就是當時大部分銀行聘用女職員的時候都會約定，一旦女職員結婚懷孕就必須「自動」辭職。當時包括勞方和資方沒有人會認為這樣的契約有什麼不對，也都照章行事，只因為按照那個年代的說法，契約簽了就是簽了，誰也沒有話說。但是這樣的契約在今天看來，大家都知道是無效。事實上這樣的契約對銀行而言並不是沒有實益，因為女職員懷孕的確可能影響銀行業務的安排。只不過這樣的契約在法律上對女職員而言是工作權和結婚懷孕的基本自由權利受到不人性的限制，所以契約無效。舉輕以明重，這裡所討論的愛情甚至完全沒有辦法（像銀行女職員還可以救贖銀行的業務）去救贖一個人的自我，那麼對於愛情契約徒然以對於愛情的限制做為契約內容的部分還會有效嗎？即使愛情在形式上被契約化或法律規範化，所謂愛情遭受背叛的時候也不應該有損害賠償的問題，因為如果遭受背叛者無法面對自我蒼白的靈魂，那是自我的靈魂自始就一片蒼白，而不是因為背叛者的債務不履行才製造出來的災損；換句話說，兩者之間沒有因果關係。

當然愛情也可以有愛情的對錯問題，但由於愛情不可能是一種救贖，配偶間的背叛行為也不符合侵權行為損害賠償的基本概念。因此最後，愛情的對錯問題只剩下愛情的道德或美學問題。簡單講，把婚姻視為牢籠和把婚姻視為遊戲一樣，傷害的都是愛情的道德與美學，但這兩種處於對立極端態度所造成的傷害，都和法律無關。

國內歷時久遠的通姦罪立法到不久之前才被廢除，雖然不知道要說這算是遲到了三十年或五十年或更久，但對於這種遲到我們還算可以理解，甚至我自己其實對大法官宣告通姦罪規定違憲的解釋還覺得有一點訝異。不是說通姦罪不應該廢除，而是現實社會畢竟平庸。在民主而又平庸的社會底下，要廢除通姦罪的規定可以說是不簡單，也難怪立法者很不負責任的把這個燙手山芋丟給大法官去做處理。然而現在後續的問題是，在立法文字並沒有針對愛情專屬意義的所謂配偶權規定的情況下，司法對於所謂愛情的背叛卻創造出一個絕對的配偶權概念，這恐怕才是高度平庸的表現。「平庸」是哲學或文學上的說法，如果用法律說法，是一個對人沒有實益的概念創設。

【第六章】

逍遙法外

世界很難接受自由自在的我
但我知道神會
所以我依然走自己的路

一、從自然人到法律人

法律密度急遽堆疊的趨勢被視爲社會法治化的象徵，也是進步文明的標示，但人類果眞在法律天羅地網的綁架底下還可以自在過活？

走進法律叢林

近年來大學入學甄試時，很多申請進入法律系的學生所提出的書面資料中，關於申請念法律系的動機會敘述到一段家庭境遇，類似遭受詐騙集團詐財以致家破甚至人亡，因此希望自己可以像社會新聞上出現的檢察官一樣摘奸發伏，將壞人繩之以法、伸張正義。我猜想這可能是補習班給的標準答案，意思好像是壞人臉上會有「壞人」兩個字的刺青，正義也天生就清楚得像桌上的一顆蘋果，不會被誤認為橘子。所以正義的事情也很簡單，就是把臉上有「壞人」兩個字刺青的人挑出來打入十八層地獄去剝皮、下油鍋。總之，正義的圖像是如此色彩鮮明又活潑動人，以至於年輕人們即使此身化為千萬碎片也要勇敢迎向前去。

但是我就不解，為什麼自己從以前到現在不時對做為正義載體的法律感覺情怯？記得在律師考試放榜那一天回到家裡，家母拿了三千塊錢給我，我搞不清楚是怎麼一回事時，她告訴我說「這三千塊錢你拿去做一套西裝」。原來媽媽心裡想的是，這小孩從現在開始在社會上可以是一個像樣的人了，所以要穿西裝。我才知道，原來我還沒通過考試的時候，不是我人長得帥不帥的問題，而是我根本不是一個像樣的人。所以我在想一個問題，怎麼樣才算是一個像樣的人？其實我就只是一個散漫的小人物，我不喜歡鎂光燈，我只想做一個透明人，去除身體的全部重量自由穿梭在人間。

雖然律師的工作是屬於自由業，但是在我做律師的時候，也不感覺它自由。先不講和當事人應對，或是面對一些頤指氣使的法官或檢察官時的耐心問題，有一次我因為當事人的案件要到法院去找法官談庭期的事情，由於並不是正式的開庭，所以我依照我的自由人路線，穿著輕鬆的就到法院去。在通往法院辦公室的通道上，我出示當事人的傳票請問法警，某某股法官辦公室要怎麼走？法警看了看印有股別的傳票後問我說：「你是被告喔？」我說我不是被告，我是辯護律師，結果法警還是一臉狐疑的樣子。我不知道，為什麼我只不過穿著輕鬆一點，就要被看成是被告？重點是，那一張傳票上寫得很清楚的，案由是強姦罪。因此我也覺得怪怪的，他問我是不是被告，那是什麼意思？但我從此心中倒是很篤定，法律工作有法律工作的社會文化，我應該不適宜做這些法律工作。但問題是，如果我不適宜做法律工作，那麼法律對我做法律工作的人來講算是什麼樣的存在？

我從十八歲那一年進入大學念法律系開始，這一輩子所做的事情都和法律有關係。當然一個人一輩子要做很多事情，也儘管許多事情可能擠壓出你人生記憶中最閃亮的鏡面，諸如你小時候開始練習騎腳踏車，經過一陣子左支右撐、跌跌撞撞之後，某一秒鐘忽然發覺自己可以腳不落地的往前滑行。但這一些事情都不會連接上別人的關注，因為別人顯然不會在乎這些不現實的事情。當你念大學的時候，人家問你父母親的問題一定是，你兒子念哪一所大學，是前面的大學還是後面的大學？念的是什麼系，是有出路的系還是沒有出路的系？就這一個角度來講，我從小還算幸運的是，家母從來不會管我有沒有寫作業，更不會管我要念什麼科系。倒不是我媽媽走開明路線，而是家母從我小時候起就把我看破了。所謂看破，意思是不只看穿，而且是不抱任何希望的死心。不管這樣是好還是不好，總之我因此從大學開始按照聯考成績分發念法律系，後來當兵時在軍法處服務，同時擔任軍法教官。通過國家考試，做過律師的工作。出國留學念法律，大學任教教法律，一直到我退休為止。因此我說我這一輩子所做的事情都和法律有關係。

你可能認為我和法律沾染了一輩子，不僅熟悉法律，而且愛死法律。其實這問題你不說還好，你一說，我真的會愣住。如果你說我是日式豬排控，那麼自從我第一次到日本京都伊勢丹百貨地下街吃到真正的日式豬排，我就百分百清楚的知道我這輩子是日式豬排控，因為這也是我後來每次去日本的主要目的。但如果你說我是法律控，真的只會讓我困惑。事實上，我在大學當教授的最後一段日子裡經常在想一個問題，我到底是在做什麼？

這個社會幾十年來的法律體系和法學理論密度急遽堆高，大量外國理論被精緻的帶到國內，像是刑法上的犯罪概念跟著法益理論在走，沒有講得出來的傷害，就沒有所謂的犯罪，因此媒介性交易或使用毒品罪的正當性都開始受到挑戰。民法上的離婚制度某程度逐漸從過失原則走向破綻主義，肯認了愛情無關對錯的道理，因此當情人的眼眸裡再也折射不出最後一絲絲眷戀或僅僅是同情，自己心中即使有千百個不願意，也只能眼睜睜看她上斜四十五度角抬起下巴，踩著喀喀作響的普拉達高跟鞋，頭也不回的大步離去。在種種法律理論的引領下，學生的視野跟著大幅開展。法律制度上，刑事有刑事的認罪協商，所以定罪並不是不能談條件的；民事也有民事的債務協商，所以欠債也不一定要還錢。諸如此類，大抵上是現實因素逼得人不得不在困難的環境底下去尋找出路。監獄人滿為患，現實上自然不得不放人，或者至少在假釋、緩刑、緩起訴的條件認定上不能不放寬。給刷爆信用卡的債務人一個打折清償的機會，總比銀行連半毛錢都收不回來來得好一些。

雖然法律密度急遽堆疊的趨勢被視為社會法治化的象徵，也是進步文明的標示，但人類果真在法律天羅地網的綁架底下還可以自在過活？被法律框住的生活果真是被框在一個美麗善良的願景裡？幾十年過去，走在臺北高樓林立的東區街上，大樓外的金屬牆面在夕陽餘暉的斜照下競相閃爍著刺眼的亮光。大樓底下一部橘色的跑車驕傲地盤踞著人行道，引擎蓋上的火鳥圖好像趴在地面上睡覺或其實已經死去的什麼不祥生物。再轉一個彎，衣裳雲影徐徐移動，空氣中慵懶的對話聲從身邊緩緩流過，流出一條上層社會的河，好像克里斯多夫・拉許（Christopher Lasch）在《菁英的反叛》（*The Revolt of the Elites and the Betrayal of Democracy*）書上的一句話：「『遊手好閒』的階級既包括流浪漢和乞丐，也包括銀行家和投機商人。」我在想，這樣的光景難道不是離開我們心中桃花源的影子越來越遠？雖然對政治運作原理有所理解的人一定會說，這一切並不能說就是法律的問題，然而既然今天人類社會一切形式都是在法律架構下所運作出來的結果，那麼這樣的說法背後存在著什麼意思？莫非法律這東西只是所有人類價值思維學問末端的技術體系，只是一個沒有靈魂的形式，因此所有人類社會善惡美醜都和法律學無關？

法律好像是一張面具

心情上存著對法律意義的懷疑，我有時也會懷疑我自己。我從小住在萬華，梧州街隔著和平西路的對面有一家老蚵仔麵線店。麵線店賣的麵線也算是料好實在，所以客人經常大排長龍。每一次我從前面走過，總是看到客人大快朵頤時心滿意足的表情。我想，如果做人可以像這一家蚵仔麵線店的老闆一樣，應該就算是有價值的人了，因為他有辦法用手煮的蚵仔麵線贏取很多人臉上滿足的笑容。回想我自己所做的法律工作，上課時除了講到笑話的地方，不會看到學生興高采烈。至於寫論文，你只會想到學生讀論文時皺著眉頭的樣子，不可能會有好像正在吃蚵仔麵線一般幸福的表情。因此賣蚵仔麵線的老闆做的是很實在的工作，他的麵線讓客人眼睛一亮、嘴巴帶著笑意說好吃。大約近十年來，我又愛上臺南小吃街的春捲、蚵嗲和小卷米粉，每次去的的時候感覺花一點點錢就可以讓人生得到完全的撫慰，讓人不得不感謝這些小生意人的功德無量。

但不好意思的，我呢？翻來覆去做的是法律工作，但法律是什麼？大家都說法律很重要，很有意義。我的確也很難想像一個沒有法律的世界，但那會不會只是人們習慣了法律的存在？會不會這東西存在的只是像商店在萬聖節時賣給小孩子琳瑯滿目的神鬼面具一般，笑鐵面心中無喜，哭鐵面心中無悲，賣的是沒有靈魂的形式？

所謂形式也是一種傳達意思的工具，例如用送禮物或按時買消夜給男女朋友的方法來傳達愛情，或例如國內學術界習慣採用學者發表在期刊的論文點數做為學者的標價公式。但也因為如此，形式不等於實質，甚至反而也變成欺騙別人和欺騙自己的工具。近來社會上不時爆料的學術論文造假風波其實不是新聞，至於一篇論文在近親集團裡大家相互掛名搭便車領取大量學術名利獎項，在某些科學領域更已經成為一種文化傳承。大家都說是要追求卓越，只是可能很多學術工作者誤解了或根本拒絕了學術工作的內涵。一如戀愛中的男女想要獲取愛情而遊走於花錢送玫瑰花或吃燭光晚餐等等的簡易包裝，學術工作也可以這樣做。還好相愛容易相處難，空洞的愛情很快就讓人感到厭倦。但比較不幸的是，虛假的學術饗宴卻永遠讓人樂此不疲。

和虛假相對的是實質，是有實際作用的一些東西，但也是藏在人間某一個角落裡的魔鬼或天使。問題是不管是魔鬼或天使，我們往往看不清楚他的面孔，只能用心摸索。用心很難，但除了這一條路，這世界上沒有第二條路可以走。我頭痛的時候常會想要喝一杯咖啡，看看能不能緩解頭痛。當中有幾次神奇的經驗讓我幾十年過去依然念念不忘，像是阿里山上那一杯有機咖啡，或是日本柳川渡船頭那一杯甚至是免費招待的咖啡。冬天傍晚的冷冽裡，我剛抵達阿里山上時就感覺高山症來襲，帶著焦慮的心情忍耐著痛苦。正不知如何是好的時候，看到路邊的攤子前面掛著「阿里山有機咖啡」的牌子，就買了一杯咖啡坐在路邊慢慢喝。很神奇的，我才喝了兩口，馬上感覺到有機咖啡因在我密密麻麻的細胞和血管裡無孔不入的來回穿梭，好像電玩裡面的蟒蛇把身體內一個個有毒的蘋果吞噬乾淨。兩分鐘之內我頭痛不見了，身體輕鬆了。我不知道，生活當中喝了那麼多的咖啡，為什麼這一次的咖啡會給人魔術般的經驗？我們最常聽到的說法是咖啡豆品質不一樣，但所謂品質不一樣是什麼意思？是建立在什麼我們可以認知和控制的因素上，例如咖啡豆新不新鮮、產地、濕度、溫度、品牌或濾泡時間？當然一般說法會說是很多因素都有關係，不過那又會回到找不到關鍵因素的情況。

這麼久的時間過去了，我也不知道神奇咖啡的答案是什麼，所以只好說那因素也或許就只是曇花一現的心情，只是一個祈求解脫身體痛苦的真誠意念而已。當人的能力終究沒有辦法讓自己解脫痛苦的時候，只有神可以化身為蟒蛇來幫忙你。但問題是，神在化身為蟒蛇之前的形式是什麼？如同上面所說，我們不知道魔鬼與天使的面孔長成什麼樣子，在複雜的世界裡，神也是沒有形式的。我後來又上了幾次阿里山，想要再去造訪那神奇的咖啡，但那咖啡攤卻真的像八仙過海裡的仙人一般從人間蒸發。回頭看，法律難免也是一種形式，但相同的道理，神也不會固定的以我們所看到的法律形式出現。

我必須說，和法律相互沾染了數十年，我根本不確定我擁抱在懷裡的到底是天使還是魔鬼。想到這裡，我會驚慌起來，會不會我幾十年來所走的路，意義都只是在準備讓我有一天從法律世界遁逃出去？

二、東漂

不管現在要講的是臺北城內地帶做爲臺北中樞的象徵，或是臺北做爲臺灣中樞的象徵，所謂離中樞比較近是比較好還是比較不好？

遠離臺北

在逐漸接近退休年紀的時候，我開始思考退休的事情。其實我是一個喜歡上課的老師，因為我喜歡思想，我覺得生命最根本的組成要素就是純粹的思想。既然我覺得生命最根本的組成要素就是純粹的思想，我也會喜歡幫助學生進入思想的狀態。不過即便如此，生活自己總是會一個階段一個階段的接續到來，退休也是這樣。退修生活這件事對我來講並不是什麼太大的問題，因為我本來就認為生活當中可以做的好玩的事情有很多，所以我不覺得退休前和退休後要過的生活必然要有什麼不一樣，更不會認為退休前就應該要做牛做馬，退休後才可以開始做人。不過對我而言，退休後比較有一點折騰人的，倒是為了找住的地方就花費了幾年的時間。

雖然說像樹可以移植一般，人也可以遷徙，不過還是經常有人問我，為什麼會搬家到臺東？我可以理解那提問後面的疑惑，因為比我們更早搬家到臺東的朋友說，當初他們夫妻兩個人年紀輕輕就脫北到臺東，一輩子住在臺北的媽媽在家裡哭了整整一個星期，不知道為什麼自己的兒子那麼反骨的硬要搬到一個以前說是只有破產躲債或殺人逃犯才會去的荒涼邊疆地區。其實我覺得臺東這地方好像就是一個讓一切重新生長的地方，並不是因為臺東市為進入市區的幹道刻意取名更生路才讓我這麼說，而是在我到社區大學上了地質課程以後才知道，整個臺灣的地貌從盤古開天以來歷經了兩次從海底冒出水平面的過程（所以當你到墾丁國家公園或是到高雄鳳山一些地方，還可以看到許多鮮明的海底地層和生物遺跡），當中臺東的平地是全臺灣最晚期才冒出水面的地方。雖然是新生，但和中央山脈或海岸山脈一樣，在地殼推擠時被推出海平面的過程可以說是千錘百鍊。典型是在小野柳海邊地層裡，你可以看到（全世界僅見三個地方）地殼擠壓、傾斜、翻轉、翻轉九十度、翻轉一百八十度後地層完全倒置的見證。還好雖然地殼的變動是千錘百鍊，但人的遷徙不一定是要千辛萬苦。

我們的脫北朋友從事的是漁業，所以搬家到靠海的臺東應該算是很自然的事情。我自己是大概二十年前了，有一次環島旅行到了臺東，從森林公園走到旁邊的活水湖。活水湖平鋪在無邊開闊的山光水色裡，特別是從靠海的一端回頭望向中央山脈和海岸山脈的方向，山巒層層疊疊，感覺和我置身瑞士山上的景色裡沒有兩樣。那時我正好看到有一個人在湖裡游泳上岸來，就問他說：「這裡可以游泳嗎？」他說可以，說我也可以下去游。我說我沒有帶游泳褲，他說這裡的人游泳沒有在穿什麼游泳褲的。我搞不清楚，「沒有在穿游泳褲」是什麼意思，是可以穿四角內褲的意思還是都不穿？不管怎麼樣，我還是都不敢。但我當時就想好了，將來一定要搬來臺東住，而且是要住在離開活水湖不遠的地方，這樣子我在夜黑的時候也可以在湖裡仰泳，看著天空滿滿的星星。

現在我已經搬家到臺東五年了，沒有巡守員看守的時候會到活水湖和大大小小從身邊流竄過的魚群一起游泳。但我時常在想，在人聲鼎沸的臺北住了一甲子，離開臺北就真的那麼單純的是為了在後山的大湖裡游泳，晚上看星光燦爛的夜空，白天看層層疊疊的山脈？

我從小時候起就一直喜歡離開的感覺，可能是從家裡離開，可能是從一個學校離開，可能是從一個都市離開，也可能是從一個國家離開。我喜歡車站、港口或飛機場這種地方，因為那裡充滿了離開的感覺。我從還在學生的時代就開始有離開臺北的念頭，但是想離開的理由有一點特別，那就是因為北部天氣多雨而南部天氣多陽光。我之所以在乎這件事，是因為我覺得天氣明顯影響人的心情，而心情是生活品質的最終呈現。當我開始步入社會工作以後，有好幾次會思考一個問題，我願意出價多少錢來買此後南部多陽光的天氣？思考的結果是臺幣兩百萬元。這當然是一個不認真的問題，因為我們不可能花錢買天氣。不過從另外一個角度來說，這問題也不是完全沒有意義，因為我事實上也可以考慮用搬家的方式來改變生活中的天氣。只不過對我而言，後來天氣對心情的影響沒有那麼絕對，所以關於要不要離開臺北的問題，真的有考慮到的重要因素之一應該是空氣品質。但除此之外，退休後我沒有任何片刻停留的就離開了臺北，離開臺北到底是要離開臺北的什麼？

我對臺北早先最鮮明的印象應該是十幾歲時候的西門町。臺北大致從西門町往東（臺大醫院）的方向是長輩們口中所謂的城內，是臺北包括小南門在內一共五個城門圍繞起來的區域。城內是各個重要機構集中的地方，所以街道、建築或公園等等都呈現比較工整的文化，也是有錢或有地位的人喜歡居住的地方。至於我從小長大的地方艋舺，我其實並沒有明白的把她歸納進去臺北的概念，因為我認為臺北應該是一個很了不起的地方，像城內那樣才是。但講起艋舺，總是離不開角頭流氓，離不開寶斗里紅燈區，頂多再加上青山宮青山王每年農曆十月二十二的出巡、祖師廟前的肉丸和龍山寺旁的青草巷，感覺起來一點也不像城內那麼「高級」，所以應該也不太算是臺北的樣子。由於城內給人比較高級的感覺，所以小時候從開始懂得一些現實生活水準的比較之後，我沒事時會跑去西門町閒晃。

到西門町閒晃，看著火車通過平交道也是有趣。平交道噹噹聲響起，柵欄放下，我就猜猜看火車會從左邊過來還是從右邊過來。巨大的老火車頭上頂著大煙囪，煙囪口滾出一長條騰龍般的黑煙，像黑色大怪獸一路衝撞而來，又在不斷反覆使勁衝、衝、衝、衝的蒸氣節奏中突如其來的大聲鳴笛中揚長而去，宛如一場簡短有力、震懾人心的示威。比起今天什麼太魯閣號或普悠瑪號像塑膠玩具般的火車頭，蒸汽老火車頭才像是堂堂正正的勇士。柵欄又升起，汽車、腳踏車和行人又開始通過平交道。後來我預測火車通過的方向，命中率差不多是百分之百，當然那是有不可以告訴人家的祕訣。沒有火車通過的時候，我喜歡在新蓋好的噴水池邊看著池底亮起五光十色霓虹燈的大噴水池，噴水池位置大約就在今天捷運西門站一號出口和六號出口之間的地方。噴水池有什麼好看？其實大約從那年代開始，我們的都市建設裡常常會出現有池底亮起霓虹燈的噴水池，應該這就是在驕傲展現那年代的高科技。

時間總是快速過去，因為人生好像就只有在念書。但你也知道，念那種書實在不好玩。也或許是因為我們小時候，甚至一直到今天還是，所謂求學就是要背書考試，以至於我們社會上絕大多數人毫無保留的終生不想再見到書本這種東西。當然這很可惜，因為年長以後總會知道，如果不看書，人生要不貧瘠也難。時間又快速過去，不過這一次更快。五十年後，臺北街頭走過早期的悠閒，歷經逐漸顯露的庸俗、廉價與混亂，再到重新整建後所呈現的高度商業化，甚至是某種古時文化的風貌。社會貧富不均後上層地段的乾淨與舒適讓你可以騎悠敗客沿著兩邊高樓林立的信義路腳踏車道，在傍晚時分從自由廣場一路穿梭到象山。北門旁邊的高架橋拆除以後又讓人開始見識到這一座可以讓人靜靜沉思的城市真面目。原來這一座城市也有她寬闊又細緻的歷史，而不是只有在巨大鋼筋水泥橋面的壓迫底下讓人簇擁在狹小街道裡的音響用品店前面，用盡機關的和老闆抬價來殺價去。

因此要說起臺北，臺北有臺北的美麗。有時我會想，該不會脫北就只是為了一個離開的概念，因為離開本身就是一種美麗？

但我不相信我就真的會被一個空虛的美麗誘惑住了，否則為什麼幾十年來心裡頭會一直感覺到明明白白的不安？我記得法律學院遷回校總區之前的計畫階段，系上對於法律學院到底是要遷回校總區還是要繼續留在徐州路原址的問題有很多的討論，當中主張繼續留在徐州路原址的說法之一，是這裡距離「中樞」比較近。當然這是一種幽默的說法，不過說的也是事實，譬如說三不五時系上教授要到立法院參加一些法律專業相關的會議，從徐州路走路到立法院不需要十分鐘時間。但就我個人的情緒而言，這就是一個問題。不管現在要講的是臺北城內地帶做為臺北中樞的象徵，或是臺北做為臺灣中樞的象徵，離中樞比較近，這樣是比較好還是比較不好？

所謂中樞，意思應該是指生命作用上的核心地帶，因為是它在最有效的帶動全體結構的運作。類似人身上的肌肉系統有核心肌群，無論是跑步、游泳、腳踏車或跳高、跳遠等等，越是大塊肌群的發力對身體各種動作的成果越有效率。如果從更廣泛的生活角度來說，也就是做事情時要提綱挈領抓重點的意思，譬如說要買車子的時候要先想好有多少資金可以用，開餐廳的時候要先有厲害的料理師傅。在講究效率的角度上，人做事情要抓重點是沒錯，而所謂抓重點，實踐上的意義是在資源的挹注，譬如說各種運動都必須花很多時間、力氣或金錢去訓練核心肌群，或是要買車就要先賺錢。

問題是，如果說臺北是臺灣的中樞，這句話所代表的意義也就是如此嗎？當然，要說臺北是臺灣的政治中樞，那麼大家都會同意。但是好像不只如此，除了政治中樞，臺北好像還有很多其他的象徵意義，最簡單的印證不就是所謂天龍國的說法嗎？特別是，全臺灣要說地理意義有東部、西部、南部、北部和中部，要說政治意義有那麼多行政區。照理要說故事，每一個地方都會有她自己的故事，卻好像獨獨被稱為天龍國的臺北是自成一國，似乎她有和大家都不一樣的地方，那麼所謂天龍國的標誌是什麼？

有一次我到市場去買水果，聽水果攤老闆娘說了一句話，「好的東西都到臺北去了。」

好的東西都到臺北去了？好像在很多角度上是如此。我原本開了多年的車子，搬家到臺東以後在東部地區就找不到任何一家保養服務據點。我上網採購東西的時候經常被拒絕，因為店家說臺東太遠，送貨成本過高。有一次我上網想要買一共價格大約六百塊錢的幾張餐墊，那一家很大的連鎖店以人工智慧回覆我說要收運費三千七百塊錢。我只好訂貨寄到高雄，然後自己開車走南迴公路到高雄把東西（用一隻手）拿回來。我喜歡吃某一家連鎖牛排店，有一次我問臺北店家，為什麼他們不到臺東也開一家店？結果老闆也是說臺東太遠，成本過高。從此我只能利用上臺北辦事情的時候吃牛排，或者專程坐火車到花蓮市區吃一家每一年每一天都在慶祝二十五周年慶的牛排店的牛排。除此之外，地理距離也形成明顯的專業落差。我們買了一臺洗碗機，廚具店師傅來把洗碗機安裝好以後告訴我們說，他也不知道這洗碗機要如何操作，因為他看不懂洗碗機上德文標示的操作介面，要我們自己再去聯絡臺北總公司來教我們如何操作。我的電子手錶沒電了，去臺東市區的中華路有賣這品牌手錶的鐘錶店換電池。師傅幫我換好電池，收了四百塊錢電池費用以後告訴我說，他也不知道這手錶要怎麼調校日期和時間，要我自己再想辦法去找人調校。

水果攤老闆娘所說的「好的東西都到臺北去了」，是從消費者追求享受的角度在說的，和這一句話聽起來意思完全一樣的是林強的歌《向前走》裡頭所描述坐火車要到臺北打拚時北漂者的心情，「聽人講蝦米好康的攏在那」。只不過林強這一句話的角度不是站在消費者的角度，而是從打拚工作者的角度在唱的：「我的理想和希望攏在這。」其實到今天為止，林強的心情依然是很大程度的不失真，因為我看我現在住的社區裡，留下來的過半是老人家，他們子女都外出到都會區去謀生，只有過年過節時才會回來。這麼說來，臺北既是消費者的天堂，也是工作者的天堂，那麼臺北不就是不管從哪一個角度來看都是天堂了嗎？

其實很清楚的，就像幸福有幸福的定義問題，天堂也有天堂的定義問題，所以誰也沒辦法簡單的說臺北是天堂。至少當我們想到貧富不均的問題，就知道天堂處處有陰暗的角落。如果要用可以數據化的東西來說，頂多可以說臺北是一個高消費的地方。所謂高消費的地方，可能反映經濟實力，也可能是反映生活態度，但無論如何總是一個錢來錢去的地方。不管是反映經濟實力或只是反映生活態度的錢來錢去，最後都支撐起高消費的生活模式，包括買包包、買超跑、吃大餐、喝下午茶、住飯店、上酒店、住豪宅、送禮物、聽偶像團體搖滾區入場券幾萬塊錢起跳的其實根本不好聽又不好看的演唱會、每三個月出國旅遊一趟等等的所謂享受，但也包括出國留學拿學位、學音樂、學舞蹈或上高級健身課程等有些辛苦的所謂投資自己，總之不管是不是自嗨，至少看起來生活多采多姿。

問題是，多采多姿好嗎？如果先不說多采多姿好不好的問題，多采多姿也呈現在另外一個可觀的角度，就是在一般人所重視的生活價值項目裡，例如學歷、地位、財富、名校，或甚至是旅行、休閒、運動等等的東西，臺北人在競賽表現的平均分數可能居於顯著領先的地位。因此如果排名可以做為標定地位的標準，那麼臺北的整體呈現或許還可以用一個概念來做表達，就是所謂的上流。但相同的問題是，上流好嗎？所謂上流是人生的實質或是一個純粹的形式？

臺東的形式與非形式

我會搬家到臺東，除了看上活水湖可以游泳之外，另外一個主要原因是空氣。臺東有乾淨的空氣，這是一個相當穩固的事實，除了有幾天是例外，就是元宵節的時候，因為那一兩天臺東市會有炸邯鄲的活動，會把原本一年到頭的綠色空氣標示炸成黃色標示，接著炸成紅色標示。所以如果你是為了吸飽新鮮空氣而移居，應該可以沒有保留的到臺東來，至於元宵節那一兩天，暫時離開臺東市就好了。

在我搬家到臺東之前，曾經在屏東內埔住了大約兩年。搬到內埔的兩三個月後，我才發現，原來屏東內埔、潮州一帶是全臺灣空氣品質最糟糕的地方。怎麼發現的？是因為有一天清早要出門的時候，我眼睛沿著門前街道尾端的方向看過去，才發現巍巍大武山活生生的就聳立在眼前。我才知道，原來我家離大武山這麼近。但過去的兩三個月裡，大武山在哪裡？原來大武山被PM2.5的霧霾遮蔽得完全不留一點影子。其實要說空氣品質，那麼如果不在乎落山風肆虐，我認為你也可以考慮居住在楓港以南的屏東地區，譬如恆春。說到空氣，屏東是一個很奇特的地方，因為大約枋山、楓港一帶以南的空氣和臺東一樣全年都是綠色標示，甚至比臺東的空氣更乾淨，但是枋山、楓港一帶以北卻是空氣品質最惡劣的地方。所以每當駕駛人開車從北往南走，到了枋山、楓港一帶的時候，回頭看是穿不透的霧霾世界，往前看卻看到一片清亮的碧海藍天，而身體所在的地方正好像金瓜石海邊陰陽海的分界線。之所以會有這樣的景象，是和中央山脈地形以及季風方向有關係。儘管屏東楓港以南空氣品質甚至勝過臺東，可惜是在整體平均值上被枋山、楓港以北的不良空氣品質給拉下水。最後在統計上，整體的臺東可以算是全臺灣空氣品質最好的地方，因此臺東是好空氣一個可靠的形式。

不過傳說中關於東漂這件事，似乎不會是為了什麼空氣或游泳一類的理由，而是應該像公視誰來晚餐節目當中也製作過的，主角東漂是去找回自己，總之聽起來都給人很浪漫的感覺。說到浪漫的感覺，我個人因為蓋房子工程的延宕，曾經在都蘭的山腰上租了一個農舍住了將近一年。在都蘭山上的日子裡，每一天都可以坐在寬闊的陽臺上喝咖啡；陽臺遠望過去是太平洋，近看是環繞山坡上的綠色森林，背面是稜線秀麗的都蘭山脈。都蘭山離海不遠，很多瘋狂追浪的外國年輕人很早就到這裡來生活，既可以自己到不遠處的海邊衝浪，也可以就在路邊開店營業教人家衝浪。不只喜愛在山海之間游走的外國人流行到都蘭一帶來定居，自從一些藝人移民都蘭之後，大家一講起脫北或東漂，就會想到都蘭去，好像不管你是想衝浪或是想躺平，不管你是想自己種菜吃或是想做藝術木工，總之那是一個有夢想的地方。

如果東漂是去找回自己，那麼意思似乎是說以前的自己不是自己，而現在東漂就可以找回真正的自己。但是真的嗎？回顧我的朋友圈，當中真的在東漂裡找到自己的也不少。前面說過東漂時媽媽在臺北家裡哭了一個星期的朋友，在臺東從事漁業工作之餘，後來在靠近長濱的地方買了一小塊農地，從此以後每個週末到自己的土地上去露營看星星過夜，早上起來到海邊去抓魚。種菜種水果收成吃不完，會送一些來給我們，特別是近來不知道是什麼原因造成市場上的蛋荒，在很多人抱怨買不到雞蛋的時候，他們還可以送來一堆自己養的母雞下的蛋，送完後還會跟我們說謝謝。我們另外一個朋友是單身女性，在金控公司服務了將近二十年，有一天不知道想到什麼哲理，遞上了辭呈就到鹿野高臺開民宿。開民宿當然有淡季有旺季，旺季要招呼客人，淡季要照顧植物。最特別的是她在和來臺東體育活動的住宿客人的交流裡挖掘了自己跑馬拉松的潛能，從此跑馬拉松成績老是站上凸臺。

但東漂並不是就只有故事裡所說的自在和愉快，其中第一個問題就是居住的問題。其實一開始我們也只想租房子住，但不知道是不是因為移民移入的關係，大約相同條件的住屋，臺東的租金總大約是屏東租金的兩倍以上。至於買房子，會令人擔心的是，房子的施工品質問題多少已經是臺灣建築的文化，再加上看到房價快速翻漲，也會令人買不下手。曾經有一位仲介業的朋友在這幾年疫情所導致的全球通貨膨脹之前就告訴我們說，經過外來資金的不斷炒作，臺東地區不動產價格這十幾二十年來穩定的以每年百分之十的漲幅上揚；換句話說，這段期間的不動產價格沒有漲了五、六倍，至少也有三、四倍以上。不動產價格是市場問題，再怎麼漲幅上揚，個人也無計可施。不過即使是有計可施的事情，也會因為我個人的遲鈍而慘遭破財。

第一次是在富里附近的有機無毒村看了一塊四周綠油油的地，付了十萬塊錢訂金。晚上回家才想到一個問題，我去那裡可以游泳？上網一查的結果，我必須開車走玉長公路才可以到東部海邊去游泳，但是我哪有辦法一天到晚翻山越嶺跑去海邊游泳呢？於是只好退訂，一夜之間損失十萬塊錢訂金。第二次是看到在初鹿附近有綠色視野的房子，付了三十萬塊錢訂金，但是晚上因為好奇到房子裡去住住看，才發現房子附近臺九線半夜裡貨運卡車趕路的噪音吵得人無法入睡。還好屋主是有愛心的女生，主動退還了我們二十萬元的訂金，後來我們也變成好朋友。

接下來也不要以為自己蓋房子就是傳說中實現夢想的事情。應該是受到日本電視節目的老屋改造主題系列的洗腦，大家很可能以為自己蓋房子不只浪漫，而且是輕輕鬆鬆的浪漫。日本老屋改造節目中的屋主要進行老屋重建的時候，慣例是建築師會先理解屋主的基本生活型態是什麼，基本夢想是什麼，方便的施工期間與造價預算是什麼。屋主在施工期間會先租屋居住到其他地方，不用再管房子施工的事情，好像建築師會像上帝一般把自己釘在十字架上承擔你身上的一切疲憊與苦難。等到譬如說一年過後屋子完工的一天，建築師會通知心情忐忑的屋主造訪自己的新家。接著你會看到屋主從巷子口近鄉情怯的走向自己的新家，到了門口從玄關踏進家裡，穿過儲藏室、起居室、廚房、臥室、浴室、露臺到庭院，每走一步就感恩一次。最後不知道是不是因為過往人生曾經辛酸，總之終於流下喜悅的淚水。

但我現在要告訴你不要再做夢了，在臺灣蓋房子完全不是這樣。首先應該是信任文化上的差異，建築師不可能像上帝一般把自己釘在十字架上承擔你身上的一切疲憊與苦難。其次因為營造文化的差異，我們自己蓋房子的經驗是，除非你不在乎房屋品質的問題，否則施工期間沒有辦法控制、施工品質沒有辦法控制、施工價格也沒有辦法控制。所以如果你和我一樣清純，那麼自己蓋房子會是一場大冒險。

我家房子和營造商簽訂的施工期間是一年，但我家小小坪數的二層樓從設計到最後施工完成一共花了三年時間，和二〇二〇年日本東京奧運主場館的施工期間一樣久，也是同時期臺東基督教醫院新建大樓工程耗時的將近三倍。因為施工的耽擱，另外租房子的時間一延再延不說，我就隨便說一個不知道要怎麼說的法律問題。我家蓋房子外牆用的是洗石子工法，契約約定石子規格是兩分半的天然石，並且事先也提供洗石子標本做為依據，問題是當房子外牆開始洗石子的時候卻發現洗出來的牆面和標本視覺上有明顯的差異。營造主任喊冤說所買的石子和契約約定規格完全一致，並且提出砂石廠出貨單做證明。按照砂石廠出貨單的明細，石子規格是兩分半的天然石沒錯，但那又為什麼洗出來的牆面和標本會有視覺上的明顯差異？結果為了我們自己要住的房子，我們只好自己扮柯南，開車到花蓮的砂石場去一探究竟。事情終於揭曉，原來是因為提供標本的時間和後來實際進行洗石子的時間距離太久，以至於砂石場隨著篩網的汰舊更換，新的篩網孔洞和舊的篩網孔洞會有些微變形，因此即便是數字上相同規格的石子，會顯現出視覺上的落差。

問題是，這樣算不算違約？如果是，工程的延宕是種種原因的際會，那麼誰該負責？還好法律不是世界的全部，後來是花蓮的砂石場老闆被我們臺東來的柯南精神所感動，親自帶著我們跑了不同的砂石場，找到我們所要的看起來和當初標本一樣效果的兩分半天然石。但你不要以為我們蓋房子的幾年時間只有這一件事情麻煩，事實上蓋房子期間的每一天都有事情要麻煩。這房子的每一條管線、一根鋼筋、一個窗框、一片木板都會有讓人驚嚇的問題出現，不只是在白天，而是幾乎也在天天晚上的睡夢裡。

可能很多人會以為，法律如果不是可以綁定所有的事情，至少也可以綁定大部分的事情，但其實不是如此，因為現實中的魔鬼都只藏在細節裡。譬如傳統鋼筋水泥的房屋建造，灌漿前的模板工程自然是一個重要的環節，因為模板不正，灌漿出來的結構跟著歪樓。多數情況下的模板工程不會真的歪樓，但小面積的窗框模板卻可能歪窗。窗框模板的些微偏差一開始可能不會被注意到，因為你很難用眼睛注意到每一個細微的地方。窗框模板的些微偏差必須到後來要置入窗框的時候才會被發現，因為窗框師傅要置入窗框時會發覺有一些角度上的困難。對於像這樣的事情，法律人的想法應該是對於工程瑕疵的扣款，問題是工序上一開始的模板施工和最後的窗框施工之間是隔了很久的時間，所以模板階段工程的請款也早已經請領完畢。又譬如牆面優化工程部分，我們原本喜歡自然風，所以開始設想的家裡牆面是水泥粉光，希望可以保留水泥原始的痕跡。問題是，所謂水泥粉光（或我們原本也希望的地板自流平工法）也就只是一個形式上的說法，實際上我們夢想中的水泥粉光最根本的要素根本不是水泥粉光或不水泥粉光，而是專業師傅一隻手的刀法才做得出來的美學效果。對於水泥粉光，營造商在一開始看過樣本牆面之後，一口答應說他們沒有問題可以做，問題是最後做出來的美學分數是災難一場。

由於法律上對於工程的履約判斷準則是，只要契約上約定的項目有施工，就是有履約，至於如果委託人抗辯施工有瑕疵，那是委託人必須舉證的事項。因此現實問題是，水泥粉光的美學分數是沒有量尺可以量的，所以要用法律途徑去做主張，這法律工程可能比水泥粉光工程又更艱難。而且營造商只會比法律人聰明，不會比法律人不聰明，他們是工程進度到哪裡，款項就請領到哪裡，所以隨時也可以把工程擱置下來，最後就看業主自己的房子要不要繼續蓋下去。但我們的生活已經夠忙碌了，除了工作，要跑步、要游泳、要重訓、要買菜、要曬鳳梨乾，也有時要出差、要開會、要接待客人，以及我隨時還要沖一杯咖啡進入我的沉思之地，我們還能讓房子不要蓋下去或是為了一些牆面的美學問題去打官司嗎？

臺東營建市場上其實有一個口碑很好的老師傅帶領的工班，不過建築師事先告訴我們說，要委託這位老師傅蓋房子就要先排隊排三年，而且他的造價一坪大約在十二、三萬左右（當時一般行情大約是八萬）。我們考慮到時間問題，所以並沒有排老師傅的隊。但是等到我們房子蓋好了，算一算也是花了三年的時間，而且造價遠遠超過老師傅的造價，是我們開民宿的朋友給我們建議價格的兩倍。從此我常常告訴我的朋友，如果想搬家到臺東，那麼除非你錢太多，而且自己的人生沒有什麼事情可以做，否則就到處去看看有什麼自己喜歡的房子，看到有喜歡的，用買的就可以了。

後來我的朋友當中果真也有人這樣行動了，那是我高中時期一直到現在的一個好朋友，他到過臺東來找我一兩次之後，有一天讓我很訝異的是，居然在市中心街上碰到他。我一問之下才知道，原來他真的想要到臺東來買房子，所以就偷偷行動了。我問他為什麼想要搬到臺東，他說想要隱居、自己種菜生活。後來有一天他告訴我說，他對都蘭附近興昌的一塊農地和農舍有興趣，想要買下來。我就先開車去農地所在的地方看一下，不過看過之後，我就建議他放棄。並不是說那地方的景色不夠優美或是環境有嫌惡設施，而是一來那一條回家的山路太狹窄，無法會車；如果再加上晚上山路黑暗，你會無法想像一個上了年紀的人要如何住在那裡進出。二來那一塊地太大，除非另外花錢雇人定期修剪草木，下過雨後的荒煙漫草根本不是一個人或甚至一家人自己可以維護得來的。我要說的是，都蘭山一帶是漂亮，花花草草也都是漂亮，但並不是在那裡買一塊地蓋房子，夢想就實現了。臺十一線興昌社區路邊早餐店的老闆娘就曾經在和我們聊天時說起，移民到興昌的人大約有一半的人是住了沒多久就再搬離開了。

因此對於我的好朋友想要來臺東隱居這件事，我告訴他一句話，「大隱隱於市」。隱居是要隱居在一個可以讓自己安靜與安心的地方，但不需要是隱居在一個生活不方便的地方。都蘭山上大致上是安靜，但如果選擇的土地坐落在出入不便的地方，或是天天要煩惱花草樹木的照顧，也不容易讓自己安心，更別說浪漫什麼的。後來我看我的朋友好像有一點失落，還好不久之後在縱谷線上的初鹿附近又看到一間曾經經營民宿的老宅，庭院寬闊，花木扶疏，還有一棵可以做為當地地標的幾十年的老龍眼樹，總算了卻心願。不過後來我看我的朋友大約每一個月才下來住幾天，並沒有真的移民到臺東隱居，所以我認為他所謂的隱居其實只是想要對他太太隱居，逃避太太天天在他耳邊的嘮叨而已。

很多人會興起搬家到臺東的念頭，但什麼是臺東？其實除了上面所說的不動產價格的飆漲，臺東本身也會變動。後山是好山好水，所以不管人在臺東住哪裡，至少轉一下站立的角度都可以看到中央山脈或海岸山脈，站到屋頂上都可以看到太平洋。不過光是我們搬家到臺東以後這幾年，市區裡的大量體高樓大廈一棟一棟蓋起來，所以山慢慢被擋住了，海也慢慢被擋住了。建築師告訴我們說，新竹來的建商已經規畫好要在狹小的臺東市區建造十幾棟的高樓。不要說市區，我在都蘭山上一片綠意中的兩層樓矮房住了將近一年，但就在一年之間，隔壁農地主人在半山上蓋起宮殿般的龐然大物，說是要做民宿。臺東人說這農舍主人精於投資，自己一個人可以獨覽三百六十度的山加上一百八十度的海，而且還可以坐收盈利。從此以後每當我們早上出門時，雖然青山綠野還在，但眼睛面對的是所謂「背山起高樓大煞風景」，也讓我一再想起日月潭的樣子。

日月潭原本是我心中最極致的幽美地，因為它的美是一種境界，而不是所謂的漂亮。曾經有一段時間我經常在日月潭水岸邊露營，在清晨天光未亮時，趁著觀光快艇的噪音與油煙味開始騷擾一湖幽靜之前划著獨木舟橫渡到對岸再回來。但自從有頭有臉的大財團在日月潭環湖最醒目的地段蓋起觀光飯店大樓，日月潭就像一幅美麗的水彩畫卻被破壞狂丟了一坨泥巴在上面。韓劇《大長今》裡有一段悠悠吟唱的心情是「縱然美麗，也會逐漸消失」，但日月潭的美麗不是在無情歲月中逐漸消失，而是在大財團對日月潭的霸凌下一夕之間消失。日本文學家佐藤春夫一百多年前描述了日月潭，說日月潭「沉著而又發散著無可奈何的憂鬱……」，像是「高貴的人對不幸福的遭遇處之泰然的那種落寞感」。對照之下，今天被財團霸凌過後的日月潭已經談不上落寞感，畢竟落寞感也要是一種美感的境地才行。

誠如興昌社區路邊早餐店的老闆娘所說的，移民到興昌的人大約有一半的人是住了沒多久就再搬離了興昌，顯然臺東並不是適合每一個人居住的地方。那麼臺東適合什麼樣的人和不適合什麼樣的人？臺東空氣比較乾淨，臺東天寬水藍，臺東比較沒有車輛的噪音，但相對的，臺東地方交通比較不方便，醫療資源比較少，衣食或生活購物比較不方便，這些都是事實。但是整個看來，這些環境條件並沒有真的就決定了一個人的什麼快樂或不快樂，我們也很難說哪一個資源狀態重要或哪一個資源狀態不重要。最簡單的例子，年輕人一般比較不在乎醫療資源問題，但老年人可能會考慮。年輕人必須考慮工作機會問題，但老年人可能不會考慮。因此每一個人的情況都不一樣，每一個資源的重要性也都是相對的。如果再把對每一個人意義不同的資源加總起來所凝聚出來的臺東，對不同個人的意義當然更加無法形式論斷說臺東好或不好。這是我所說的，對於幸福人生而言，形式不是穩定可靠的東西。

雖然形式對幸福人生的追求並不穩定可靠，但它有人類生活經濟上的必要性。我們如果不給糖取一個名字叫做糖，不給鹽取一個名字叫做鹽，那麼麵包師傅就很難告訴他的學徒揉麵團時要放多少糖和多少鹽。雖然師傅也可以把裝糖和裝鹽的罐子用顏色做區分，例如紅色罐子裡的東西（糖）加五克，綠色罐子的東西（鹽）加十克，但所謂紅色或綠色本身也是形式。總之，人的一切概念本來就都是一種形式，所以如果沒有形式，人的生活勢必要無比艱難，甚至不可能。那麼面對這樣看來複雜無比的形式與非形式之間的矛盾，人要怎麼生活下去？

就我在臺東所接觸到的人當中，有一群人是我看到明顯生活興致高昂的一群人，那就是衝浪族。因此我在想，在那麼多臺東人裡面，是什麼原因讓這一群人生活興致高昂？臺東有幾個海岸點吸引了許多衝浪的人到此聚集或甚至定居，像都蘭、金樽、興昌或東河。衝浪一族大約在週末或連假時會從四面八方來此會合，大多來自西部臺中以南一帶，因為北部的衝浪族可能去宜蘭蜜月灣的交通會比較方便，而南部的衝浪族雖然也可以就近去旗津玩耍，但是旗津的浪比較適合初階班。衝浪的人從一開始到達臺東的方式就表現出旺盛的鬥志，他們常常會在上班日最後一天的下班後從西部翻過中央山脈，最後摸黑到臺東，為的是隔天清晨五、六點鐘就下海搶浪。衝浪的人不只來自四面八方，而且來自各行各業，單單我認識的衝浪者裡面就有醫生、鐵路工程師、珠寶商、咖啡烘焙師、驗船師，還有臺北手藝一流的髮型師等等。他們個個皮膚黝黑、身材精實優美，而且每一個人都在本行裡有不錯的表現。說來嗜好衝浪還是會有一些門檻，就是要有相當程度的經濟能力，要工作之餘可以安排出一些時間，要有體力條件，還有對於海浪的熱情。

但如果我繼續思考，是什麼原因讓他們擁有這一些門檻條件，說實話，我也歸納不出來是什麼原因，只好說這一群人是聰明的，或許也是愛因斯坦所說的，人與人之間的差異決定在業餘。可惜的是，所謂聰明的本身並不是一個生活指南。從人的自由意志與存在意義而言，我只能說人必須安靜下來誠實思索如何與自我溝通，才能找到自己也可以接受自己的存在方式。對於這種存在方式，幸福並不是因為臺東，也不是因為衝浪，而是對於自我畫像這件事努力思索的結果。

雖然臺東是有臺東現實上不方便的地方，不過一切的一切最後都不是什麼大問題，總歸可以想辦法處理。我原來開的舊車在花東地區沒有任何保養廠，我換車時換了其他國民車，反正車神即使開兩光車也照樣沒有任何違和的犀利。洗碗機的操作問題，我可以看懂洗碗機操作介面上的德文標示，所以自己看標示操作就開始洗碗了。電子手錶的時間調校，我到網路上去找教學影片來看，跟著影片說一動做一動就也搞定了。雖然東北季風嚴峻使得院子裡的青楓長得不太好，但在經過一番修剪後，隔年春天到來時又開始抽枝展葉，兩隻烏頭翁也跑來築巢，顯然以為我們家就是他們家。至於我一開始所看上可以在裡頭自由自在游泳的活水湖，雖然因為禁止游泳而有一點夢想落空的意味，但隨著後來我把運動項目調整著重在陸上的慢跑或重訓，原本斯文的手臂和大腿好像長出一些肌肉來。

種種問題不只可以想辦法處理，甚至還可以藉此把生活安排得好玩一點，譬如坐火車到花蓮吃牛排，吃完牛排可以順便吃東瓜大王的西瓜，跑一次花蓮解決兩個問題。還可以繼續順便買一件運動褲，跑一次花蓮解決三個問題。有點敗家（但不能太過分）也可以讓人愉快起來。如果還會有什麼讓人抱怨的地方，那應該就是在花東公路上，特別是在臺十一線開車時，一路上極不科學的時速限制。不過這好像也快要不是問題了，因為我已經接近要被註銷駕照的年紀了。

在幸福的意義上，臺北和臺東是沒有差異的。臺北和臺東之間沒有形式與去形式的差異，沒有思想與反思想的差異，沒有孤獨與庸俗的差異，也沒有上層與下層的差異。因此我並沒有在臺北與臺東之間做選擇，我只是藉著地理上的遷移再一次印證一個人自由的可能性而已。從頭開始，我永遠很難說我要選擇孤獨還是選擇庸俗，因為孤獨會讓人生活艱難，但庸俗會讓人快樂不起來。因此不管是法律思想或現實生活，不管是退休前或退休後，不管是住臺北或住臺東，我是始終遊走在孤獨與庸俗之間。像是《繼承失落的人》裡頭帕第叔叔所說的，「這世界一切都很好。重要的部分都處於平衡狀態，熱與冷，液體與固體，太陽與陰影。」

這麼說的時候，我眼前彷彿又浮現峇里島上善神與惡神的影子。善的終極意義在於它是世界的一部分，惡的終極意義也在於它是世界的一部分。在這個意義層次上的善神不是色彩鮮明的善，惡神也不是色彩鮮明的惡，就好像一片樹葉的美，你不可能去把它切成兩半。至於在人的內部關照上，人一路走來不斷的在做選擇，選擇一個幸福的同時往往也選擇了一個傷口，最後做決定的是烙印在自我心中種種圖像的價值重量。既然如此，自由人的心中還有什麼是可以不快樂的？如果真的有一個傷口是那麼難以癒合，就聽聽音樂、看看小說，或像上面所說的，徒步或騎腳踏車把臺灣的海岸線繞一圈吧，那不只是人終極的出口，也是美的由來。

三、法律物語雞蛋花

如果硬要再回頭問我說法律究竟是什麼？那麼這問題和人生究竟是什麼的問題一樣難，我眞的是想來想去想沒有。

這世界上每一個人和每一樣東西之間都有他自己獨特的連結方式。我們說臭豆腐是香的，西方人說臭豆腐是臭的。有一些歐洲當地生產的起司，我們覺得味道令人作噁，但歐洲卻大有人驚艷為人間美食。對於一樣的臭豆腐和一樣的起司，人們都可以各自表述。不過我所說每一個人和每一樣東西之間都有他自己獨特的連結方式，指的是一種幽微的，一般外人不會發覺的連結方式，因為它是每一個人自己生命獨特經驗中的連結方式。就好像小說裡的小孩子，生命中最後一次牽媽媽的手是媽媽帶他到遊樂場玩了一整天，而且讓他吃了三球冰淇淋，然而從隔一天早上起來開始，小孩子再也不曾見到媽媽。從此以後經過任何一家冰淇淋店門口的時候，小孩子就想到媽媽。對於這樣的隱藏性連結，我會說它是一個故事。

其實我也很喜歡日文中所用的「物語」兩個字，因為它好像表達了一個意思：這世界上每一樣東西背後都隱藏了一段祕密故事。既然是祕密故事，當然就是很難被知道。你在白天的時候只能看到每一樣東西就是每一樣東西原來的樣子，一枝筆就是一枝筆，一支手錶就是一支手錶，無聲無息停留在它所在的位置。但不知道在哪一天的深夜裡，你會忽然聽到好像有不知道是誰很小聲的在講話。再仔細去找那聲音的來源，才發覺原來那是擺在房間角落的一個水瓶，或者有一天換到是書桌上的一本書在講話。你才知道，原來這世界每一樣不會講話的東西都有它的靈魂，在某一個你沒想到的時候，通常是在深夜裡，它是會講話的。

那麼我生命中和法律這東西幽微的連結方式是什麼？我從事了幾十年的法律工作，經驗了幾十年的法律理論鑽研，因此法律給我的終極印象似乎理所當然的就是法律學理上或法院判決文字裡公平正義的氛圍與彩度。不過那錯了，一來那樣的連結太制式，完全不符合物語這兩個字的氣氛；二來我一點也不是正氣凜然得起來的人。其實我對法律這東西一直沒有什麼獨立的想像，它好像是我身邊任何一個不引起注意的東西，好像存在，又好像不存在。不是我要刻意忽視它，而是那本來就是我和這世界任何東西的連結方式。如果你不滿意我這樣說，一定要我說出法律在我生命中最鮮明的連結是什麼，那麼我會說我心中唯一浮現的甚至不是什麼刑法上的二階層理論，而是我年輕時認識的一個女生，有一次我們在開滿雞蛋花的峇里島 Nirwana 海邊的花園飯店裡散步時，她撿了一朵雞蛋花插在頭上的樣子。

那女生的口頭禪是「想來想去想沒有」。從認識她一陣子之後，我也會稱呼她「陳大律師」，因為她根本不是念法律，卻三不五時憑著直覺要在我處理法律案件時給我所謂法律意見。她雖然知道我稱呼她「陳大律師」是有一點在諷刺她，但好像也有一點高興的接受下來。我們第一次見面是因為有一天她帶著陳媽媽到我上班的事務所找法律諮詢。一開始一切都很平常，陳媽媽因為一個違反票據法的案件被起訴，需要找一位律師處理案件的事情，於是老闆當時就指派我來處理這一個案子。這案子本身沒什麼，只不過陳媽媽一開始好像有一點被偵查庭當中檢察官的態度嚇到了。

在票據法對空頭支票還有刑事處罰的年代，反正開空頭支票沒什麼好說的，就是犯罪。違反票據法案件的判決都很簡單，基本上就是用例稿去填上不同時間、帳戶和金額等等基本資料的格式。當然這樣的刑罰政策是滿奇怪的，因為我們看到周遭大部分生意人，特別是小生意人，都在趕下午三點半銀行關門以前趕快把錢存進帳戶裡，確保自己開出去的支票可以讓持票人領到錢。那意思是說，如果你生意順利，手頭有錢可以存入帳戶，那麼你就平安沒事。但如果你一時沒收入，下午三點半以前也沒借到錢存入帳戶，那麼你就要等著吃牢飯。結果是生意人要有關公保佑生意興隆，否則生意不順利，就是要被抓去關。當然理論上也可以說，一個有責任感的生意人如果沒有把握自己有足夠財力可以在支票到期時讓人領到錢，那麼當初就不應該亂開支票。問題是商場也有風雲，一下子可能市場上產品過剩以致價格崩跌，一下子可能出貨規格差了一釐米就被退貨，更別說也可能碰到標會會頭收了會款就遠走高飛，總之一般生意人常常無從知道到時候的資金狀況確實會如何。這樣說來開支票好像是在大冒險，問題是日子還要過下去，生意不能不做，冒險也是要冒險。萬一到時候周轉不靈，那也只好認了。

另外一個問題是當時社會上很盛行的掛名。所謂掛名就是當事人的名實不符的意思，先不說認真的法律問題，最古老的例子像是過年時小朋友從親戚長輩那裡拿到了壓歲錢常常都會被媽媽收歸國庫，說那不是真的要給小朋友的。原來這社會就是這麼虛假，親戚長輩們相互給小朋友的紅包都只是掛著小朋友的名義所給的，因此那一包紅包越是大包，小朋友的心就傷得越重。這類似的做法今天還是有，只不過我們大多沒有那麼認真去看待它就是了。譬如不久前的全民普發六千元，既然是普發，理論上應該是媽媽領媽媽的六千元，小朋友領小朋友的六千元，但小朋友才兩個月大，爸爸媽媽這一輩子要花在小朋友身上的錢還是一筆天文數字，所以大家也沒有真的計較說爸爸媽媽是不是把小朋友的六千元拿去自己吃牛排大餐了。

不過除了這些小事情，法律上的掛名經常是會引起權責歸屬上的問題，甚至有時候會害人傾家蕩產。包工程的人為了投標資格限制就會去借牌來投標，沒有專業證照的人為了營業也可以去借來或租來一張專業證照就開起事務所。不動產的登記固然可能表示某某男生對某某女生的真愛，但生意人也常常是為了躲避萬一破產時自己的不動產被查封拍賣，所以把不動產登記在其他人名下。至於陳媽媽這裡的掛名是商號登記負責人的掛名。所謂負責人登記，大致上是指公司或商號負責人登記誰的名字，負責人就要承擔一些法律所規定的義務以及可能的責任。早期社會的負責人掛名登記常常就是做生意的臭男人們為了恐怕法律上出事情要被追究責任，所以找一個女人，通常是找太太掛名為負責人，一旦業務上出了什麼麻煩問題，就讓女人們去面對法律責任。

其實所謂法律責任形形色色，最後的責任認定還是要看個別法律條件是怎麼規定的，而不應該是一概而論。例如關於犯罪問題，必須是一個人真的做了什麼事才要負責，而不是一個人在名義上掛了負責人的稱謂就要負任何可能的責任。譬如說公司裡的送貨司機開車在路上搶快跟人家發生衝突，打傷了人，那麼要負傷害罪刑事責任的就應該是動手打人的送貨司機，而不可能是被登記為公司負責人的某某人。不過早期實務對於一些法律上的基本觀念有時也會出現混淆，或對個別事實調查不清楚，對於違反票據法的案件，掛名公司負責人的太太很可能僅僅因為自己天真的把印章交給丈夫或交給公司，最後被判有罪。說來是不公平，但不公平的事情在觀念上卻是至少要花幾十年的時間才能讓它慢慢轉變。

陳媽媽違反票據法的案子最後是繳交罰金了事，算是很簡單就解決了。不過雖然是小官司，吃上官司跑法院在當時對一般人來講算是一種霉運，所以官司結束後，陳媽媽和姊妹家人決定一起到峇里島玩，有所謂過運的意思。陳媽媽要陳大律師來邀請我一起去，我想應該是表示感謝的意思。那是我第一次到峇里島，對於島上一切充滿新奇。島上的飯店就像是一個小國家，除了人在廣闊的園區裡走著走著就忽然會發現又冒出來一個造型不同的大游泳池外，風格相互爭奇的餐廳裡整天提供豐盛到滿出來的新鮮魚、肉、熱帶水果，好像一切都在讓人想著想著就沒有辦法不快樂得笑出來。

不過第一次造訪峇里島的人應該都會同意，島上令人印象最深刻的應該是家家戶戶庭院裡種滿花花草草，到處都可以看到白色、黃色或紅色的雞蛋花，還有到處有廟有神。後來聽導遊說才知道，這裡家家戶戶都可以有自己家的廟。車行經過時路邊處處可以看到的是善惡門，善惡門一邊站立的是善神，另一邊站立的是惡神。對於善神和惡神，峇里島人是平等看待，也平等祭拜，意思好像是，惡神也並不見得就代表惡意，而是他們原本就是善良的某一個視角。反過來，對於善神的思維也是依循相同邏輯。第一次聽到這樣的信仰，令人不禁好奇，善和惡可以平等嗎？我們讀過老子的道德經，說這世界是高低相成，禍福相倚。這樣的說法當然也沒錯，正因為這世界事實上是黑襯托白，高襯托低，所以才會有黑和白或高和低的概念出現。這樣說來人們也不用再訝異於這世界除了善良，也出現了邪惡，甚至也可以學習在面對邪惡時心中依然淡定。但問題是，在這樣的價值觀底下，宗教或學校教育裡面對於信眾與學生的善良勸說，意義是什麼？

不知道是在峇里島的第幾天，我遊過泳後在泳池邊休息，陳大律師忽然不知道被誰策動跑來問我是什麼星座，我說我不知道，因為我真的不知道我的生日到底是哪一天。但她一直盧也一直灰，非要我說出來是什麼星座不可。我抵死不從。最後她沒辦法就問我說，要不然大概是什麼時候？我只好緩緩說是「大約在冬季」。她用力踩了我一腳，調頭就走。我也不知道她要怎麼回去交代，但不管她，反正那又不是我的事。在幾年後的再以後，我有時會回想，知道星座是要做什麼？是要規畫人生嗎？如果我真的有一個清楚的星座或生日，那我們真的就可以知道最後終究會或不會在一起嗎？我其實對星座或命盤這些東西不是很有興趣，因為假設人可以從高空鳥瞰迷宮再來走迷宮，那麼原本掉入迷宮的人生還會好玩嗎？

幾年時間的最後一段日子裡，她問了我兩次，一定要去德國念書嗎？這讓我也困惑起來，一定要去德國念書嗎？她是獨生女，父母離異後和媽媽一起住，因此說要長時間遠渡重洋到歐洲而留下媽媽一個人在臺灣，至少在當時的社會觀念裡實在太艱難。如此，在我要去德國念書的決定下，我們要如何走下去的問題像絲毫不透光的烏雲層層籠罩過來，我感覺彷彿只是在接受某種看不到的壓力擺布而毫無招架之力。就這樣走在最後一段日子裡，生活除了被推著走著走著，好像問題再怎麼打理也不可能清楚起來。我有時會出現這樣的念頭，如果我不是念法律，如果我不是到這一家法律事務所上班，或如果那一天不是她帶著媽媽找到事務所來，那我們不是就都沒有最後的煩惱了嗎？

做了一陣子律師工作，我知道一般人會認為那是一個讓人有頭有臉有人樣的工作。特別是早年，市場上的律師業基本上是當時老國大代表或軍法官轉任律師的天下，相對之下，年輕法律系學生通過國家考試出來的律師沒幾個。但我自己清楚，這不是我性格內可以做的工作，因為我不喜歡講話。關於講話這件事，我的感覺是，當人純粹思想的時候，心是處於平靜的狀態，當人寫字或打字的時候，心是處於平靜的狀態，但是當人開始說第一句話的時候，說話的氣息卻也開始吹皺一池春水。我喜歡與人相處，但喜歡的是譬如說和人家一起跑步、一起游泳、一起喝咖啡、一起念書或甚至一起做菜等等，總之一起分別沉浸在一個愉快的氣氛裡。在工作的選擇上，我只喜歡做可以一個人獨自完成的工作，或許像木工、像廚師、像音樂家、畫家、小說家或是電子工廠裡的手工作業員等等。我無法在辦公室上班，無法應酬，甚至無法開會。接下來的問題是，我身上又沒有什麼美學細胞，更完全沒有音感。小學音樂課老師學期末打成績要考唱歌，結果我才開口唱了第一句，老師就說可以了，說他知道了。不過我相信當年老師的鑑識應該是很準確沒錯，因為當我後來年紀大了想學鋼琴也學了一陣子，女兒聽我彈的鋼琴之後很委婉也很正向的告訴我說，「爸爸，我覺得你很適合學打鼓。」我雖然會烹飪，但要做廚師還是很勉強，因為廚師必須能保證把東西做得好吃才行，偏偏我煮東西好不好吃的機率是三比七。最後我一直覺得我最適合當客運司機，今天從臺北運送一群乘客到墾丁，下班後到海邊游游泳，明天再運送一群乘客從墾丁回到臺北，可以東跑西跑，又不必講什麼話，頂多報報站名就好了。問題是誤闖叢林的大白兔再回頭的時間點總是遲了一些。如果時間可以重來，那麼不管是要念書或不要念書，要上山或下海，總之我應該早一點瞄準一個可以讓我一個人自言自語的工作。等到我法律都已經念了那麼多年，甚至做法律工作也有一段時間，在有經濟壓力的情況下，要再怎麼自言自語也難了。所幸老天爺好像還給我留了一條路，那就是做學術工作，因為至少在我早年的誤解底下，學術工作應該就是以思想為業，因此這也是我最後可以走的一條路。

選擇到德國念書，表面上最可以拿來說嘴的理由是臺灣的法律屬於歐陸法律體系，去法律源起的地方念書是自然的事情。然而真正的理由其實是我沒有那麼多錢可以出國念書，特別是自從我小時候慢慢懂事開始，家裡經濟困難也渲染了心中對許多事情的擔心甚至害怕。因此當我知道到德國念書幾乎不需要學費，而當時德國的生活費也算是合理，甚至很多基本生活物資的價格比臺灣的物價還低很多時，我當下告訴自己就去德國。雖然陳律師也告訴過我，陳爸爸還是長年在日本做生意，所以我到日本念書也不必擔心錢的問題，但我一直感覺那是很大的一件事情，是我承擔不來的一件事情。事情過去，相當一段歲月裡我深深感到愧疚。我慢慢知道，事實上那種不安是來自於沒有承擔的勇氣，是不敢選擇，而所謂到德國念書就只是一個逃避的藉口。

人在世界上本來就一直要跟很多東西分手，所以我們事先說好，我上飛機時她不到機場。當飛機從停機坪開始滑動時，我知道事情已經結束。我感覺到周遭一片空白，望著窗外遠處地勤人員在作業車上好像什麼事也沒有的嬉笑著繼續他們的工作，心中似乎有些不解那種違和。但是，我其實沒有什麼資格可以說什麼。我長久以來好像碰到任何問題都會以為那是一個哲學問題，我漸漸覺得這是一個壞習慣。人生的選擇固然可能沉重，但這一次的選擇真的有必要弄得那麼沉重，好像人生當中意義與幸福就是要互斥的東西嗎？從我們認識以來，我感覺好像在她和一個深不可測的無底洞世界當中做選擇。我認為那個無底洞的世界裡只有一種純粹的物質，看起來像是我們開車走中橫東向快要走出太魯閣峽谷時公路對岸矗立的山壁。一堵龐然大物穿梭過幾百萬年的歲月後就只留下一張暗黑色澤的老人臉龐，再怎麼洗也洗不乾淨。只不過當陽光斜照進峽谷時，暗黑色澤裡會透出一點閃亮的微光。如果人可以把這物質裝在瓶子裡，哲學家或許會在瓶子的標籤紙上寫上「知識」兩個字，生意人或許會在瓶子的標籤紙上寫上「盈餘」兩個字，但對我而言，不管要把它叫做什麼都不重要，總之那都只是一個代名詞，一個複雜像無底洞的人生的代名詞。今天如果一定要說，我會在瓶子的標籤紙上寫上「自由」兩個字。但令人感傷的是，選擇自由需要勇氣，而我其實懦弱。我最後經常在想一個問題：不管我是怎麼樣的一個人，時間過去，我終於知道了什麼？我想，雖然我形式上是一個法律人，是一個法律教授，但法律這兩個字給我的印象已經和法律完全無關，它好像已經無影無蹤的變身為我眼前所見到的一片樹葉、一顆芒果或一朵雞蛋花。

如此，法律還叫做法律嗎？而且這不是太不尊重教科書上密密麻麻的法律理論，還有為公平正義奮戰不休的法律工作者嗎？可是真的很不好意思，我心中的法律真的只剩下這些東西。其實如果法律的身影還能夠清楚的像一片樹葉、一顆芒果或一朵雞蛋花的存在，那也已經不錯了，因為世界上所有的吉光片羽都會在春分煙雨中越來越模糊，模糊成一片濕濕冷冷的霧世界。就算是霧世界也還好，因為你似乎可以期待，霧散的時候都市裡的高樓大廈和車水馬龍又浮現在眼前，霧散的時候又可以聽到公園裡小孩嬉鬧和冰淇淋小販叭噗的聲音。然而霧真的散了，但令人驚訝的，高樓大廈和車水馬龍並沒有浮現，也聽不到小孩嬉鬧和冰淇淋小販叭噗的聲音。這世界變成一個無邊透明靜悄悄的世界。問題是人看不到透明，也聽不到靜悄悄，這世界什麼都沒有。在這種透明裡，如果人會感覺恐慌，會執意這世界上非要有些什麼痕跡不可，那麼對我而言應該就只剩下一朵白色雞蛋花隨風輕輕飄落的影子吧？至於其他，如果硬要再回頭問我說法律究竟是什麼，那麼這問題和人生究竟是什麼的問題一樣難，我真的是想來想去想沒有。

後記

年紀越大就越會清楚看到命運的影子。命運從條件概念的意思而言是沒有A就沒有B，沒有B就沒有C，沒有C就沒有D的關係，這也是最後D的由來。正由於這本書並不是我按照自己什麼時候腦袋裡的什麼計畫去寫出來的，而是純然許多外在因素推動出來的D，所以我要感謝一些人。感謝政治大學法律學院江玉琳教授在我退休的時候邀請我去給法律新鮮人做一場演講，那是一個起頭。接下來感謝商周出版編輯陳玳妮小姐邀約我把演講內容改寫成書，希望藉此提供給現代公民一個認識法律價值問題的線索。接下來是《靈魂不歸法律管》初版過後六年，在我已經習慣於慢跑、游泳、重訓、除草、澆水、看小說的生活節奏時，玳妮忽然傳來一個靈感，問我是不是要把六年時光在心裡所凝結出來的點滴當作改版的機緣。我想也對，如果思想就是生命的全部元素，那就把它留住吧。特別要說的是，對於這本書的許多重要文字，玳妮從考慮讀者的角度給我最專業的建議。在我因此把話講得更清楚的同時，其實也是在釐清我自己。

但上面所說的命運，從另外一個角度而言，有A不一定有B，接下去也不一定有C和有D。用白話來說，不買大樂透就一定不會中大樂透，但買大樂透不一定會中大樂透，因此一定是還有其他的因緣匯入，最後才真的會有D。那因緣是什麼？我也不知道，所以我只能想像。首先我必須感謝楊日然老師當時在法理學的課堂上經常特別要問我問題。大學畢業後有一次在總圖要上二樓的樓梯轉角處碰到正要下樓的楊老師，老師又一次叮嚀我一些將來方向問題上的思考。雖然我後來到德國念的是刑法學，而不是老師所設想的法哲學，但無論如何，純粹思想工作的選擇讓我此生沒有停止的得到很大的快樂。感謝回國後幾十年來到過我課堂上的每一位同學在這麼長的時光隧道裡和我一起做思考的遊戲。是因為看到你們好奇的眼神，所以我不斷思考著下一句話要怎麼說。感謝我的女兒黃瑩在繁忙公務裡自告奮勇幫爸爸設計這本書的封面。封面會說話，所以我感覺這本書是我們父女檔一起完成的作品。感謝所有讀者對這本書的興趣和閱讀，這種不知道潛伏在什麼時候和什麼地方的心思交流，讓我經常走在路上忽然想起來時就會高興起來。不過最後還有一件事是要跟大家補充說明的：我在書上有些地方說故事，這都是為了概念表達效果所設計出來的，當中對於人與事的描述內容純屬虛構。

做為這本書的結束，我想說一下我此刻的心情。誠如書上所說，這世界上的任何一個字、一個詞或任何一句話固然都是一個意義，但對我而言同時是一個框架、一個束縛和一個壓力，因為它在限制我對這世界的認知方式和行動方式。因此我非常可以體會王爾德所說的，「所有影響皆屬惡性，但好影響則是世界上最糟糕的。」我對於一般語言文字的感受是如此，更不用說法律，那形式上就是人類霸凌文化的典型。只不過現實畢竟是人難以迴避的東西，既然我們不可能毀滅文字，不可能毀滅法律，更不可能毀滅人，那麼我面對現實的唯一選擇只能是試著解釋，為什麼在我的世界裡可以容許這一切框架的存在。對於這一個問題，我的想法是，框架的存在必須是符合人性需求的存在，而不能是平庸、迂腐或貪婪主義的存在，否則對人而言，只剩下反抗或拒絕一條路。

在我寫完我的法律故事的當下，我突然覺得一切框架施加在身上的壓力消失了，我彷彿又回到初始狀態裡自由的我。我很高興可以經歷這一切的神奇。

國家圖書館出版品預行編目資料

靈魂不歸法律管：框架世界底下一個法律人的逃脫記事
黃榮堅 著
二版. -- 臺北市：商周出版，城邦文化事業股份有限公司：
英屬蓋曼群島商家庭傳媒股份有限公司城邦分公司發行
2023.08　面；　公分

ISBN 978-626-318-791-7（平裝）

1.CST：法學教育

580.3　　112011366

靈魂不歸法律管：框架世界底下一個法律人的逃脫記事

作　　者／黃榮堅
責任編輯／陳玳妮
版　　權／林易萱

行銷業務／周丹蘋、賴正祐
總 編 輯／楊如玉
總 經 理／彭之琬
事業群總經理／黃淑貞
發 行 人／何飛鵬
法律顧問／元禾法律事務所 王子文律師
出　　版／商周出版
城邦文化事業股份有限公司
臺北市中山區民生東路二段 141 號 4 樓
電話：(02) 25007008　傳眞：(02)25007759
E-mail：bwp.service@cite.com.tw
發　　行／英屬蓋曼群島商家庭傳媒股份有限公司城邦分公司
臺北市中山區民生東路二段 141 號 2 樓
書虫客服服務專線：(02)25007718；(02)25007719
服務時間：週一至週五上午 09:30-12:00；下午 13:30-17:00
24 小時傳眞專線：(02)25001990；(02)25001991
劃撥帳號：19863813；戶名：書虫股份有限公司
讀者服務信箱：service@readingclub.com.tw
歡迎光臨城邦讀書花園　網址：www.cite.com.tw
香港發行所／城邦（香港）出版集團有限公司
香港灣仔駱克道 193 號東超商業中心 1 樓
E-mail：hkcite@biznetvigator.com
電話：(852) 25086231　傳眞：(852) 25789337
馬新發行所／城邦（馬新）出版集團【Cite (M) Sdn. Bhd.】
41, Jalan Radin Anum, Bandar Baru Sri Petaling,
57000 Kuala Lumpur, Malaysia.
Tel: (603) 90563833　Fax: (603) 90576622
Email: cite@cite.com.my

封面設計／黃瑩 Ying Huang
排　　版／芯澤有限公司
印　　刷／韋懋印刷事業有限公司
經 銷 商／聯合發行股份有限公司
電話：(02)2917-8022　傳眞：(02)2911-0053
地址：新北市 231 新店區寶橋路 235 巷 6 弄 6 號 2 樓

■ 2017 年 08 月 03 日初版
■ 2023 年 12 月 19 日二版 2.5 刷

Printed in Taiwan

定價 380 元

城邦讀書花園
www.cite.com.tw

ISBN 978-626-318-791-7